¡ALTO A LA PÉRDIDA DE VISIÓN!

Si este libro le ha interesado y desea que lo mantengamos
informado de nuestras publicaciones, puede escribirnos a
comunicacion@editorialsirio.com,
o bien suscribirse a nuestro boletín de novedades en:
www.editorialsirio.com

Título original: *Stop Vision Loss Now! prevent and heal cataracts, glaucoma, macular degeneration, and other common eye disorders*
Traducido del inglés por Diego Merino Sancho
Diseño de portada: Editorial Sirio, S.A.

© de la edición original
2015, Bruce Fife

© de la presente edición
EDITORIAL SIRIO, S.A.

EDITORIAL SIRIO, S.A.	NIRVANA LIBROS S.A. DE C.V.	DISTRIBUCIONES DEL FUTURO
C/ Rosa de los Vientos, 64	Camino a Minas, 501	Paseo Colón 221, piso 6
Pol. Ind. El Viso	Bodega nº 8,	C1063ACC
29006-Málaga	Col. Lomas de Becerra	Buenos Aires
España	Del.: Alvaro Obregón	(Argentina)
	México D.F., 01280	

www.editorialsirio.com
sirio@editorialsirio.com

I.S.B.N.: 978-84-16579-80-0
Depósito Legal: MA-52-2017

Impreso en Imagraf Impresores, S. A.
c/ Nabucco, 14 D - Pol. Alameda
29006 - Málaga

Impreso en España

Puedes seguirnos en Facebook, Twitter, YouTube e Instagram.

Dr. Bruce Fife

¡ALTO A LA PÉRDIDA DE VISIÓN!

EDITORIAL SIRIO

Problemas Oculares

- ☑ Ceguera Nocturna
- ☑ Visión Doble
- ☑ Neuritis Óptica
- ☑ Blefaritis
- ☑ Conjuntivitis
- ☑ Retinopatía Diabética
- ☑ Degeneración Macular
- ☑ Cataratas
- ☑ Glaucoma
- ☑ Síndrome de Sjögren
- ☑ Síndrome del Ojo Seco

1

UNA SOLUCIÓN NATURAL PARA PROBLEMAS OCULARES COMUNES

UNA HISTORIA DEMASIADO COMÚN

Hace doce años, Tom McCarville era propietario de una exitosa compañía de medios de comunicación especializada en cine, televisión y fotografía comercial:

Cierto día me encontraba en un centro comercial y decidí hacer algo para arreglar la descompensada montura de mis gafas. Tuvieron que hacerme varias pruebas y una de ellas era la «prueba del soplido» —esa en la que se comprueba la presión de los ojos mediante el uso de chorros de aire aplicados directamente en el globo ocular—. Bueno, estuvieron insuflando aire una y otra vez. Después me preguntaron si me había hecho la prueba del glaucoma recientemente —cosa que no había hecho— y me recomendaron consultar con un oftalmólogo, lo cual hice justo al día siguiente.

El oftalmólogo descubrió que la presión de los ojos de Tom era más del doble de la que corresponde a un ojo normal sano, y que ya

7

había perdido de forma irreversible y permanente el 20% de la visión periférica o lateral. A Tom le diagnosticaron glaucoma, una enfermedad ocular degenerativa que se caracteriza precisamente por ir destruyendo lentamente la visión periférica y provocar visión de túnel y, con el tiempo, ceguera total. Casi 3 millones de personas en los Estados Unidos padecen de glaucoma, pero la mitad no lo sabe porque generalmente no se presentan señales de advertencia ni síntomas evidentes hasta que la enfermedad ya está en fase avanzada.

A Tom le dijeron que su dolencia estaba fuera de control, lo que le dejó absolutamente conmocionado: «Pero si había ido a la óptica tan solo para comprar una montura nueva... No tenía ni la más mínima idea de que tuviese un problema ocular». Como fotógrafo profesional, en el día a día dependía principalmente de su visión central, por lo que la enfermedad fue progresando tan lentamente con los años que el hecho de que estuviera perdiendo vista le pasó totalmente desapercibido.

Por lo general se considera que el glaucoma es una enfermedad que aparece en personas mayores, no en un hombre sano de treinta y cuatro años. No se conoce ninguna cura médica para el glaucoma; una vez que se pierde la vista, se pierde para siempre. El tratamiento se centra en reducir la presión en el ojo para frenar así su evolución. Los medicamentos que le recetaron a Tom o bien no fueron eficaces, o, si lo fueron, le causaron efectos secundarios terribles. La presión de sus ojos continuó estando por encima de lo normal. Para intentar reducirla probó también con la cirugía, pero un desgarro producido bajo la mácula —la parte de la retina que posibilita una clara visión central— le dejó peor de lo que estaba y con mayores problemas de visión.

En el ojo izquierdo hay zonas en las que veo como agujeros. Tengo un montón de «partículas flotantes» y soy consciente de que estoy desarrollando cataratas pero, si le dedico el tiempo necesario, puedo ver y hacer prácticamente todo por mí mismo. Es solo que me lleva más tiempo que a la mayoría de la gente.

Tom tuvo que abandonar su negocio de fotografía. Según su vista iba empeorando, no le quedó más remedio que aprender braille para poder leer y escribir de nuevo, así como otras habilidades que le ayudasen a afrontar las tareas cotidianas.

La parte verdaderamente lamentable de toda esta historia es que Tom no tenía por qué haber perdido la vista. Si se hubiera hecho revisiones oculares regularmente, el glaucoma se podría haber detectado a tiempo y se podrían haber adoptado medidas para resolver el problema. Aunque siguió los protocolos médicos normales para estos casos, la enfermedad siguió progresando. Los medicamentos y la cirugía no fueron de ayuda porque no tratan la causa subyacente del problema; el tratamiento de los síntomas no detiene el avance de una enfermedad, ni mucho menos consigue curarla.

Puede que tú mismo conozcas a alguien que haya pasado o que esté pasando por una situación similar. Quizá no sea exactamente glaucoma sino alguna otra enfermedad ocular grave que pueda llevar asociada una pérdida de la vista. Incluso es posible que tú mismo estés teniendo problemas de visión. La buena noticia es que la pérdida de visión relacionada con el envejecimiento se puede detener sin necesidad de recurrir a fármacos peligrosos ni a cirugía invasiva. Este tipo de pérdida de visión no está causada por deficiencias que puedan solucionarse con medicamentos o con una intervención quirúrgica, sino que está motivada más bien por factores relacionados con el estilo de vida que pueden modificarse fácilmente. Con este libro conocerás las causas básicas subyacentes de las enfermedades oculares relacionadas con la edad más comunes, así como lo que se puede hacer para prevenirlas, detenerlas e incluso revertirlas.

LA PÉRDIDA DE VISIÓN SE PUEDE DETENER

De los cinco sentidos —gusto, tacto, vista, olfato y oído—, ¿cuál es el más importante para ti? ¿Cuál es el que más sentirías perder? Si bien todos son importantes y contribuyen enormemente a nuestra calidad de vida, creo que la mayoría de la gente estaría de acuerdo en que la vista es su sentido más preciado. Gran parte de la alegría que experimentamos en la vida nos llega a través de los ojos, así que la idea de perder la capacidad de ver es verdaderamente horrible. Sin embargo, cada cinco segundos alguien se queda ciego en algún lugar del mundo. De hecho, casi 7 millones de personas a lo largo y ancho del planeta pierden la vista cada año. Si bien la ceguera puede ser el resultado de una lesión o de una infección, la mayoría de la gente pierde la vista debido a ciertos trastornos oculares concretos y el riesgo de pérdida de visión y de ceguera aumenta con la edad.

Una encuesta realizada entre 1.000 adultos reveló que a casi la mitad de ellos (un 47%) les preocupaba más perder la vista que la memoria o la capacidad de andar o de escuchar. Entre los ancianos, la pérdida de la visión es el segundo factor más temido, situándose muy próximo al primero, la muerte.

La mayoría de los trastornos oculares se presentan sin previo aviso. No existe ningún método para predecir quién desarrollará un glaucoma o una degeneración macular al ir haciéndose mayor. Todo el mundo corre el riesgo de padecerlos y una vez que la enfermedad está presente, los medicamentos, la cirugía y otros procedimientos médicos se hacen necesarios para disminuir su avance. Desafortunadamente, incluso con los tratamientos médicos de última generación, estas enfermedades pueden seguir evolucionando y acabar provocando una pérdida de visión grave. Para la mayoría de los trastornos de la vista no existe cura, y gran parte de los tratamientos convencionales a menudo vienen acompañados de toda una serie de efectos secundarios potencialmente graves. Por todos estos motivos —al igual que sucede con la mayoría de las dolencias— la prevención es el mejor método que se puede seguir.

No obstante, que no existan fármacos o tratamientos médicos capaces de curar estas enfermedades no significa que no haya esperanza. De hecho, existe un tratamiento efectivo para muchos de los trastornos oculares crónicos más comunes, y no está basado en los medicamentos, en la cirugía ni en ningún otro tipo de tratamiento invasivo costoso; se basa en la dieta y su componente clave es el aceite de coco. Estos dos factores —el aceite de coco y una dieta adecuada— han demostrado ser muy eficaces no solo para detener el avance de estas enfermedades, sino incluso para revertirlas. En algunos casos, con ellos se ha conseguido lo que a priori parecía imposible: hacer desaparecer completamente la enfermedad –como en mi caso, en mi propia experiencia con el glaucoma–. El éxito del tratamiento depende de la gravedad de la enfermedad, de cuánto tiempo lleva la persona padeciendo esa dolencia concreta y del grado de implicación y seguimiento del programa por parte de cada individuo.

LA MAGIA DEL ACEITE DE COCO

El programa dietético que presento en este libro es el resultado directo de una presentación que di para la Sociedad de Nutrición Ocular de los Estados Unidos en el congreso anual de la Academia Americana de Optometría que se celebró en Denver (Colorado) en 2014.

En mayo de ese mismo año se puso en contacto conmigo un representante de la Sociedad de Nutrición Ocular, una organización de profesionales de la vista interesados en conocer y divulgar distintos enfoques nutricionales que resulten adecuados para el tratamiento de trastornos visuales. Me invitaron a dar una conferencia en su simposio anual sobre los beneficios del aceite de coco y sobre la relación que dicho aceite puede tener con la mejora de la salud ocular.

El motivo por el que me invitaron a participar en su congreso fue que soy fundador y director del Centro para la Investigación del Coco, una organización sin ánimo de lucro dedicada a mostrar a los profesionales de la medicina y al público en general los beneficios nutricionales y medicinales del aceite de coco y sus productos derivados. También he escrito una docena de libros sobre el uso de estos productos para el tratamiento de diversos problemas de salud. En uno de ellos, *¡Alto al alzhéimer!*, se describe cómo se puede utilizar el aceite de coco para prevenir –e incluso revertir– esta enfermedad y otras patologías neurodegenerativas. Hoy en día existe ya una gran cantidad de literatura científica que apoya el uso del aceite de coco para mantener la salud del cerebro y los testimonios de éxito a este respecto son realmente sorprendentes. Se ha conseguido revertir el alzhéimer, algo que la ciencia médica siempre había creído imposible; un simple régimen alimenticio basado en la ingesta de aceite de coco está consiguiendo lo que ningún medicamento ni ninguna terapia han sido capaces de lograr hasta ahora.

Sin embargo, en 2014 existían aún pocas investigaciones que demostraran una conexión directa entre la salud ocular y el uso del aceite de coco. El representante de la Sociedad de Nutrición Ocular reconocía este hecho, pero a pesar de ello mostró un gran interés debido a los notables efectos que el aceite de coco estaba demostrando tener en el tratamiento de trastornos cerebrales como el alzhéimer y la epilepsia. En realidad los ojos son extensiones del cerebro, por lo que cualquier tratamiento que mejore la salud cerebral es de gran interés para los especialistas de la vista.

Acepté la invitación y comencé a pensar en cómo el aceite de coco podría servir para tratar problemas oculares. Una característica de este aceite es que mejora la absorción de los nutrientes de los alimentos a los que se agrega. Los estudios realizados a este respecto han demostrado que la simple adición de aceite de coco a los alimentos aumenta en gran medida la absorción de vitaminas, minerales y antioxidantes —incluyendo la vitamina A y la luteína, dos nutrientes de vital importancia para la buena salud ocular—. Por lo tanto, el aceite de coco puede ser potencialmente beneficioso para protegernos de los trastornos oculares producidos por una deficiencia de nutrientes.

Los diabéticos tienen un alto riesgo de desarrollar problemas oculares debido a la mala circulación sanguínea y al deterioro de los nervios que va asociado normalmente con esa enfermedad. La diabetes provoca una degeneración de los nervios en todo el cuerpo, lo cual puede acabar produciendo neuropatía periférica (pérdida de sensación en los pies y las piernas), retinopatía (pérdida de visión), nefropatía (pérdida de la función renal) y otras complicaciones. Se sabe que el aceite de coco mejora la circulación sanguínea y revitaliza la función nerviosa en los pacientes de diabetes, consiguiendo a menudo revertir estas dolencias. Los diabéticos presentan también un alto riesgo de desarrollar cataratas y glaucoma. El aceite de coco es eficaz como regulador de los niveles de azúcar y de insulina en sangre, reduciendo así en estos pacientes el riesgo de padecer estas enfermedades. Teniendo en cuenta todos estos factores, estaba convencido de que el aceite de coco podría ser de gran ayuda para prevenir —y tal vez incluso para curar totalmente— los problemas oculares asociados con la diabetes.

También era plenamente consciente de que la dieta tiene un gran impacto en muchas dolencias oculares. Las cataratas se forman por el daño que causan los radicales libres en el cristalino del ojo. Tanto los radicales libres como la inflamación crónica y la resistencia a la insulina son todos ellos factores que pueden contribuir al desarrollo de patologías como el glaucoma, la degeneración macular, el síndrome de Sjögren y otras enfermedades oculares. La eliminación de ciertos alimentos y aditivos que propician estas afecciones y su reemplazo por alimentos más saludables puede por tanto suponer una mejora en la salud ocular. Es indudable que algunos cambios significativos en la dieta pueden jugar un papel importante en la salud de los ojos. Uno de estos cambios —especialmente beneficioso— consiste en dejar de usar aceites vegetales procesados y utilizar en su lugar aceite de coco; mientras que los aceites vegetales procesados potencian la degeneración causada por los radicales libres —que son a su vez el principal motivo de muchos problemas oculares—, el aceite de coco actúa como un antioxidante protector, previniendo el daño provocado por dichos radicales libres. También posee propiedades antiinflamatorias en casos en los que la inflamación está fuera de control y se ha mostrado efectivo para revertir la resistencia a la insulina. Por todos estos motivos, una dieta basada en el aceite de coco tiene un indudable gran potencial como apoyo cuando se trata de evitar la aparición de diversas dolencias oculares.

No obstante, lo más asombroso del aceite de coco es su capacidad para restaurar la función nerviosa y cerebral. Ha demostrado ser notablemente eficaz en el tratamiento de la epilepsia, el alzhéimer, el párkinson y otros trastornos neurológicos. Se viene utilizando desde la década de los setenta como parte del tratamiento dietético de la epilepsia, y más recientemente ha empezado a ser conocido también como tratamiento efectivo contra el alzhéimer. El aceite de coco ha sido muy útil no solo para detener la progresión de esta enfermedad, sino también para revertirla —algo que ningún medicamento o tratamiento médico ha estado siquiera cerca de lograr—. La razón por la que funciona tan bien es porque al ingerirlo el aceite de coco inicia una serie de reacciones en el cuerpo que desencadenan la activación de unas proteínas cerebrales especiales llamadas «factores neurotróficos derivados del cerebro» (FNDC). Cuando se activan, los FNDC estimulan el crecimiento, la reparación y la regeneración de las células nerviosas. Como ya he mencionado anteriormente, los ojos son extensiones del cerebro y la retina misma es parte del nervio óptico. Los FNDC reparan y regeneran los nervios, incluyendo el nervio óptico y la retina. Me di cuenta de que el aceite de coco no solo puede ayudar a prevenir muchos trastornos comunes de la vista, sino que también es capaz de poner en marcha procesos que en realidad pueden restaurar la visión.

¡Vaya! Durante años se nos ha hecho creer que una vez que comenzamos a perder la vista ya no se recupera. Y lo mismo se ha dicho siempre sobre el cerebro: que las células cerebrales no se regeneran y que aquellas con las que nacemos son las únicas que vamos a tener durante toda la vida. Esta noción tampoco es cierta, puesto que las células del cerebro sí se regeneran. De hecho, el cerebro contiene células madre que, cuando se activan, pueden transformarse en cualquier tipo de célula. El proceso por el cual se regeneran las células cerebrales se denomina neurogénesis. Al igual que otras células nerviosas del cerebro, la retina se puede curar, recuperando con ello la vista.

MI MOMENTO DE LUCIDEZ

Mientras aún estaba asimilando y procesando toda esta nueva información, me di cuenta de que yo mismo era un perfecto ejemplo de la capacidad del aceite de coco para curar enfermedades oculares —algo que me había pasado desapercibido anteriormente.

Años atrás, mi vista se había estado deteriorando notablemente durante un tiempo. Hacía años que no me hacía una revisión ocular, así que decidí que era hora de hacer una visita al especialista para que me pusiera unas gafas con más graduación.

Cuando fui al oculista, este me hizo todas las pruebas básicas para la vista, incluyendo el test habitual del glaucoma. Comprobó ambos ojos; después hizo una pausa y me dijo que quería examinarlos de nuevo. Tras una segunda evaluación, me miró con cara de preocupación y me dijo: «Creo que es posible que tengas glaucoma». Me quedé de piedra, ya que era plenamente consciente de que esta grave enfermedad puede conducir a la ceguera. Mi oculista me recomendó que consultase cuanto antes a un especialista para que me lo confirmase, así que pedí cita para que me viera un oftalmólogo.

El diagnóstico del segundo especialista tampoco resultó nada reconfortante, pues me informó de que me encontraba en las primeras etapas de desarrollo del glaucoma. Puesto que la enfermedad aún no estaba en su fase crítica, tuve algún tiempo para pensar cómo iba a afrontar ese problema.

Justo en ese momento estaba comenzando a conocer los beneficios del aceite de coco y los riesgos que supone el consumo de aceites vegetales procesados. Poco a poco fui modificando mi alimentación; eliminé los aceites vegetales, la margarina, la manteca y cualquier alimento que contuviese aceites vegetales hidrogenados y los reemplacé por aceite de coco. También empecé a hacer ejercicio con regularidad en una pequeña cama elástica, porque había oído que eso podría ayudar a fortalecer los ojos y a mejorar la miopía —soy miope desde tercero de primaria—. Me pusieron un nuevo par de gafas con más graduación, pero no tomé ninguna medida concreta respecto al glaucoma, pues tenía la esperanza de que mi nueva dieta y la rutina de ejercicio pudieran tener un efecto positivo sobre mi visión.

En los dos años siguientes fui notando lentamente algunos cambios en la vista; mi visión se estaba distorsionando y cada vez tenía más dificultades para ver con la misma claridad con la que veía antes. Sin duda necesitaba volver a examinarme la vista y, seguramente, unas gafas con mayor graduación. También quería saber si el glaucoma había empeorado —debido sobre todo al hecho de que mi vista parecía haber empezado a ir cuesta abajo—. Un amigo me recomendó a otro oculista y pedí cita para verle. Decidí no contarle nada a este nuevo médico sobre mi experiencia previa, pues tenía curiosidad por ver qué es lo que encontraba sin estar influenciado por mis diagnósticos anteriores. Me fue sometiendo a todas las pruebas, incluido el test del glaucoma, y no parecía alarmado en absoluto. Como no comentó nada sobre mi resultado positivo en el test del glaucoma, le pregunté qué tal había salido. Para mi gran satisfacción, me dijo que mis ojos estaban sanos y que no presentaban signos de glaucoma. Añadió que le parecía muy curioso que, mientras que lo normal es que la visión vaya empeorando con la edad en la mayoría de la gente, en mi caso había mejorado desde la última graduación.

¡Extraordinario! La razón por la que notaba que mi vista estaba un poco distorsionada era que había mejorado y que las gafas que llevaba tenían ahora una graduación demasiado elevada para mí. Me pusieron gafas nuevas pero con menos graduación y, por supuesto, yo estaba absolutamente encantando de que así fuera.

Todo esto ocurrió hace unos ocho años, y desde entonces he ido al oculista de vez en cuando para hacerme revisiones. En todas las ocasiones me hace la prueba del glaucoma y siempre la paso con todos los honores.

Al principio atribuí mi mejoría en la vista a los cambios que había hecho en la dieta y al ejercicio asiduo. Estoy seguro de que estas medidas saludables fueron de ayuda, pero según he ido aprendiendo y conociendo más sobre los excepcionales efectos del aceite de coco, me he dado cuenta de que probablemente este fue el factor que contribuyó en mayor medida, sobre todo en lo que respecta al glaucoma.

Aunque con los años mi miopía no ha mejorado, tampoco ha empeorado sino que se ha mantenido estable; las gafas que llevo ahora tienen la misma graduación que las que tenía hace dieciocho años. Normalmente la visión se va deteriorando con la edad, pero a los sesenta y dos años mi vista está básicamente en las mismas condiciones que cuando tenía cuarenta y cuatro. ¡Muchas gracias, aceite de coco!

HAY ESPERANZA

Como ya he mencionado, a pesar de que en el campo de la medicina no existe ninguna cura para la mayoría de los trastornos oculares, hay un tratamiento que puede ser de ayuda. Este tratamiento no depende de medicamentos, cirugía o ningún otro tipo de intervención médica; está basado únicamente en la dieta. El programa dietético basado en el aceite de coco que se describe en este libro puede ayudar potencialmente a prevenir y revertir muchos de los problemas más comunes relacionados con la vista, incluyendo:

- Cataratas
- Glaucoma
- Degeneración macular
- Retinopatía diabética
- Síndrome de ojo seco
- Síndrome de Sjögren
- Neuritis óptica
- Ojos irritados
- Conjuntivitis (ojo rojo)
- Derrame cerebral
- Trastornos oculares relacionados con enfermedades neurodegenerativas (como alzhéimer, párkinson o esclerosis múltiple)

Ciertamente, esta no es la lista completa de todas las dolencias para las cuales el uso del aceite de coco y una dieta adecuada pueden resultar beneficiosos. En principio, cualquier enfermedad que lleve asociada inflamación crónica, daño causado por radicales libres o degeneración de la retina o del nervio óptico puede verse mejorada.

Este libro ofrece una esperanza tanto a aquellas personas que ya padecen estas enfermedades como a todas las que están en riesgo de desarrollar una o varias de ellas en un futuro cercano. Explicaré en detalle cómo tú mismo puedes saber si tienes esa probabilidad antes de que aparezcan síntomas evidentes. La mayoría de los trastornos de la vista aparecen de repente, sin previo aviso, y nadie puede saber de antemano quién va a desarrollar una discapacidad visual al ir haciéndose mayor. Todo el mundo está en riesgo y una vez diagnosticada la enfermedad el tratamiento que se ha de seguir puede ser para toda la vida. Con este libro podrás conocer las causas básicas de los trastornos oculares degenerativos más comunes, en qué hay que fijarse antes incluso de que el oftalmólogo pueda detectar cualquier signo claro de enfermedad y qué es lo que se puede hacer para prevenir, detener e incluso revertir dichos trastornos.

Dado que las sugerencias que se hacen en este libro están centradas en procedimientos naturales y de bajo coste, algunas personas pueden mostrarse escépticas y cuestionarse si un tratamiento natural puede ser mejor que los fármacos que han sido extensamente probados y estudiados. Los críticos pueden poner en tela de juicio el uso del aceite de coco para el tratamiento de diversos problemas oculares argumentando que no hay suficientes estudios fehacientes que prueben, más allá de toda duda, que sea seguro o incluso efectivo. Tengo que admitir que actualmente no existen demasiados estudios diseñados específicamente para evaluar los efectos del aceite de coco en los trastornos visuales; sin embargo, multitud de investigaciones han demostrado que el aceite de coco es completamente inocuo y seguro, incluso en grandes dosis, poniendo así de relieve que las preocupaciones sobre su seguridad son infundadas. Pero ¿es eficaz? Varios estudios han concluido que el aceite de coco proporciona numerosos beneficios que pueden potenciar la buena salud de la vista y proteger a los ojos del daño degenerativo que de otro modo podría conducir a problemas de visión y ceguera. La evidencia muestra una clara conexión entre el aceite de coco y la activación de los FNDC, conocidos por estimular el crecimiento y la reparación de la retina. A pesar de lo que algunos de los así llamados «expertos» afirman, en realidad disponemos de suficiente evidencia científica que demuestre que el aceite de coco tiene un claro potencial como tratamiento para proteger y restaurar la visión.

Dado que el aceite de coco es totalmente inocuo, no hay razón para no darle una oportunidad a este enfoque. En el peor de los casos sencillamente no tendrá ningún efecto, lo que significa que puede que no produzca las mejoras esperadas, pero, en todo caso, no nos causará ningún daño. Sin embargo, en el mejor de los casos, puede que te haga recuperar la vista; un resultado excepcional que normalmente no es posible, ni siquiera mediante el uso de medicamentos o de cirugía. Incluso una mejora parcial es mejor que no mejorar en absoluto; si tan solo detiene el avance de la pérdida de la visión, aun así supondría un gran beneficio. ¡Dale una oportunidad! No tienes nada que perder.

Ten en cuenta que seguir las recomendaciones de este libro no excluye en absoluto que se puedan seguir los consejos del médico y que se adopte un tratamiento médico convencional; adoptar un enfoque más holístico y hacer ambas cosas a la vez puede ser lo más aconsejable por el bien de tus ojos. En última instancia, la elección es tuya, pero nunca sabrás si estos métodos pueden o no ayudarte si no les das una oportunidad.

2

EL OJO HUMANO

ANATOMÍA DEL OJO

L os ojos son parte del cerebro; durante el desarrollo del feto, una pequeña parte del cerebro forma un embolsamiento que posteriormente se convierte en el globo ocular y el nervio óptico. Básicamente, cuando miramos a una persona a los ojos estamos viendo una parte de su cerebro.

El ojo está compuesto por muchas partes diferentes, las cuales funcionan conjuntamente para hacer posible la visión. Si alguna de estas partes no funciona correctamente o no se comunica bien con el cerebro, la visión puede verse afectada. Para comprender las diferentes formas de pérdida de visión resulta útil entender la anatomía del ojo, las funciones de las diversas partes que lo componen y la terminología específica asociada.

El globo ocular es similar en forma y tamaño a una pelota de ping-pong. Cuando observamos el ojo de otra persona, tan solo estamos viendo una pequeña parte de él, pues la mayor parte de la «pelota» del ojo está en el interior de la cavidad ocular, dentro del cráneo,

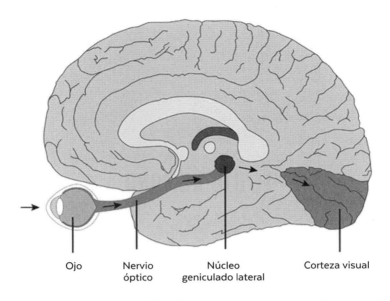

| Ojo | Nervio óptico | Núcleo geniculado lateral | Corteza visual |

Los ojos son extensiones del cerebro. El nervio óptico se prolonga desde la retina hasta un área del cerebro denominada núcleo geniculado lateral. Al llegar aquí, las señales visuales se transmiten a la corteza visual, donde son interpretadas.

y no se puede percibir. La parte blanca del ojo se llama **esclerótica**; se trata de una gruesa membrana externa que encapsula todo el globo ocular excepto en una pequeña parte delantera en la cual se transforma en una membrana transparente denominada **córnea**, que es a la vez una capa protectora y una especie de ventana que permite que la luz entre en el ojo.

Una capa delgada de tejido llamada **conjuntiva** está conectada a la parte anterior de la esclerótica y a los párpados. Cuando se nos mete una partícula de polvo en el ojo, no tenemos que preocuparnos de que acabe en la parte posterior del globo ocular y se quede atascada porque la conjuntiva evita que cuerpos extraños pasen de ahí. Las lágrimas mantienen húmedas la parte anterior del ojo y la conjuntiva; limpian cualquier cuerpo extraño arrastrándolo con ellas. A veces los conductos lagrimales se bloquean o no producen una cantidad suficiente de líquido, dando lugar a un trastorno denominado **síndrome de ojo seco**,

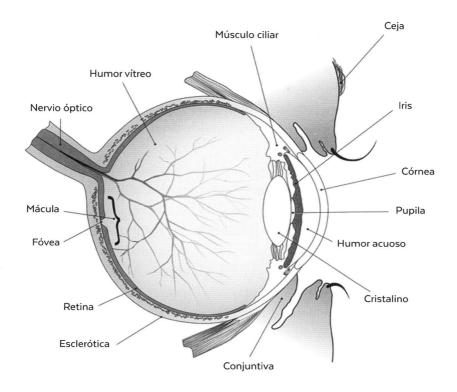

Músculo ciliar

Ceja

Humor vítreo

Nervio óptico

Iris

Córnea

Mácula

Pupila

Fóvea

Humor acuoso

Retina

Cristalino

Esclerótica

Conjuntiva

que hace que el ojo esté inflamado e irritado y que puede aumentar el riesgo de infección. Cuando las bacterias penetran en los pliegues que hay entre la conjuntiva y los párpados, pueden causar una infección llamada **conjuntivitis**, conocida más comúnmente como «ojo rojo». No es necesario tener los ojos secos para que se desarrolle una infección pero sin duda alguna este factor incrementa el riesgo.

Justo detrás de la córnea hay un anillo de tejido coloreado denominado **iris**, el cual da a los ojos su característico color azul, verde o marrón, y las fibras que lo componen están dispuestas como los radios de una rueda. El iris es un músculo con forma de rosquilla que controla la cantidad de luz que entra en el ojo abriendo o cerrando la **pupila**, el agujero negro que queda en el centro. Por la noche, cuando la luz es tenue, la pupila se dilata para permitir que entre más luz en el ojo. Por esta razón, cuando entramos en una habitación oscura, nuestros ojos tardan unos segundos en adaptarse. Durante el día, cuando la luz es más intensa y brillante, la pupila se hace más pequeña, permitiendo entrar únicamente la luz necesaria para que la visión sea óptima —demasiada luz puede resultar cegadora, como seguramente hayas experimentado al encender de pronto la luz en una habitación oscura; en ese momento las pupilas están dilatadas y, aunque responden con rapidez, durante unos segundos dejan entrar suficiente luz como para cegarnos.

Justo detrás de la pupila encontramos el **cristalino**, transparente y con forma ovalada. Su función es enfocar la luz entrante en la **retina**, la capa de tejido nervioso sensible a la luz que recubre la superficie interna del ojo. El **músculo ciliar** mantiene el cristalino fijo en su lugar; se relaja y contrae según las necesidades para modificar así la forma del cristalino, que es elástico y puede abombarse para incrementar la curvatura o estirarse para adoptar una forma más aplanada; para ver objetos distantes se aplana, mientras que para enfocar objetos cercanos se abomba. El proceso mediante el cual el cristalino modifica su potencia óptica para mantener un enfoque nítido en función de la distancia se denomina **acomodación**.

Al hacernos mayores a menudo se producen cambios en el cristalino que pueden interferir en la visión. En la mayoría de las personas el cristalino se mantiene transparente y elástico, de manera que es capaz de cambiar su forma y dirigir la luz a la retina adecuadamente. Sin embargo, la sobreexposición a los rayos ultravioleta de la luz solar y otras fuentes de estrés oxidativo pueden hacer que el cristalino se endurezca y se vuelva lechoso, dando lugar a una enfermedad bastante común conocida como **cataratas**.

El globo ocular está repleto de líquidos. Estos son muy importantes, pues participan activamente en el mantenimiento de la forma del globo ocular, en el proceso que permite hacer llegar los rayos de luz a la retina y en el transporte de nutrientes a las células que se encuentran en la parte interna del ojo. Cuando la luz penetra en el ojo, atraviesa primero la córnea y justo después pasa por un espacio denominado **cámara anterior**, que está lleno de un líquido llamado **humor acuoso**; *humor* no tiene nada que ver en este caso con ser gracioso, sino que es un término en latín que significa «fluido». La luz continúa su viaje a través de la pupila y a continuación a través del cristalino. Al abandonar el cristalino, llega a otra cámara situada en el centro del ojo, la **cámara posterior**, que está llena de un líquido llamado **humor vítreo**. Los humores acuoso y vítreo se forman a partir del plasma —la parte transparente de la sangre— y están continuamente circulando dentro y fuera de las cámaras del ojo aportando los nutrientes necesarios y eliminando las sustancias de desecho. El humor vítreo es más denso —precisamente, menos líquido— que el humor acuoso.

En ocasiones los conductos que drenan estos líquidos oculares se obstruyen, en cuyo caso los líquidos continúan entrando pero no pueden salir fácilmente. Como consecuencia de esto se produce un aumento de la presión dentro del ojo, la cual hace que los vasos sanguíneos que irrigan la retina se vean comprimidos. Esta reducción del flujo sanguíneo provoca un deterioro de la retina, lo que conduce a una progresiva pérdida de visión que ocasionalmente puede terminar en ceguera. Esta enfermedad se denomina **glaucoma**.

Cuando la luz impacta en la retina en la parte posterior del ojo, la energía lumínica se convierte en señales eléctricas, las cuales son enviadas al cerebro por medio del **nervio óptico**. Estas señales se transmiten a la corteza visual, situada en la parte posterior del cerebro, donde se decodifican en imágenes visuales que podemos entender.

La mayor parte de la luz que penetra en el ojo es enfocada por el cristalino en una pequeña zona de la retina que se denomina **mácula**, en cuyo centro hay una pequeña depresión, la **fóvea**. La mácula contiene células especializadas en captar los detalles precisos. Cuando enfocamos la vista en algo que está justo delante de nosotros —como estas palabras que estás leyendo ahora mismo—, la mácula nos permite distinguir cada una de las letras con claridad. La luz que penetra en el ojo por los laterales impacta en otras zonas de la retina, permitiéndonos ver la periferia pero con menos precisión; es por esto por lo que no podemos leer o distinguir detalles finos con la visión periférica. A veces, en las personas mayores, la mácula comienza a deteriorarse, lo que provoca **degeneración macular asociada con la edad**. Esta

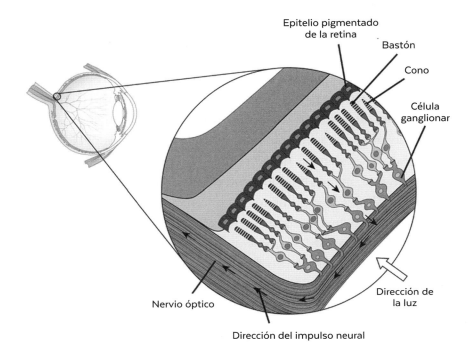

La retina es una capa delgada de tejido nervioso transparente que recubre el interior del globo ocular. Es algo así como un hojaldre, con cada capa formada por un tipo diferente de células. La capa más externa, compuesta por células fotorreceptoras (conos y bastones), transmite la señal inducida por la luz a las capas de células nerviosas adyacentes, hasta llegar a la capa formada por células ganglionares. Dichas células presentan unas colas largas, los axones, que se extienden a lo largo de la retina y se unen para formar el nervio óptico —un cable compuesto por millones de fibras que transporta la información visual desde el ojo hasta el cerebro—. Junto a las células fotorreceptoras hay una única capa de células, conocidas como células del epitelio pigmentado de la retina. Entre otras cosas, estas células llevan a cabo la función crucial de absorber y reciclar los residuos que generan las células fotorreceptoras.

enfermedad afecta en un primer momento a la visión central y poco a poco se va expandiendo hacia el exterior, hacia la periferia.

La retina contiene células microscópicas sensibles a la luz llamadas fotorreceptores, de las cuales hay dos tipos diferentes: los **conos** y los **bastones**. La luz tenue estimula los bastones, lo que nos permite ver por la noche. Para estimular los conos es necesaria una luz más intensa; este tipo de células fotorreceptoras se utilizan para la visión diurna y para percibir los colores. Hay muchos más bastones que conos; por cada cono hay diecisiete bastones —en total, cerca de siete millones de conos y de ciento veinte millones de bastones—. Existen tres tipos de conos, cada uno de los cuales se ve estimulado por una luz de color diferente: roja, verde o azul. Estos colores primarios nos permiten distinguir toda la variedad de los diferentes colores que vemos. La luz de espectro completo incolora (blanca) del sol es una combinación de todos los distintos colores que componen la luz. Cada color tiene una longitud de onda diferente. Después de llover, la luz solar puede ser refractada por las partículas de humedad que quedan en la atmósfera, separándose así en sus diferentes longitudes de onda y dando lugar a la formación del arco iris.

El rango de luz que podemos ver los humanos se llama **luz visible** y consta de longitudes de onda que van desde los 400 hasta los 700 nanómetros (nm). Un nanómetro es la milmillonésima parte de un metro, es decir, estas longitudes de onda son increíblemente pequeñas.

Cuando la luz de espectro completo incide en un objeto, por ejemplo una señal roja de STOP, la señal absorbe todas las longitudes de onda de la luz excepto las que rondan los 650 nm (que corresponden al color rojo). Al no ser absorbida, esta fracción de la luz es reflejada en la señal —rebota— y viaja hasta nuestros ojos, donde activa los conos sensibles a la luz de 650 nm de longitud de onda. Como ya he mencionado, cada color tiene su propia longitud de onda; por ejemplo, el azul está alrededor de los 460 nm, y el verde sobre los 520 nm. Cuando percibimos el color de un objeto, lo que vemos es la parte del espectro de luz que no ha sido absorbida sino reflejada por el objeto. Las diferentes combinaciones de los tres colores primarios nos proporcionan la capacidad de ver todos los diferentes colores que percibimos en nuestro medio.

La luz solar también contiene longitudes de onda que nuestros ojos no pueden ver debido a que los conos de la retina humana no están capacitados para reaccionar a ellas; la luz ultravioleta abarca longitudes de onda inferiores a los 400 nm y la luz infrarroja incluye longitudes de onda de más de 700 nm —ninguna de las cuales puede ser percibida por el ojo humano—. Sin embargo, algunos animales sí pueden ver estos otros colores. También sucede lo contrario: determinados animales no tienen células sensibles al color y únicamente pueden ver distintas tonalidades de blanco y negro. Los perros, por ejemplo, tienen dos tipos de conos, por lo que el fiel amigo del hombre tan solo puede ver combinaciones de amarillo y azul. En el extremo contrario, muchas aves poseen fotorreceptores para cuatro colores distintos, por lo que además del rojo, el verde y el azul pueden percibir también la luz ultravioleta. Las mariposas tienen fotorreceptores para cinco colores diferentes. No podemos saber cómo pueden ser estos otros colores, pues no tenemos modo de percibirlos visualmente.

Algunas personas son daltónicas y no son capaces de distinguir la diferencia entre algunos de los colores del espectro visual humano. El daltonismo es un trastorno genético que produce fotopigmentos anormales en los conos. Cada uno de los tres fotopigmentos presentes en los conos es sensible a uno de los colores primarios de la luz. En muchas personas daltónicas, el fotopigmento sensible al verde falta o presenta deficiencias; en otras es el fotopigmento sensible al rojo el que presenta algún tipo de anormalidad. Las deficiencias en el fotopigmento correspondiente al azul son muy poco frecuentes. Aunque el daltonismo es una anomalía no se considera una discapacidad ni una enfermedad.

Cualquier daño que se produzca en la retina puede afectar seriamente a la visión. Incluso si el cristalino y todas las otras partes del ojo funcionan con normalidad y la luz se enfoca correctamente en la retina, si esta no cumple su función adecuadamente, la visión se verá perjudicada en mayor o menor medida. Algunas enfermedades que afectan a la circulación de la sangre, tales como la diabetes y la arterioesclerosis, pueden dañar los diminutos vasos sanguíneos que irrigan la retina, dando lugar a algún tipo de retinopatía (enfermedad de la retina). La más común es la **retinopatía diabética**.

Cuando la luz incide en los conos y bastones de la retina, se genera una señal eléctrica, que se envía a una capa de **células ganglionares** en la parte interna de la retina. Las células ganglionares tienen largos

axones (brazos) que llegan hasta el cerebro. La señal es transportada por los axones hasta la parte posterior del ojo, donde se unen para formar el nervio óptico, el cual sale del ojo a través del **disco óptico**. En la zona de la retina que forma el disco óptico no hay conos ni bastones y esto produce un punto ciego en nuestro campo de visión. Los puntos ciegos están situados en zonas periféricas, de modo que no interfieren en la visión central; además, se encuentran en zonas diferentes del campo visual de cada ojo. Cuando tenemos ambos ojos abiertos, cada uno compensa el punto ciego del otro. Al cerrar un ojo, es el cerebro el que aporta información para compensar el vacío. En condiciones normales nunca nos daríamos cuenta de que tenemos un punto ciego en cada ojo; sin embargo, se pueden localizar fácilmente. Observa el siguiente cuadro para saber cómo encontrar tu punto ciego.

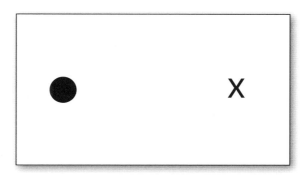

Para encontrar tu punto ciego, toma un trozo de papel blanco y dibuja una pequeña X en el lado derecho. Con una regla mide unos 12 cm hacia la izquierda de la X y dibuja un punto negro de 2 centímetros de diámetro. Sostén el papel frente a ti con el brazo estirado, cierra el ojo derecho y enfoca el izquierdo en la X. Con la visión periférica deberías ser capaz de ver el punto negro. Ahora ve acercándote lentamente el papel a la cara. Al acercarlo, en algún momento el punto desaparecerá, pero reaparecerá al acercar aún más el papel. El área en que el punto desaparece corresponde al punto ciego de tu ojo izquierdo.

ERRORES DE REFRACCIÓN

Es muy posible que uses gafas —la mayoría de las personas que viven en países ricos las emplean—. Las gafas se utilizan para corregir errores de refracción —la desviación que se produce en la luz cuando pasa de un objeto a otro—. En el ojo los rayos de luz se desvían —se refractan— al atravesar la córnea y el cristalino. De este modo la luz se enfoca en la retina, lo cual es esencial para que se forme una imagen nítida, ya que si la luz entrante no está enfocada con precisión en ella, la visión se vuelve borrosa.

Afortunadamente, gran parte de los errores de refracción son fáciles de corregir. En las zonas del mundo desarrolladas en las que hay fácil acceso a la atención médica la gran mayoría de las personas pueden corregir los errores refractivos mediante el uso de un par de gafas o de lentes de contacto. Sin embargo, allí donde los servicios médicos no son adecuados o donde la gente no puede permitirse el lujo de costearse una adecuada atención médica estos trastornos de la vista suelen quedar sin corregir.

Los errores refractivos se producen cuando la forma del ojo impide que la luz se enfoque directamente en la retina. El diámetro del globo influye en la forma y la curvatura de la córnea, que acorta o alarga la distancia focal de los rayos de luz que atraviesan el ojo e impactan en la retina. Por razones que no se comprenden totalmente, a menudo la forma del globo ocular no es perfecta, lo que causa este tipo de problemas.

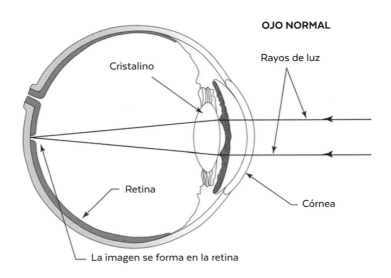

OJO NORMAL

Cristalino

Rayos de luz

Retina

Córnea

La imagen se forma en la retina

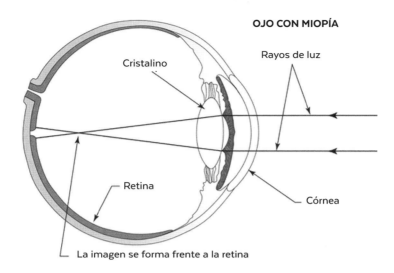

OJO CON MIOPÍA

Rayos de luz

Cristalino

Retina

Córnea

La imagen se forma frente a la retina

En un ojo sano y normal los rayos de luz penetran en él y convergen para producir una imagen enfocada nítidamente en la retina. Al impactar en ella, la imagen está invertida pero el cerebro la corrige sin dificultad —de lo contrario veríamos todo al revés—. Sin embargo, el cerebro no es capaz de corregir una imagen que no esté bien enfocada. Si la forma del ojo es excesivamente alargada, la imagen se enfoca delante de la retina en lugar de sobre ella. Los rayos de luz que recibe la retina están ligeramente desenfocados, por lo que se produce una imagen borrosa. A este trastorno se le llama **miopía**. Una persona con miopía puede ver los objetos que están cerca claramente pero los que están lejanos los distingue borrosos.

Si el diámetro del globo ocular es más corto de lo normal, la luz se enfoca detrás de la retina, produciendo también una imagen borrosa. Este trastorno se denomina **hipermetropía**. Un individuo con hipermetropía puede ver claramente los objetos distantes pero no los que están cerca. Sin embargo, según la persona, la hipermetropía se experimenta de forma diferente; es posible que algunas no aprecien ningún problema en la visión —especialmente cuando son jóvenes—, mientras que para la gente con un grado de hipermetropía significativo la visión puede ser borrosa para objetos situados a cualquier distancia, ya sea de cerca o de lejos.

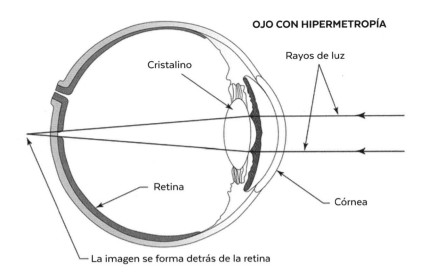

OJO CON HIPERMETROPÍA

La imagen se forma detrás de la retina

A medida que envejecemos el cristalino va perdiendo parte de su elasticidad natural y ya no puede cambiar de forma lo suficiente como para enfocar con nitidez los objetos cercanos. A esta pérdida de la visión cercana se le llama **presbicia**, y en ocasiones también nos referimos a ella como «vista cansada». La presbicia suele aparecer a partir de los cuarenta años de edad. Las lentes correctivas pueden ayudar a paliar estos problemas de visión de cerca. Por esta razón muchas personas mayores necesitan gafas para leer, o lentes bifocales si tienen algún otro problema refractivo. Las lentes bifocales están compuestas por dos lentes con distinta graduación; la parte superior de la lente puede ser necesaria para contrarrestar la miopía y la parte inferior para la vista cansada.

Las irregularidades en la forma de la córnea o del cristalino pueden también alterar la dirección de la luz incidente, provocando que la imagen se vea distorsionada o borrosa. Este trastorno se denomina **astigmatismo**. Al igual que los demás errores de refracción, el astigmatismo se puede corregir con gafas o lentes de contacto.

Los errores de refracción pueden ser fácilmente identificados realizando una revisión completa de la vista, la cual incluye normalmente la lectura de una tabla optométrica. La mayoría de los errores

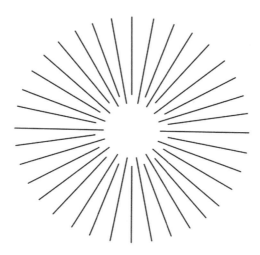

Prueba para autodiagnosticar el astigmatismo. Tápate un ojo y enfoca la vista en el centro de la rueda. Si alguna de las líneas parece ser más oscura o más gruesa que las demás, tienes astigmatismo (realiza el test con cada ojo).

de refracción se pueden compensar con lentes correctoras, y en algunos casos la cirugía puede ser también una opción viable. La cirugía refractiva tiene como objetivo modificar la forma de la córnea de manera permanente. Este cambio en la forma del ojo restablece su capacidad de enfoque consiguiendo que los rayos lumínicos se enfoquen de manera más precisa sobre la retina y mejorando así la visión. Un tipo muy popular de cirugía refractiva es la que emplea el láser para modificar la forma de la córnea y restablecer su capacidad óptica. En este tipo de cirugía, la capa externa de la córnea se secciona y se levanta. Posteriormente se usa un láser para cortar y aplanar el tejido subyacente. Después se vuelve a colocar la cubierta externa de tejido y se deja que cicatrice. La cirugía láser puede emplearse para corregir la miopía, la hipermetropía y el astigmatismo.

Según el Consejo de la Visión de los Estados Unidos, los errores refractivos son los trastornos visuales más comunes; aproximadamente el 75% de los adultos usan algún tipo de corrección de la vista; alrededor del 64% de ellos llevan gafas y un 11% lentes de contacto. Más o menos la mitad de las mujeres y un 42% de los hombres usan gafas.

Análogamente, hay más mujeres que hombres que utilizan lentes de contacto: un 18 y un 14% respectivamente.

Aproximadamente el 30% de la población estadounidense tiene miopía y alrededor del 60% hipermetropía. Es muy probable que los porcentajes en Europa, Australia y la mayoría del resto de los países desarrollados sean bastante similares. La mayor parte de los jóvenes que llevan gafas son miopes, pero las personas mayores son más propensas a necesitar corrección para la hipermetropía o la presbicia. Alrededor del 25% de quienes necesitan gafas para ver de lejos acaban necesitando también gafas para leer o lentes bifocales con la edad. Sobre un tercio de aquellos que llevan gafas tienen astigmatismo en uno o en ambos ojos.

Se han escrito bastantes libros sobre la terapia visual, que consiste en un conjunto de ejercicios y técnicas de relajación para los ojos diseñados para mejorar la vista en casos de errores refractivos y para reducir la necesidad de usar gafas. Puede que hayas visto anuncios que afirmen mejorar milagrosamente la vista hasta el punto de poder deshacerte por completo de las gafas. La terapia visual fue creada por un oftalmólogo de Nueva York llamado William H. Bates (1860-1931), quien desarrolló el así denominado «método Bates» para mejorar la vista y en 1920 publicó un libro titulado *Perfect Sight Without Glasses* [Vista perfecta sin usar gafas]. Muchos de los principios en los que basó su teoría estaban en contradicción con las creencias médicas convencionales de la época, e incluso hoy en día siguen siendo controvertidos. En 1943, doce años después del fallecimiento de Bates, se publicó una edición revisada de su libro bajo el título *Better Eyesight Without Glasses* [Una vista mejor sin gafas]. En esa edición se suprimieron las fotografías y algunas de las teorías más controvertidas. El método Bates ofrece algunas técnicas útiles, aunque no es en absoluto la cura milagrosa que a menudo nos quieren vender en los anuncios.

Hoy en día algunos oculistas recomiendan determinadas formas de terapia visual. Puede resultar beneficiosa en casos de estrabismo, ojo vago, percepción visual deficiente, acomodación defectuosa y, hasta cierto punto, para errores de refracción, y se puede emplear en combinación con los métodos descritos en este libro. Actualmente la obra original de Bates es de dominio público y se puede descargar una copia gratuita (en inglés) en www.iblindness.org/ebooks/perfect-sight-without-glasses.

Aunque la terapia visual puede ser útil, no vamos a tratar ese tema en estas páginas; en su lugar se analizará cómo se pueden emplear la dieta y la nutrición para prevenir y corregir las deficiencias visuales causadas por enfermedades oculares comunes que nos impiden disfrutar de una vista saludable.

DEFICIENCIAS VISUALES

Prácticamente todos los que en algún momento hemos ido a hacernos una revisión de la vista hemos tenido que leer las letras de una tabla de Snellen (ver la ilustración). La primera línea consta tan solo de una letra grande, que puede ser, por ejemplo, una E, una H o una N. Las siguientes líneas tienen números y letras cada vez más pequeños y en mayor cantidad. A la persona que está realizando el test se le tapa un ojo y se le pide que comience a leer en voz alta, situada a una distancia de seis metros, las letras de cada línea comenzando por arriba. La línea más pequeña que puede leer indica la agudeza visual de ese ojo. Puesto que la agudeza visual puede ser diferente en cada ojo, la prueba se hace primero con uno y después con el otro.

E	1 6/60
F P	2 6/30
T O Z	3 6/21
L P E D	4 6/15
P E C F D	5 6/12
E D F C Z P	6 6/9
F E L O P Z D	7 6/7,5
D E F P O T E C	8 6/6
L E F O D P C T	9
F D P L T C E O	10
P E Z O L C F T D	11

Tabla de Snellen.

Las personas con visión normal son capaces de leer hasta la línea 8. A esta agudeza visual se la denomina 6/6. Si las letras más pequeñas legibles son más grandes (líneas 1 a 7), la agudeza visual se designa según la relación entre la distancia real a la que está la tabla (seis metros) y la distancia correspondiente a las letras más pequeñas que se pueden leer. Por ejemplo, una persona que solo pueda leer hasta la línea 2 tendrá una agudeza visual de 6/30. Esto significa que tendría que estar a seis metros de un objeto para verlo con el mismo nivel de claridad con el que una persona con vista normal lo vería desde treinta metros. En la mayoría de los casos las lentes correctivas pueden mejorar la agudeza visual hasta un 6/6. Sin embargo, en determinadas ocasiones esto no es posible; cuando la vista no se puede mejorar con lentes correctoras al menos hasta una agudeza visual de 6/21, se habla de **visión reducida**. En estos casos se considera que la persona tiene una discapacidad visual. Por el contrario, si la agudeza visual es muy baja, con un valor de 6/60 o peor, pero se puede mejorar hasta superar el valor de 6/21 con lentes correctivas, no se considera que sufra una discapacidad visual.

La visión reducida abarca unos valores de agudeza visual de 6/21 a 6/60 usando lentes correctivas; cualquiera con una vista peor que esto es considerado legalmente ciego. Muchos pensamos que la ceguera se refiere únicamente a las personas que no pueden ver absolutamente nada, ni siquiera algún mínimo matiz de luz. Al contrario: la mayoría de los individuos declarados legalmente ciegos tienen alguna limitación en la vista o pueden percibir matices, sombras, colores y objetos. Tan solo alrededor del 10% de las personas que son legalmente ciegas no ven nada en absoluto.

La tabla de Snellen solo mide la claridad o nitidez de la visión central. Sin embargo, no vemos tan solo lo que se halla justo enfrente, sino también lo que se encuentra a los lados, incluso cuando tenemos la vista enfocada hacia delante. Esta es nuestra visión periférica. Al área de visión completa se la denomina «campo visual». Algunas personas tienen una buena visión central pero mala visión periférica o no ven en ciertas partes del campo visual (puntos ciegos).

El campo visual normal abarca por lo general una amplitud de unos 170°, pero la pérdida de visión periférica produce un estrechamiento de este campo. Una persona puede ser legalmente ciega incluso teniendo un grado de nitidez y claridad normal en la vista frontal pero con un campo de visión menor a 20° —una visión lateral tan reducida que es como si estuviera mirando a través de un túnel.

En la actualidad se calcula que el número de personas con discapacidad visual en el mundo es de 285 millones (1 de cada 25), 39 millones con ceguera total y 246 millones con visión reducida; el 65% de los individuos con discapacidad visual y el 82% de los ciegos tienen cincuenta o más años de edad.[1]

Según la Organización Mundial de la Salud (OMS), las causas más comunes de ceguera en todo el mundo, en orden de prevalencia, son:

- Cataratas
- Glaucoma
- Degeneración macular asociada con la edad
- Opacidad corneal
- Retinopatía diabética
- Ceguera infantil (debida a defectos genéticos o a deficiencias nutricionales)
- Errores refractivos no corregidos
- Tracoma
- Oncocercosis

La discapacidad visual supone un problema mucho mayor en los países en vías de desarrollo que en los desarrollados. Según la OMS, el 90% de las personas ciegas viven en países en vías de desarrollo y las cataratas son la causa más común. Casi igualmente comunes son los errores de refracción no corregidos —que generalmente podrían corregirse con facilidad con el uso de gafas—. Las infecciones oculares graves, tales como el tracoma (una bacteria) y la oncocercosis (un parásito) suponen un gran problema en algunas zonas del mundo en las que la atención médica no está disponible o es inadecuada. Las opacidades o «nubes» que aparecen en la córnea pueden ser el resultado de una lesión, de una infección o de diversos síndromes menos comunes y normalmente de naturaleza genética. En los países desarrollados —en los que el acceso a las gafas, los medicamentos y la cirugía de cataratas es mucho más fácil— las principales causas de ceguera son la degeneración macular asociada con la edad, el glaucoma y la retinopatía diabética. Otras causas de pérdida de la visión son:

- Accidentes
- Bloqueo de los vasos sanguíneos (arterioesclerosis)
- Complicaciones en partos prematuros (fibroplasia retrolental)
- Complicaciones en cirugía ocular
- Ojo vago
- Neuritis óptica
- Derrame cerebral
- Retinitis pigmentosa
- Tumores como el retinoblastoma y el glioma óptico

3

TRASTORNOS OCULARES COMUNES

CATARATAS

Las cataratas son la principal causa de discapacidad visual en todo el mundo y esta enfermedad es la responsable de más del 50% de todos los casos de ceguera. El riesgo de desarrollar cataratas aumenta con la edad y supone una grave amenaza para los ancianos; aproximadamente el 25% de los mayores de sesenta y cinco años y el 50 % de los mayores de ochenta sufren algún tipo de pérdida de visión grave como resultado de esta afección. En realidad, nadie está libre de sufrir cataratas. Es tan común en los ancianos que a menudo se considera como una parte normal del proceso de envejecimiento; sin embargo, muchas personas pueden –y de hecho lo hacen– vivir durante mucho tiempo sin tener que desarrollar por ello cataratas. Aunque las cataratas aparecen por lo general en algún momento después de los sesenta años de edad, algunas personas las desarrollan entre los cuarenta y los sesenta. En los Estados Unidos las cataratas afectan a 1 de cada 14 individuos mayores de cuarenta años.

La cirugía es el tratamiento estándar para esta enfermedad –solo en los Estados Unidos se practican 1,35 millones de operaciones de cataratas cada año–. En todo el mundo, 18 millones de personas son ciegas debido a las cataratas.[1] Aunque pueden ser convenientemente tratadas con cirugía, en muchos países la gente no puede costearse el tratamiento, no lo conoce o no tiene acceso a unos servicios médicos adecuados. Consecuentemente, la enfermedad suele evolucionar sin tratamiento, lo que provoca la alta tasa de ceguera registrada a nivel mundial.

Las cataratas son provocadas por un enturbiamiento –como una nube– que aparece en el cristalino, el cual es transparente en condiciones normales. El cristalino turbio impide que la luz penetre y se enfoque correctamente en la retina –en la parte posterior del ojo–, lo que interfiere en la visión. Inicialmente, las cataratas pueden ser tan sutiles y evolucionar tan lentamente que pueden pasar desapercibidas. Con el paso del tiempo la vista puede estar cada vez más empañada y brumosa. Normalmente afectan a ambos ojos; sin embargo, cada uno de ellos puede desarrollar la enfermedad a un ritmo diferente. Aquellos que sufren de cataratas a menudo tienen dificultades para leer, para conducir y para reconocer caras y objetos, así como con el resplandor de las luces intensas.

Los síntomas más comunes asociados con las cataratas son:

- Visión nublada o borrosa
- Los colores empiezan a desaparecer
- Aparece un resplandor o halo alrededor de las luces
- Mala visión nocturna
- Visión doble o imágenes múltiples en un ojo
- Frecuentes cambios de graduación en las lentes correctoras

Estos síntomas pueden serlo también de otros problemas oculares. Si tienes alguno de ellos, consulta al oftalmólogo.

Las cataratas se clasifican según su posición en el cristalino. La catarata nuclear se forma en el centro de este, justo detrás de la pupila, y puede afectar significativamente a la visión. La catarata cortical se produce en los bordes externos del cristalino, y la catarata subcapsular posterior se forma cerca de la parte posterior del cristalino, justo por donde pasa la luz en su camino hacia la retina. Esta última interfiere en la lectura, reduce la visión en condiciones de luz intensa y produce un resplandor o halo alrededor de las luces por la noche.

En un número reducido de casos, las cataratas pueden ser causadas por defectos genéticos, infecciones o lesiones. Sin embargo, en la inmensa mayoría de los casos, el típico enturbiamiento de esta enfermedad es el resultado de los daños causados por la oxidación y la glicación –procesos ambos que producen radicales libres nocivos–. En las cataratas relacionadas con la edad la opacidad se debe a que las proteínas y los lípidos (grasas) presentes de forma natural en el cristalino comienzan a desnaturalizarse o a degradarse. Esta degradación viene causada por reacciones químicas en las que participan los radicales libres y los productos de la glicación avanzada (PGA). En condiciones normales, los ojos contienen enzimas antioxidantes que los protegen de las reacciones destructivas de los radicales libres. Sin embargo, si la dieta es pobre en nutrientes antioxidantes y la exposición a factores ambientales que propician la generación de radicales libres es excesiva, el delicado tejido ocular puede comenzar a verse dañado. Los factores que favorecen la creación de radicales libres comprenden la exposición a toxinas medioambientales, el humo de los cigarrillos, la contaminación, la luz ultravioleta, la radiación producida por ciertos aparatos médicos, algunos alimentos y determinadas drogas. Por ejemplo, se sabe que los corticosteroides inducen el desarrollo de cataratas.[2]

Las personas que sufren de diabetes tienen un 60% más de probabilidades de sufrir cataratas que el resto de la población. También tienden a desarrollarlas a una edad más temprana y la enfermedad evoluciona con mayor rapidez. Los altos niveles de azúcar en sangre asociados con la diabetes aceleran la producción de los PGA, los cuales influyen sin lugar a dudas en la incidencia y evolución de la enfermedad.

Las radiaciones ultravioleta (UV) del sol pueden poner en marcha reacciones relacionadas con los radicales libres en la piel y en los ojos. Del mismo modo que la sobreexposición al sol puede enrojecer y quemarnos la piel, también puede causar daños en los ojos. Por esta razón los médicos suelen recomendar a los pacientes que usen gafas de sol con capacidad para bloquear los rayos UV cuando vayan a estar al aire libre.

Se suelen recomendar suplementos de antioxidantes tales como vitaminas A, C y E, así como luteína y zeaxantina, como medida de protección contra las cataratas, ya que ayudan a erradicar los radicales libres. Se cree que la N-acetilcarnosina, un antioxidante natural que se encuentra en varios tejidos del cuerpo humano, es eficaz en la eliminación de los radicales libres, que promueven la formación de cataratas. Algunos estudios han demostrado que es especialmente activa contra la oxidación en las diferentes partes del cristalino.[3-4] En las gotas oculares que se emplean como tratamiento para las cataratas está presente la N-acetilcarnosina.

Cuando las cataratas interfieren gravemente en la visión, el cristalino dañado puede ser extirpado quirúrgicamente y reemplazado por uno artificial. Para realizar esta operación hay que insensibilizar el ojo con anestesia. Posteriormente se realiza un corte en la córnea para poder acceder al cristalino. Con una aguja o un pequeño par de pinzas se hace un agujero circular en la cápsula que lo contiene. Se utiliza una sonda para emulsionar y romper el cristalino, con lo que se vuelve más líquido y se puede aspirar. En casos graves de cataratas, si el cristalino presenta demasiada rigidez como para ser emulsionado, hay que cortarlo y extraerlo de forma manual. Posteriormente se inserta en su lugar un cristalino flexible de plástico. El último paso consiste en inyectar una solución salina en la herida creada en la córnea para que el área se inflame y cierre de esta forma la incisión. Cuando las cataratas afectan a los dos ojos, la cirugía se realiza únicamente en uno cada vez, dejando un periodo de al menos ocho semanas entre una operación y otra. Cerca del 90% de los pacientes que se someten a este tipo de cirugía logran recuperar una agudeza visual de 6/12 tras la operación.

A pesar de que la cirugía de cataratas es relativamente segura, hay bastantes complicaciones asociadas que pueden aparecer: entre un 30 y un 50% de los pacientes desarrollan opacificación –el oscurecimiento de la cápsula posterior del cristalino– antes de los dos años posteriores a la operación, lo cual requiere un tratamiento con láser; un 0,8% sufren desprendimiento de retina; aproximadamente el 1% son rehospitalizados por problemas en la córnea y alrededor del 0,1% desarrollan endoftalmitis –una inflamación grave provocada normalmente por una infección–. Además, las personas con diabetes tienen un mayor riesgo de desarrollar retinopatía diabética y glaucoma como consecuencia de la cirugía. Aunque los riesgos son pequeños, el gran número de operaciones que se llevan a cabo hacen que anualmente 26.000 personas –solo en los Estados Unidos– desarrollen complicaciones serias tras una operación de cataratas. Por lo tanto, es conveniente ser cautos a la hora de tomar la decisión de someterse a este tratamiento.

GLAUCOMA

Después de las cataratas, el glaucoma es la causa más común de ceguera en el mundo; se estima que 60 millones de personas –1 de cada 120– sufre glaucoma. La enfermedad puede darse a cualquier edad, aunque las personas mayores presentan un riesgo más elevado. No obstante, los bebés pueden nacer con ella; aproximadamente 1 de cada 10.000 bebés en los Estados Unidos tiene glaucoma al nacer. Los adolescentes también pueden desarrollar esta patología.

La cantidad de líquido de un ojo sano y normal está cuidadosamente regulada para mantener la forma adecuada del globo ocular. En el glaucoma, el equilibrio de este líquido se ve alterado; el líquido penetra en el ojo más rápidamente de lo que sale de él, por lo que la presión dentro del globo ocular –denominada presión intraocular– aumenta. Esta presión comprime a las venas y arterias que llevan la sangre de la retina al nervio óptico y viceversa. El resultado final es que la visión se va perdiendo gradualmente al irse dañando la retina y el nervio. Por lo general, no produce dolor ni síntomas evidentes. La visión periférica se ve afectada en primer lugar, pero la pérdida de la visión puede ser tan gradual que al principio resulta imperceptible.

A medida que la enfermedad evoluciona, la visión lateral disminuye y el campo de visión se va estrechando, produciendo lo que se conoce como «visión de túnel». Si no se trata, la presión puede causar daños permanentes en el nervio óptico y provocar la ceguera completa.

Al glaucoma se le suele llamar «el ladrón silencioso de la vista», porque llega sin previo aviso y para cuando se detecta puede que una parte sustancial de la vista ya se haya perdido. Dado que en las primeras etapas hay pocos síntomas, muchas personas sufren la enfermedad sin saberlo. Se estima que la mitad de quienes padecen glaucoma no son siquiera conscientes de ello. Los síntomas son sutiles pero se puede notar cierto enturbiamiento de la visión, una leve molestia en el ojo y, más tarde, una pérdida de la visión periférica apenas perceptible. A medida que la enfermedad progresa se produce una disminución de la agudeza visual y un gran aumento de la presión intraocular que puede causar la aparición de anillos de colores o halos alrededor de objetos brillantes. El glaucoma se puede desarrollar en uno o en ambos ojos. Hay varias razones por las que se produce este aumento de la presión intraocular: la inflamación y la hinchazón que provoca el estrechamiento de los conductos de drenaje; una obstrucción de los conductos causada por desechos provenientes del propio ojo (por ejemplo, un fragmento de tejido del iris); tener la presión sanguínea alta de forma crónica o las lesiones causadas por traumatismos, por nombrar tan solo unas cuantas.

En algunos casos poco frecuentes, los niños pueden nacer con un defecto del ojo que retrasa el drenaje normal del líquido ocular —una afección conocida como «glaucoma congénito»—. Los niños afectados suelen presentar síntomas evidentes como ojos lechosos o turbios, hipersensibilidad a la luz y lagrimeo excesivo. El tratamiento recomendado suele ser la cirugía convencional, porque los medicamentos no son efectivos, pueden ser difíciles de administrar y, en los lactantes, pueden causar efectos secundarios más graves. Si se practica correctamente, la cirugía tiene muchas posibilidades de éxito y los niños pueden tener una visión normal.

Visión normal.

Glaucoma. Puede producirse visión de túnel y pérdida de la visión en algunas áreas.

El glaucoma puede surgir como una complicación secundaria de otras dolencias. Por ejemplo, un tipo grave de glaucoma llamado «glaucoma neovascular» puede ser el resultado de una diabetes o una enfermedad cardíaca mal controladas. Otros tipos de glaucoma cursan en ocasiones junto con cataratas, ciertos tumores del ojo o una enfermedad denominada uveítis (inflamación de los tejidos que encapsulan el globo ocular). En ocasiones el glaucoma se desarrolla tras una intervención quirúrgica ocular o alguna lesión grave en los ojos. En determinadas personas los esteroides que se utilizan para tratar las inflamaciones oculares y otras enfermedades pueden desencadenar la aparición de glaucoma.

En algunos casos la causa es desconocida. Una variante de la enfermedad, denominada «glaucoma de tensión baja o normal», se produce en personas que tienen una presión ocular normal. Reducir esta presión mediante el uso de medicamentos puede frenar la afección en algunos individuos, pero en otros puede empeorarla.

La detección temprana y el tratamiento a menudo logran prevenir una pérdida de visión grave. El glaucoma se puede detectar mediante un examen del campo visual que mide la visión periférica, determinando la presión intraocular con un instrumento llamado tonómetro, calculando el grosor de la córnea o examinando la retina y el nervio óptico con una lupa especial.

No se conoce un remedio clínicamente probado para el glaucoma. El tratamiento se centra principalmente en la reducción de la presión intraocular y puede estar basado en la administración de medicamentos, en la terapia con láser, en la cirugía o en una combinación de varios de estos métodos. Aunque estos tratamientos pueden proteger lo que aún quede de visión, no hacen que se recupere la vista que ya se ha perdido a causa del glaucoma. Es por este motivo por lo que el diagnóstico precoz es de suma importancia.

Los medicamentos, en forma de gotas oculares o de pastillas, constituyen el tratamiento más común en las primeras fases. Si se toman con regularidad, pueden reducir la presión del ojo. Algunos de estos fármacos hacen que el ojo produzca menos líquidos, mientras que otros reducen la presión facilitando el drenaje del líquido ocular. Sin embargo, pueden causar dolores de cabeza, escozor, ardor o enrojecimiento en los ojos. Dado que muchas veces el glaucoma no presenta síntomas, la gente suele tener la tentación de dejar de tomar la medicación o incluso se olvidan de ella, pero para preservar la visión estos medicamentos han de tomarse con regularidad, sin interrupción y de la forma que se prescriba.

En etapas más avanzadas de la enfermedad se puede practicar cirugía láser o convencional para abrir los conductos, permitiendo así un mejor drenaje de los ojos. Desafortunadamente, cerca del 10% de las personas que reciben un tratamiento adecuado experimentan posteriormente más pérdida de visión.

DEGENERACIÓN MACULAR

Como su propio nombre indica, esta enfermedad se produce cuando la mácula —la parte de la retina responsable de la nitidez en la visión frontal— se deteriora, provocando una pérdida en la visión central del ojo afectado. Cuando la mácula está dañada, el centro del campo de visión puede aparecer borroso, distorsionado u oscurecido.

La mácula comienza a degenerar en 1 de cada 4 personas mayores de sesenta y cinco años, y en 1 de cada 3 con más de ochenta. Afecta a unos 30 millones de personas en todo el mundo.

Existen diferentes formas de la enfermedad; la degeneración macular asociada a la edad (DMAE) es la más común y suele aparecer en algún momento después de los cincuenta. Esta variante es la causa principal de ceguera en personas con más de sesenta y cinco años. Casi siempre que oímos hablar sobre la degeneración macular se están refiriendo precisamente a ella. Otra forma, muchísimo menos frecuente y que se da en gente más joven, es la denominada enfermedad de Stargardt, también conocida como «distrofia macular juvenil». Se trata de una dolencia hereditaria causada por un defecto en un cromosoma. Por lo general, aparece entre los seis y los veinte años y se caracteriza por una rápida pérdida de la agudeza visual.

Existen dos formas de DMAE: seca y húmeda. La forma seca representa el 90% de los casos y se caracteriza por el progresivo desgaste de las células pigmentarias retinales de la mácula. Aunque la pérdida de agudeza visual no suele evolucionar más allá de un valor de 6/60, esto supone en todo caso una discapacidad bastante significativa. En la actualidad no se conoce ningún tratamiento clínico que pueda prevenir, detener o revertir esta forma de degeneración macular; los cuidados se centran en enseñar al paciente cómo hacer frente a la enfermedad y en intentar aprovechar al máximo lo que queda de visión, por ejemplo con libros de lectura con letras grandes, ayudándose con una lupa y asegurándose de que la iluminación es adecuada cuando haya que llevar a cabo tareas minuciosas.

La forma húmeda de la DMAE se caracteriza por el crecimiento anormal de una red de diminutos vasos sanguíneos dentro o muy cerca de la mácula. Estos vasos provocan pequeñas filtraciones de sangre y de líquido por debajo de la mácula, lo que da lugar a una visión borrosa y distorsionada. Esta forma de degeneración macular puede causar la pérdida completa de la visión central, por lo que es potencialmente más grave que la forma seca. Afortunadamente, la terapia con láser puede sellar estas fugas de los vasos sanguíneos; de este modo se consigue que no haya más pérdida de visión por este motivo. Si se diagnostica y se trata en fases tempranas de su desarrollo, cuando la red de vasos sanguíneos aún es pequeña, se puede evitar la pérdida de una parte muy significativa de la visión central.

En algunas personas la DMAE evoluciona tan lentamente que durante mucho tiempo no se produce ninguna pérdida de visión apreciable. En otros la enfermedad progresa más rápidamente y puede dar lugar a una significativa pérdida de visión en uno o ambos ojos. La aparición de una zona borrosa cerca del área de visión central es un síntoma común de la DMAE. Con el tiempo la zona borrosa puede ir aumentando, o pueden desarrollarse puntos ciegos en la visión central que normalmente interfieren en actividades cotidianas simples tales como conducir, leer, escribir o la capacidad para reconocer los rostros o realizar tareas de cerca, incluyendo cocinar.

Degeneración macular. La visión lateral es normal, pero la visión central se va perdiendo lentamente.

No todos los casos de DMAE en fase inicial acaban derivando en casos graves. Dentro del grupo de personas que la sufren en su fase inicial en un ojo y que no presentan signos en el otro tan solo un 5% desarrollan DMAE avanzada después de diez años. Para los que la padecen en fase inicial en ambos ojos, alrededor del 14% desarrollarán DMAE avanzada al menos en un ojo después de diez años.

Si se tiene degeneración macular asociada a la edad únicamente en un ojo, puede que no se aprecie ningún cambio en la visión de conjunto. Mientras siga habiendo una visión clara en el otro ojo aún se puede conducir, leer y apreciar detalles pequeños. Sin embargo, una DMAE avanzada en un ojo significa que se tiene un riesgo mayor de desarrollar la enfermedad en el otro. Si notamos una ligera distorsión o visión borrosa, incluso si parece que no nos afecta mucho para la vida diaria, sería prudente consultar con un oftalmólogo.

En sus fases iniciales la DMAE presenta muy pocos síntomas apreciables. Aunque por lo general se diagnostica en personas de edad avanzada, la enfermedad comienza a una edad mucho más temprana

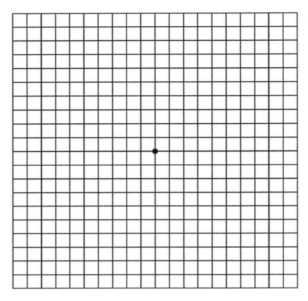

Para comprobar si existe degeneración macular se suele utilizar la rejilla de Amsler. Si usas gafas para leer, póntelas para hacer la prueba. Coloca la rejilla a la distancia a la que normalmente lees. Tápate un ojo y enfoca el otro en el punto central. ¿Alguna de las líneas aparece ondulada, borrosa o distorsionada? Si tu vista es normal, todas las líneas han de aparecer rectas, todas las intersecciones han de formar ángulos rectos y todos los cuadrados han de ser del mismo tamaño –en la siguiente página se puede ver un ejemplo de una imagen distorsionada–. Haz la prueba con el otro ojo.

y evoluciona lentamente. La única manera de saber si alguien está desarrollando DMAE es realizando una exploración ocular, que puede incluir la prueba de la rejilla de Amsler, un test de agudeza visual con una tabla optométrica o el examen de la parte posterior del ojo con una lente de aumento. La rejilla de Amsler es una forma fácil y rápida de evaluar la visión central. Para realizar esta prueba, a los pacientes se les entrega una hoja de papel con una cuadrícula de líneas horizontales y verticales y se les pregunta si notan alguna distorsión de las líneas en el centro de la cuadrícula. Esta prueba se puede hacer en casa y repetirse periódicamente. Si se aprecia algún tipo de distorsión en la rejilla, no implica necesariamente que tengamos DMAE, pero sí revela la presencia de algún tipo de trastorno de la visión central; son necesarias más pruebas para llegar a un diagnóstico definitivo.

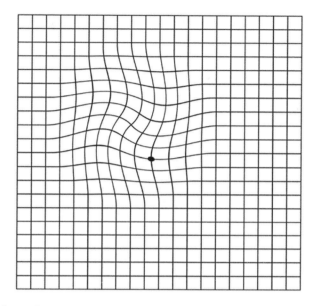

La rejilla de Amsler tal y como la vería una persona con degeneración macular.

El tratamiento médico para la DMAE es limitado. Sin embargo, los investigadores han encontrado relación entre esta y el estilo de vida; factores como el fumar, la elevada presión arterial, la obesidad y el consumo excesivo de azúcar y de aceites vegetales poliinsaturados aumentan el riesgo. Por el contrario, el ejercicio asiduo y una dieta saludable con suficientes vitaminas, minerales y antioxidantes lo reducen. Adoptar hábitos saludables puede retrasar o incluso prevenir totalmente la enfermedad.

RETINOPATÍA DIABÉTICA

La diabetes es una enfermedad progresiva que se tiene de por vida causada por la incapacidad del cuerpo para producir insulina o para utilizarla en todo su potencial. Se caracteriza por niveles de glucosa en sangre constantemente elevados y afecta al sistema cardiovascular, provocando su deterioro. Esto da lugar a su vez a muchas complicaciones tales como ataques al corazón, derrames cerebrales, insuficiencia renal, neuropatía periférica y retinopatía. En los Estados Unidos,

Europa y Australia, la retinopatía diabética es la principal causa de ceguera en personas con edades comprendidas entre los veinte y los sesenta y cinco años.

Retinopatía diabética es un término general que incluye todos los trastornos de la retina causados por la diabetes; una diabetes mal controlada puede inducir cambios en los vasos sanguíneos de la retina que, finalmente, pueden desembocar en pérdida de la visión y en ceguera. Por lo general afecta a ambos ojos.

Existen dos tipos principales de retinopatía diabética: la proliferativa y la no proliferativa. La retinopatía no proliferativa es la más común. Se produce cuando los vasos capilares de la parte posterior del globo ocular se inflaman y forman embolsamientos, provocando pérdidas de sangre y líquidos que quedan depositados en la mácula —la zona de la retina en la que se enfoca la imagen—. Al irse llenando la mácula con estos líquidos, la visión se vuelve borrosa, hasta el punto de poder perderla por completo.

La retinopatía no proliferativa puede evolucionar a una retinopatía proliferativa, que es más grave. Al irse deteriorando los diminutos vasos sanguíneos inflamados, comienzan a formarse nuevos vasos sanguíneos a lo largo de la retina para reemplazarlos. Estos nuevos vasos son frágiles y de estructura anormal y pueden presentar también fugas de sangre que bloqueen la visión. Asimismo, lesiones sufridas por los vasos sanguíneos dañados pueden hacer que se desarrolle tejido cicatrizante. A medida que este tejido cicatrizante se va curando, se encoge y se contrae, lo que puede distorsionar la retina o incluso desplazarla fuera de su sitio, una afección que se conoce como «desprendimiento de retina».

Cuanto mayor sea el tiempo que la persona ha padecido diabetes más probabilidades tiene de desarrollar retinopatía. Prácticamente todos los pacientes con diabetes tipo 1 y la mayoría de aquellos con tipo 2 desarrollarán con el tiempo retinopatía no proliferativa. Entre el 40 y el 45% de las personas a las que se ha diagnosticado diabetes presentan ya retinopatía en alguna de las fases de su desarrollo. La proliferativa es más grave pero comparativamente mucho menos común.

Dado que la retina puede sufrir daños sin que la persona note ningún cambio en la visión, tanto la retinopatía proliferativa como la no proliferativa pueden desarrollarse sin producir ningún síntoma apreciable. En ocasiones, incluso en casos de la variante más grave, no se experimentan síntomas hasta que ya se ha producido un daño permanente. Cuando los líquidos que se escapan de los vasos sanguíneos se depositan en la mácula, puede producirse visión borrosa. Al principio también puede ser que pequeñas manchas o puntos de sangre interfieran en la visión. A veces estas manchas desaparecen por sí solas sin ningún tipo de tratamiento, con lo que la persona recupera cierta claridad en la visión; no obstante, el sangrado puede ocurrir nuevamente. Si evoluciona hasta la fase proliferativa, el riesgo de pérdida permanente de la visión es elevado. Los diabéticos tienen que hacerse una revisión ocular completa al menos una vez al año. Los pacientes que presentan retinopatía proliferativa pueden reducir el riesgo de ceguera hasta en un 95% con un tratamiento puntual en el momento adecuado y un posterior seguimiento.

Retinopatía diabética. La visión puede ser borrosa, con sombras y pérdida de visión en algunas zonas y con dificultad para ver por la noche.

La retinopatía diabética se trata con cirugía láser. Para la no proliferativa se emplea un procedimiento denominado «tratamiento focal con láser» en el cual el médico puede provocar hasta varios cientos de pequeñas quemaduras con el láser en las zonas que rodean la mácula en las que hay pérdidas de líquidos. Estas quemaduras frenan las fugas y reducen la cantidad de líquido presente en la retina. El proceso quirúrgico se completa por lo general en una sola sesión, aunque el paciente puede necesitar varias sesiones para controlar todas las pérdidas de líquido.

La retinopatía proliferativa se trata con láser de dispersión. Este tratamiento facilita la contracción de los vasos sanguíneos anormales. El médico realiza entre mil y dos mil quemaduras con láser en zonas de la retina alejadas de la mácula, haciendo que los vasos sanguíneos anormales se encojan. Debido al gran número de quemaduras con láser que hay que practicar, normalmente se requieren dos o más sesiones para completar el tratamiento. Aunque el láser de dispersión tal vez reduzca ligeramente la visión lateral, la percepción de los colores y la visión nocturna, puede conseguir no obstante salvar la vista que le quede al paciente.

Ninguno de los dos tipos de tratamiento con láser supone una cura, pero pueden frenar —rara vez detener— considerablemente la pérdida de visión en el futuro. Una vez que ya se tiene retinopatía diabética —especialmente la proliferativa— siempre va a haber riesgo de que se produzcan nuevos sangrados y puede ser necesario someterse a un seguimiento y a tratamientos periódicos. El mejor tratamiento para la diabetes consiste en controlar los niveles de azúcar en sangre mediante una dieta adecuada, lo cual además reduce el riesgo de sufrir todas las complicaciones que esta enfermedad lleva asociadas, incluida la retinopatía.

NEURITIS ÓPTICA

La neuritis óptica se define como la inflamación del nervio óptico, que puede producir lesiones en las fibras nerviosas y pérdida parcial de la visión. Sus síntomas pueden incluir visión borrosa o doble, dolor, nistagmo (movimientos sin control de los ojos), pérdida de la visión del color, puntos ciegos y ceguera temporal.

La pérdida de la visión generalmente se produce en un solo ojo y tiende a empeorar en el transcurso de varios días antes de que se comience a dar alguna mejoría. La visión doble se produce cuando el par de músculos que controlan cada movimiento individual de los ojos no están coordinados debido a la debilidad de al menos uno de ellos. Aunque resulta molesta, la visión doble desaparece normalmente por sí sola sin necesidad de tratamiento médico. Por lo general la visión vuelve a la normalidad en dos o tres semanas sin tratamiento. No existen demasiadas opciones para tratar esta dolencia, y las que hay suelen implicar la administración oral o intravenosa de esteroides para reducir la inflamación.

La causa de la neuritis óptica no se conoce con exactitud; sin embargo, a menudo se presenta en personas que padecen otras enfermedades inflamatorias tales como el lupus y la sarcoidosis, así como algunas afecciones infecciosas como la enfermedad de Lyme o la rubéola. Es un síntoma común de la esclerosis múltiple (EM). Según la Asociación Nacional de Esclerosis Múltiple de los Estados Unidos, el 55% de las personas que padecen actualmente EM sufrirá en el futuro un episodio de neuritis óptica; a menudo constituye el primer signo de la enfermedad. La neuritis óptica asociada con la EM puede durar entre cuatro y doce semanas.

Quienes desarrollan neuritis óptica sin ninguna enfermedad asociada como la EM tienen muchas probabilidades de recuperarse totalmente sin ninguna recaída posterior. Entre el 50 y el 60% de las personas que tienen neuritis óptica sin ninguna otra patología asociada acaban desarrollando con el tiempo EM, y las que ya tienen EM suelen sufrir varios episodios de neuritis óptica.

DERRAME CEREBRAL

Cuando una de las arterias que irrigan el cerebro queda bloqueada o se rompe, los nutrientes y el oxígeno dejan de llegar a las células que los necesitan, provocando su muerte. A esto se le llama «derrame cerebral». Los derrames cerebrales pueden afectar a la visión cuando el tejido dañado se encuentra en una de las regiones del cerebro que procesan la información visual. La mayor parte del procesamiento de la información visual tiene lugar en el lóbulo occipital, que se encuentra en la parte posterior del cerebro. La mayoría de los derrames cerebrales afectan únicamente a un lado de este órgano. Si la lesión se produce en el lóbulo occipital derecho, se verá afectado el campo de visión izquierdo de ambos ojos. Análogamente, un derrame producido en el lóbulo occipital izquierdo puede disminuir el campo de visión derecho de cada ojo. Es muy poco frecuente que ambos lados del cerebro se vean afectados simultáneamente.

De entre las personas que sobreviven a un derrame cerebral, 1 de cada 4 ha experimentado pérdida de visión como consecuencia del propio derrame. En la mayoría de los casos la visión nunca llega a recuperarse totalmente, aunque es muy posible que haya una recuperación parcial —y de hecho esta suele producirse en los primeros meses después del derrame.

El tipo más común de deterioro de la vista relacionado con un derrame cerebral consiste en la pérdida de la mitad del campo de visión, pero en algunos casos la vista puede reducirse hasta un cuarto o incluso limitarse a un único punto. También es posible que se presenten otros problemas de visión distintos. Del tronco cerebral parten tres pares de nervios que son los responsables de controlar los movimientos oculares Si se produce un derrame cerebral en esta zona, el resultado puede ser que únicamente un ojo se mueva de forma correcta. Esto puede causar visión doble o incapacidad para mirar en una dirección particular con los dos ojos. La estabilidad visual puede también verse afectada. Por ejemplo, puede parecer que objetos que están quietos se mueven. Como puedes imaginarte, esto hace que cualquier actividad que requiera enfocar mucho la vista, como leer, se convierta en algo muy complicado. El cerebro puede tener dificultades a la hora de comprender o reconocer visualmente caras u objetos familiares. Se puede dar una pérdida de sensibilidad y de control muscular alrededor de los ojos, haciendo que parpadear sea difícil, impidiendo que los párpados se cierren adecuadamente o, en ocasiones, dando lugar a párpados caídos –cuando no se pueden abrir.

Al igual que el cerebro, el ojo mismo puede también sufrir un derrame cuando las venas o arterias que irrigan la retina y el nervio óptico quedan obstruidas o sufren lesiones que provocan su rotura. A esto se le denomina oclusión o «derrame ocular». Se presenta de forma repentina y por lo general afecta únicamente a un ojo. Dependiendo de qué venas o arterias se vean afectadas, la oclusión ocular puede causar tan solo pérdida de la visión cercana –de la periférica o de la central–, distorsiones, puntos ciegos o, directamente, una pérdida total de la visión.

Más del 80% de las personas que sufren una oclusión ocular recuperan la mayor parte de la vista en el transcurso de varios meses, aunque algunos problemas claramente perceptibles tales como puntos ciegos o distorsiones persisten por regla general de forma permanente. Los tratamientos con láser, fármacos o cirugía tradicional pueden reducir el tiempo de recuperación.

La mayoría de las personas que sufren un derrame cerebral tienen la presión sanguínea alta, arterioesclerosis (un endurecimiento y estrechamiento de las arterias) o diabetes. Algunas presentan incluso una combinación de varios de estos y otros trastornos.

INFECCIONES

Los dos tipos principales de infección ocular, responsables de la gran mayoría de los casos de pérdida de visión y de ceguera, son el tracoma y la oncocercosis. El tracoma es causado por la bacteria *Chlamydia trachomatis*. La enfermedad va evolucionando a lo largo de varios años a medida que las progresivas infecciones van produciendo cicatrices en la parte interna del párpado. Esto le ha valido el calificativo de «enfermedad silenciosa». Con el tiempo las pestañas comienzan a girarse hacia dentro y a raspar la córnea. Como resultado, la córnea comienza a presentar cada vez más lesiones y cicatrices, provocando una grave pérdida de visión y, finalmente, ceguera total. La enfermedad se transmite directamente de ojo a ojo, sobre todo a través de las moscas, pero también se puede contagiar por contacto directo con los ojos o la nariz de una persona infectada. Por lo general, la infección desaparece por sí misma, pero la falta de unas condiciones higiénicas adecuadas, el hacinamiento y la escasez de agua potable propician que se produzcan infecciones de forma continuada. La OMS estima que 6 millones de personas en todo el mundo son ciegas debido al tracoma, y otros 150 millones tienen infecciones activas. Es más común en África, Asia y América Central y del Sur.

La infección por tracoma es la causa más común de infección ocular en todo el mundo. En la mayoría de los casos no es recurrente o crónica, de modo que no provoca daños permanentes en la visión y puede ser tratada con antibióticos. Esta y otras bacterias están presentes de forma natural en el canal de parto, por lo que normalmente se aplican antibióticos en los ojos de los recién nacidos de forma rutinaria para evitar que se produzcan infecciones o conjuntivitis. En zonas en las que el saneamiento y la higiene personal están mucho mejor controlados las infecciones y las complicaciones graves son mucho menos comunes.

La oncocercosis es la segunda causa más común de ceguera producida por infección. Es causada por un gusano parásito llamado *Onchocerica volvulus*, el cual se propaga mediante la picadura de la mosca negra. Normalmente hacen falta muchas picaduras para que se desarrolle la infección. Las moscas negras viven cerca de los ríos, razón por la cual a esta enfermedad se la denomina frecuentemente «ceguera del río». Una vez en el interior de una persona, los gusanos producen larvas que posteriormente salen por la piel, incluyendo la del ojo. El 99% de los casos se dan en el África subsahariana. Existen medicamentos que pueden hacer frente a esta dolencia.

Hay muchos microorganismos que pueden infectar los ojos pero no todos son igual de peligrosos y, por lo general, la mayoría de las infecciones duran tan solo unos días. *Conjuntivitis* es un término general que significa «inflamación de la conjuntiva» y se caracteriza por unos ojos enrojecidos, llorosos y con picores, por lo que se la denomina comúnmente «ojo rojo». Cualquier factor que cause inflamación de la conjuntiva puede provocar conjuntivitis. Normalmente lo primero que se sospecha es que hay una infección, pero la inflamación también puede ser causada por alergias, partículas extrañas o traumatismos.

OTRAS ENFERMEDADES

Existen muchos otros trastornos que afectan a la córnea, la retina y otras partes de la anatomía del ojo. Algunos son de origen genético, mientras que otros tienen causas ambientales o están relacionados directamente con el estilo de vida. Dado que muchos de los trastornos degenerativos oculares pueden ir evolucionando lentamente y sin demasiadas señales externas, siempre es aconsejable visitar al óptico o al oftalmólogo cada tres o cinco años para hacernos una revisión completa de la vista.

Si tienes sesenta años o más, deberías hacerte una revisión completa al menos cada uno o dos años. Además de las cataratas, el oftalmólogo podrá verificar si existen señales de degeneración macular asociada con la edad, glaucoma u otros trastornos de la visión. En muchos casos, el tratamiento precoz de las enfermedades oculares puede salvar la vista.

4

FACTORES QUE DETERIORAN LA VISIÓN

LOS RADICALES LIBRES

¿Qué tienen en común todas estas enfermedades: cataratas, degeneración macular, glaucoma, diabetes y alzhéimer? Podríamos responder que todas están asociadas con la edad; sin embargo, algunas de ellas pueden presentarse en personas relativamente jóvenes. Lo que todas estas afecciones —al igual que muchas otras enfermedades degenerativas— tienen en común son los radicales libres, también conocidos como «especies reactivas de oxígeno» (o por sus siglas en inglés, ROS, de *reactive oxygen species*). Son moléculas rebeldes que atacan a otras moléculas y las destruyen. Cualquier tejido de nuestro organismo es susceptible de sufrir daños causados por los radicales libres y la acumulación de estos daños a lo largo de muchos años acaba resultando en la degeneración de los tejidos y la pérdida de la función que les es propia, lo cual representa los síntomas típicos de la vejez.

Dicho de una forma muy simple, un radical libre es una molécula con un electrón en su órbita externa no emparejado. El electrón que falta hace que la molécula sea altamente reactiva e inestable e intente por todos los medios robar un electrón de una molécula vecina. Una vez que lo consigue, la segunda molécula —ahora con un electrón de menos— se convierte a su vez en un radical libre altamente reactivo y nuevamente arranca un electrón de otra molécula cercana. Este proceso continúa, dando lugar a una reacción destructiva en cadena que puede afectar a miles de moléculas.

Cuando una molécula se convierte en un radical libre, sus propiedades físicas y químicas se modifican a través de un proceso denominado oxidación. La función normal de este tipo de moléculas se altera, lo que afecta a toda la célula de la cual forman parte. Cuando una célula viva se ve atacada por radicales libres, degenera y acaba convirtiéndose en una célula disfuncional; estos radicales libres pueden atacar a nuestras células y literalmente desgarrar sus membranas protectoras. Los componentes celulares más sensibles, como el ADN, que lleva la información genética de la célula, pueden verse gravemente dañados en el proceso de la oxidación.

Al igual que este poste metálico, los tejidos corporales se deterioran cuando se ven atacados por radicales libres.

La oxidación es básicamente un proceso a través del cual las sustancias se combinan con el oxígeno u otro elemento no metálico de un modo que provoca el deterioro en dichas sustancias. Ejemplos comunes de esta reacción serían el proceso mediante el cual el aceite se pone rancio o el endurecimiento del caucho, pero el ejemplo clásico del deterioro que producen los radicales libres en la naturaleza es el óxido: cuando el hierro queda expuesto a los componentes del aire, se oxida fácilmente. En este proceso el hierro se corroe, se expande, se vuelve quebradizo y acaba cayéndose a pedazos. Análogamente, cuando nuestro cuerpo se ve atacado por los radicales libres, esencialmente se oxida y se deteriora, acelerando el proceso del envejecimiento.

A medida que las células se ven bombardeadas por los radicales libres, los tejidos se van deteriorando progresivamente. Algunos investigadores creen que los radicales libres son la causa real del envejecimiento. Cuanta más edad tiene un organismo, más daño acumula de toda una vida de exposición a las ROS.

Según envejecemos, parece que los radicales libres son, al menos en parte, responsables de nuestro aspecto, de cómo nos sentimos y de nuestra capacidad para movernos. Los radicales libres van causando lentamente el deterioro de los tejidos del cuerpo y, ciertamente, el envejecimiento no es más que un proceso degenerativo y de deterioro. Quizá donde sus efectos son más evidentes es en la piel, y más específicamente en el colágeno, que actúa como una matriz que proporciona fuerza, firmeza y flexibilidad a los tejidos. El colágeno se encuentra en el cuerpo por todas partes y su función es mantener todos los tejidos unidos. Es lo que mantiene la piel suave, elástica y joven; cuando la piel se deteriora debido a los radicales libres, se vuelve seca, coriácea y arrugada —todos síntomas clásicos de la vejez.

Los radicales libres afectan a los ojos de un modo similar. El recubrimiento blanquecino que aparece en el cristalino cuando se forman cataratas es una consecuencia de los daños provocados por las ROS. Los ojos, al igual que el cerebro, son especialmente sensibles a las lesiones por oxidación debido a que las membranas celulares de estos tejidos contienen un gran porcentaje de ácidos grasos poliinsaturados, los cuales son altamente vulnerables. Las concentraciones de estos ácidos grasos en los ojos y en el cerebro están entre las mayores que se pueden encontrar en el cuerpo.

Es imposible prevenir todas las reacciones producidas por los radicales libres que se dan en el organismo, pues son parte del funcionamiento habitual del cuerpo. Los radicales libres se forman como consecuencia natural de los procesos metabólicos normales. El uso de oxígeno y de glucosa para generar energía origina radicales libres como subproducto. Todas las células producen radicales libres, pero no por ello quedan indefensas ante ellos; las enzimas antioxidantes siempre están presentes para eliminarlos rápidamente antes de que puedan causar demasiado daño.

Además de a través de esta generación normal en el interior del cuerpo, estas moléculas rebeldes pueden producirse también por lesiones, infecciones, toxinas, estrés excesivo y diversos factores estimulantes ambientales. La dieta es una fuente importante de radicales libres. Ciertos aditivos alimentarios, residuos de pesticidas, productos químicos, contaminantes y otras toxinas hacen que la carga de radicales libres sea mayor. Su cantidad puede también venir determinada por cómo se cocinen los alimentos.

Los aceites vegetales poliinsaturados son una de las mayores fuentes de radicales libres de la alimentación; cuando estas moléculas están presentes en alimentos naturales tales como las verduras, los frutos secos y los cereales, no suponen ningún problema —siempre y cuando sean frescos— porque la naturaleza siempre los recubre con antioxidantes protectores para prevenir que se pongan rancios (que se oxiden). Es al realizar la extracción y posterior purificación de estos aceites cuando se vuelven problemáticos. A temperatura ambiente estos aceites producen radicales libres de forma espontánea. Al calentarlos, como ocurre cuando se usan para cocinar, la producción de radicales libres se ve acelerada en gran medida. Las dietas ricas en aceites vegetales poliinsaturados pueden aumentar drásticamente la carga corporal de radicales libres. Estos aceites son tan propensos a formar ROS que las reservas de antioxidantes del cuerpo se consumen rápidamente para intentar neutralizarlas. Esto no solo provoca deficiencias de antioxidantes, sino que produce también deficiencias nutricionales, dado que muchos de estos antioxidantes son vitaminas esenciales y minerales, sustancias de crucial importancia para una buena función digestiva, para mantener el equilibrio hormonal, para tener un sistema inmunitario fuerte y para el correcto funcionamiento de los ojos.

LOS RADICALES LIBRES Y LA PÉRDIDA DE VISIÓN

¿Qué tienen que ver la oxidación y los radicales libres con la pérdida de visión? ¡Muchísimo! Los radicales libres son agentes clave en los procesos de desgaste que deterioran los delicados tejidos del ojo y que provocan cataratas, glaucoma, degeneración macular, retinopatía diabética y muchos otros trastornos oculares.[1-4]

Estos trastornos de la vista suelen presentarse en adultos. Es por este motivo por lo que nos referimos a estas enfermedades como «relacionadas con la edad». Aunque algunas de estas afecciones pueden presentarse en niños, el número de casos es muy reducido en comparación con los que se dan en adultos mayores. Cuando las sufren los niños, tienen que ver normalmente con factores genéticos o con las condiciones de la gestación. En los adultos el estrés oxidativo que se va produciendo en el transcurso de muchos años va dañando poco a poco los tejidos oculares, provocando con el tiempo pérdida de visión.

Cuanto más tiempo hayamos vivido, mayor habrá sido nuestra exposición a los radicales libres; después de toda una vida de exposición a estas moléculas nocivas, los ojos comienzan a deteriorarse. A pesar de que la edad es un factor de riesgo para muchas de estas enfermedades oculares, no constituye en absoluto la causa en sí; mucha gente disfruta de una vida larga y saludable sin haber padecido nunca ninguna de estas dolencias. Entonces, ¿por qué algunas personas desarrollan cataratas o glaucoma y otras no? Una de las razones principales es el exceso de exposición al estrés oxidativo; aquellas personas con mayor exposición son las que presentan un mayor riesgo.

Nuestro organismo crea radicales libres constantemente. De hecho, se producen sin cesar en el interior de todas y cada una de nuestras células. Las mitocondrias —los orgánulos de la célula responsables de producir energía— los generan como un subproducto de su propio metabolismo. Estos radicales libres pueden causar un daño considerable a la célula. Con el fin de protegerse a sí misma, esta tiene que disponer siempre de una reserva de antioxidantes con la que poder eliminar estos radicales libres tan pronto como sea posible para que de este modo causen el menor daño. Cuando este proceso funciona de manera correcta, las células pueden vivir normalmente, cumplir con la misión para la que están diseñadas, dividirse y propagarse sin problema durante todo su ciclo vital. Durante mucho tiempo puede que no surja ningún problema en este mecanismo pero, con el tiempo, la célula se va desgastando debido a la exposición continua a los radicales libres y, finalmente, muere.

Si este proceso funciona como debe, las células cumplen adecuadamente su función durante todo su ciclo vital. Sin embargo, si las reservas de antioxidantes se agotan o si la formación de radicales libres se acelera y sobrepasa la capacidad de los antioxidantes disponibles, los daños ocasionados por la exposición a las ROS se pueden ver acelerados, provocando que las células envejezcan y mueran antes de lo debido. Si las células del cristalino se deterioran o mueren, este pierde su elasticidad y comienza a desarrollar puntos blancos que interfieren en la visión. Si cualquiera de las células que componen la retina —los conos, los bastones o los ganglios— resultan dañadas o mueren, los impulsos eléctricos no pueden ser transmitidos al cerebro y el resultado final es la pérdida de visión. Cuando las células que forman parte de los muchos capilares y vasos sanguíneos del ojo mueren, los vasos sanguíneos se rompen y se producen fugas, con lo que la vista también se ve comprometida.

El daño producido por los radicales libres está presente en todos los trastornos oculares comunes, si no como la causa principal, al menos sí como un factor muy significativo. A pesar de que los radicales libres se producen de forma natural en los procesos metabólicos que tienen lugar dentro de las células, su número y duración vienen determinados en gran medida por nuestro estilo de vida; factores como la dieta, nuestro estado nutricional, la actividad física, las toxinas medioambientales, el consumo de tabaco, la contaminación y la exposición excesiva a los rayos ultravioleta y a otras formas de radiación tienen todos ellos una enorme influencia en la cantidad de estrés oxidativo a la que estamos sometidos a lo largo de la vida. Esto significa que no tenemos por qué asumir el papel de víctimas indefensas frente a las enfermedades oculares degenerativas. Nosotros mismos podemos, con nuestras decisiones, jugar un papel clave a la hora de detener uno de los principales procesos implicados en la pérdida de visión; mediante un estilo de vida sabiamente elegido seremos capaces de detener la degeneración ocular y proporcionarle al cuerpo las herramientas que necesita para sanar, curarse y —muy posiblemente— recuperar parte o incluso la totalidad de la vista que ya se había dado por perdida.

ENVEJECIMIENTO OCULAR
Los productos de la glicación avanzada (PGA)

La oxidación no es el único factor degenerativo asociado con el envejecimiento y la pérdida de visión. El oxígeno es una molécula muy reactiva que da lugar con mucha facilidad a procesos de oxidación —con la consecuente liberación de radicales libres que ese tipo de reacciones generan—. Del mismo modo, la glucosa puede reaccionar de un modo similar, causando una reacción denominada glicación. Este proceso es esencialmente el mismo que la oxidación, excepto que se produce con la glucosa en lugar de con el oxígeno; glicar algo es simplemente combinarlo químicamente con la glucosa. Al igual que ocurre con la oxidación, la glicación de proteínas y grasas poliinsaturadas produce radicales libres y otras moléculas corrosivas con alto poder de reacción.

La glucosa es una sustancia muy pegajosa que se combina fácilmente con otras moléculas. Puede adherirse a las grasas, pero se siente especialmente atraída por las proteínas. Es precisamente la glicación de las proteínas lo que produce los denominados «productos finales de la glicación avanzada», los PGA.

Los efectos de los productos de la glicación avanzada quedan muy bien expresados con su correspondiente acrónimo en inglés, AGE (*advanced glycation end products*), ya que *age* significa también «envejecer» en ese idioma y eso es precisamente lo que hacen: envejecer al cuerpo. El envejecimiento puede definirse como la acumulación de células dañadas, y cuanto mayor sea la cantidad de moléculas de PGA que tengamos en el organismo, más viejos nos volvemos a nivel funcional, independientemente de la edad real que tengamos. Los PGA también afectan negativamente a otras moléculas, dando lugar a la producción de más radicales libres; oxidando moléculas de colesterol LDL (produciendo así el tipo de colesterol que se acumula en las arterias y favorece la aparición de arterioesclerosis, ataques cardíacos y derrames cerebrales); degradando las moléculas de colágeno (que constituye la principal estructura de soporte para los órganos y la piel); dañando el tejido nervioso (incluyendo el cerebro y los ojos), y causando estragos en casi todos los órganos del cuerpo. Según nos vamos haciendo mayores, los PGA se van acumulando en la córnea, el cristalino, el humor vítreo y la retina. Se sabe que juegan un papel importante en las complicaciones crónicas de la diabetes y en el desarrollo de la retinopatía diabética, la degeneración macular, el glaucoma y las cataratas,[5-7] así como en el alzhéimer y en otras enfermedades neurodegenerativas.[8-10]

La hipótesis de que los PGA causan envejecimiento surgió a raíz de múltiples observaciones que demostraban que los tejidos envejecidos se caracterizan por la acumulación de distintos tipos de moléculas de este tipo. Los PGA forman parte de un círculo vicioso de inflamación, generación de radicales libres, mayor producción de moléculas de PGA, más inflamación, y así sucesivamente.

Todos experimentamos sus efectos en mayor o menor medida; desafortunadamente, es tan solo una parte inevitable de la vida. A medida que nos hacemos mayores vamos acumulando más moléculas de PGA y nuestros cuerpos responden con pérdida de elasticidad y de tono en la piel y en otros tejidos, una disminución de la eficiencia funcional de los órganos, fallos en la vista, disminución de la memoria, menor capacidad para combatir las infecciones y todos los demás síntomas asociados normalmente con el envejecimiento. Algunas personas están más expuestas a los efectos de estas moléculas nocivas que otras, particularmente los diabéticos. Las principales complicaciones asociadas a la diabetes —fallos en la vista, lesiones en los nervios, insuficiencia renal y enfermedades cardíacas— están todas ellas directamente relacionadas con los PGA.

¿Por qué los diabéticos son tan vulnerables a estas moléculas? La respuesta está en el azúcar o, más concretamente, en la concentración de azúcar o de glucosa en sangre —también denominada glucemia—. El hecho de tener altos niveles de glucosa en sangre de forma crónica hace que las células y los tejidos estén expuestos a altas concentraciones de esta molécula durante largos periodos de tiempo. Cuanto más tiempo esté la glucosa en contacto con las proteínas, mayor será la probabilidad de que se formen productos de glicación avanzada. Por lo tanto, los niveles altos de azúcar en sangre aceleran el envejecimiento debido a los PGA que producen. Pero no estamos totalmente indefensos contra los efectos de los PGA, pues son tan perjudiciales que el cuerpo está equipado con algunos sistemas para deshacerse de ellos de forma natural. Los glóbulos blancos tienen receptores diseñados específicamente para ellos; se adhieren a las proteínas dañadas y las eliminan.

Sin embargo, algunas proteínas glicadas, como las del colágeno o las de los tejidos nerviosos, no se pueden eliminar fácilmente. Tienden a adherirse unas a otras y a otras proteínas, acumulándose y provocando daños en los tejidos circundantes. Estos materiales forman una especie de placa, la cual se convierte, en mayor o menor grado, en una estructura permanente y en una continua causa de irritación. Cuando un glóbulo blanco se encuentra con una proteína glicada, desencadena una reacción inflamatoria. El acrónimo en inglés correspondiente a estos receptores para los PGA que tienen los glóbulos blancos es RAGE, el cual, nuevamente, resulta muy apropiado, ya que *rage* en este idioma significa también «rabia»; la reacción de los glóbulos blancos sanguíneos con los PGA puede provocar inflamación crónica (algo que sin duda resulta bastante rabioso). Dicha inflamación crónica es característica de muchas enfermedades degenerativas como la diabetes.

Los productos de la glicación avanzada en la dieta

A medida que envejecemos tendemos a acumular cantidades cada vez mayores de PGA. Las investigaciones realizadas sugieren que estas moléculas aceleran las consecuencias del envejecimiento natural y las enfermedades degenerativas a él asociadas, como la diabetes y la demencia.[7] Un estudio comparativo realizado con 172 personas jóvenes (menores de cuarenta y cinco años) y la misma cantidad de personas de mayor edad (mayores de sesenta años) puso de manifiesto que las concentraciones de PGA en sangre aumentan con la edad. Esto entraría dentro de lo esperado, pero los investigadores también descubrieron que los valores indicadores de inflamación, estrés oxidativo y resistencia a la insulina aumentaban conjuntamente con los PGA con independencia de la edad cronológica del sujeto.[8] Finalmente, se descubrió que los niveles de PGA son más relevantes en la determinación de la edad funcional que en la de la edad cronológica. Es decir, no es nuestra edad cronológica sino cuánto daño acumulado hemos sufrido lo que realmente determina nuestro nivel de salud.

La mayor parte de los PGA presentes en el cuerpo provienen del azúcar y de los carbohidratos refinados que ingerimos. Estos alimentos elevan los niveles de azúcar en sangre, que a su vez aumentan la velocidad a la que la glucosa presente en la sangre se adhiere (se glica) a las proteínas y grasas de los tejidos, dando lugar a los PGA.

A pesar de que cuando hablamos del proceso de glicación solemos pensar en la glucosa, existe otro tipo de azúcar, la fructosa, que también produce glicación a una velocidad aproximadamente diez veces mayor que la glucosa. En los últimos años la fructosa, en forma de jarabe de maíz con alto contenido en fructosa, ha superado a la sacarosa —el azúcar de mesa— como el principal edulcorante en los preparados alimenticios comerciales. La razón de esto es que la fructosa es casi dos veces más dulce que la sacarosa, por lo que hay que usar menos cantidad para conseguir el mismo grado de dulzor. En otras palabras, es más barato y reduce los costes de fabricación. El jarabe de maíz con fructosa concentrada se usa en la mayoría de las comidas preparadas y envasadas en lugar de sacarosa u otros azúcares. No tenemos más que echar un vistazo a las etiquetas de los ingredientes de helados, caramelos, galletas, panes, bollería y otros alimentos preparados; si tienen azúcares añadidos, lo más probable es que sea en forma de jarabe de maíz con fructosa concentrada. Muchas veces los fabricantes de alimentos procesados usan sencillamente el término *fructosa* independientemente de cuál sea su origen.

A los diabéticos y a aquellas personas que padecen resistencia a la insulina se les suele recomendar fructosa, puesto que no eleva los niveles de glucemia tanto como la sacarosa. Sin embargo, irónicamente, a pesar de que la fructosa no afecta al azúcar en sangre tan drásticamente como la sacarosa, sus efectos acaban causando mucho más daño, porque aumenta la producción de los PGA e intensifica la resistencia a la insulina, haciendo que la enfermedad en su conjunto empeore. Todas las fuentes de fructosa tienen el mismo efecto en el organismo; da igual que provenga de jarabe de maíz con fructosa concentrada o de una fuente natural, tal como el jarabe de agave —un edulcorante muy conocido y utilizado en la industria de la comida sana—, los efectos son los mismos.

En Europa se llevó a cabo un interesante estudio en el que los investigadores tomaron dos grupos de personas no diabéticas, uno de ellos formado por vegetarianos y el otro por individuos que comían de todo. Se elaboró un registro detallado con lo que ingería cada uno y se midieron los niveles de PGA en sangre. Los resultados fueron sorprendentes: podría parecer que los vegetarianos deberían haber presentado menores niveles de PGA dado que seguían una dieta aparentemente saludable basada sobre todo en frutas, verduras y cereales. Sin embargo, los sujetos que seguían una dieta mixta tenían niveles de PGA significativamente más bajos en comparación con los de los vegetarianos. Estos últimos tomaron unas dos o tres veces más fruta fresca que los individuos de la dieta mixta, tres veces más frutos secos, cuatro veces más miel y aproximadamente la misma cantidad de azúcar comercial. En conjunto, su consumo de azúcar fue significativamente mayor, en particular de fructosa. Los investigadores atribuyeron los niveles más elevados de PGA en los vegetarianos a su alto consumo de fructosa.[11-12]

Algunos investigadores de la Universidad de Leicester, en Reino Unido, llevaron a cabo una encuesta para evaluar la prevalencia de las cataratas relacionadas con la edad en la comunidad asiática residente en ese país. Para el estudio se seleccionaron al azar individuos asiáticos y caucásicos mayores de cuarenta años. Se vio que las cataratas relacionadas con la edad se desarrollaban más temprano en los asiáticos y que la dieta estrictamente vegetariana constituía entre la población un significativo factor de riesgo respecto a esta enfermedad. Aunque no se determinó el motivo de la mayor incidencia de cataratas entre los vegetarianos, podría ser debido a la mayor ingesta de azúcar y a altos niveles de PGA en sangre —que se sabe causan la oxidación del cristalino.

Los PGA aceleran los efectos del envejecimiento en los ojos. Altos niveles de azúcar en sangre hacen que estas moléculas se acumulen en el cristalino, la retina y todo el sistema nervioso central. Los estudios muestran que existe una clara relación entre estas moléculas y el desarrollo de cataratas, degeneración macular y retinopatía diabética, así como de enfermedades neurodegenerativas de diversos tipos.[13-14] La evidencia es clara: las dietas altas en azúcares y en otros hidratos de carbono aumentan sustancialmente el riesgo de desarrollar enfermedades oculares relacionadas con la edad. De hecho, parece que mantener los niveles de glucemia dentro de parámetros normales es una forma segura de prevenir las enfermedades oculares degenerativas.

EXCESIVA EXPOSICIÓN A LA LUZ SOLAR

La luz del sol estimula la retina, haciendo posible que veamos el mundo que nos rodea, pero también la daña. Algunos estudios llevados a cabo con animales muestran claramente que la exposición a luz intensa y brillante puede causar daños en el cristalino y en la retina. Durante mucho tiempo se ha pensado que la exposición a una excesiva cantidad de luz solar estaba relacionada con el riesgo de sufrir cataratas y degeneración macular asociada con la edad. Una investigación de referencia, realizada en 1992 y conocida como el «estudio de los pescadores», confirma este hecho. Dicho estudio se realizó con 838 pescadores de la región de la bahía de Chesapeake, en la costa este de los Estados Unidos durante un periodo de veinte años. Se vio que los que tenían una mayor exposición a la luz solar intensa corrían mayor riesgo de desarrollar degeneración macular.[15]

En el estudio ocular de Beaver Dam, publicado en 1993, la exposición a la luz solar era estimada a partir de la cantidad de tiempo que los participantes pasaban al aire libre durante el verano y en función de si se usaban o no gorras con visera y gafas de sol. Se pudo relacionar de manera inequívoca la degeneración macular avanzada con la cantidad de tiempo libre que se pasaba en el exterior durante el verano, pero el hecho de utilizar gorras y gafas de sol reducía el riesgo;[16] los casos de degeneración macular asociada con la edad en sus primeras fases eran menos frecuentes entre aquellos que las usaban. Puede ser importante tener en cuenta que muchos de los habitantes de esta región de los Estados Unidos son descendientes de inmigrantes nórdicos y del norte de Europa y sus iris son de coloración clara, por lo que son especialmente sensibles a los efectos de la luz solar —los ojos con iris de colores claros son capaces de recibir cien veces más luz que aquellos con el iris marrón oscuro.[17]

Los ojos se pueden adaptar a las diferentes intensidades de luz del ambiente. Esto se ha demostrado en estudios realizados con animales; las ratas criadas en ambientes con luz tenue presentan mayores cantidades de rodopsina —el pigmento visual de los bastones— que aquellas criadas en ambientes con luz brillante, pero estos últimos muestran concentraciones más altas de factores de protección en la retina —las enzimas antioxidantes relacionadas con el glutatión y las vitaminas C y E—. Al exponer a animales de ambos grupos a una luz fuerte de intensidad constante, aquellos que habían sido criados en condiciones de luz tenue sufrieron daños mucho más graves en sus fotorreceptores. En el estudio ocular de Beaver Dam puede que los sujetos fueran más vulnerables a la intensa y brillante luz solar de la primavera y el verano después de haber pasado el frío y oscuro invierno en ambientes cerrados.

Hay muchos mecanismos que pueden estar implicados en el hecho de que la luz cause daños en la retina, pero se cree que el más significativo es la peroxidación de los lípidos (grasas) poliinsaturados de las membranas. Los peróxidos lípidos son tóxicos para la retina y los fotorreceptores son ricos en ácidos grasos susceptibles de ser oxidados;[18] las partes externas de los conos y los bastones presentan las mayores concentraciones de ácidos grasos poliinsaturados de todo el cuerpo.

La cantidad de ácidos grasos poliinsaturados presentes en los tejidos del cuerpo viene determinada en gran medida por la alimentación; una dieta rica en aceites vegetales poliinsaturados hará que los tejidos corporales sean más ricos en estas grasas, aumentando así la susceptibilidad a las lesiones causadas por radicales libres inducidos por la luz.

En los estudios relacionados con la luz la mayoría de los investigadores han ignorado la influencia de la alimentación, asumiendo que la exposición a la luz solar es el único factor primordial en la degeneración macular asociada con la edad. Sin embargo, la luz solar normal es destructiva únicamente cuando la dieta es rica en aceites poliinsaturados. Los ojos de la gente que toma menos aceites vegetales poliinsaturados son mucho más resistentes, incluso con exposiciones a largo plazo a una luz solar intensa. Si la luz del sol fuese la causa, la inmensa mayoría de nuestros antepasados —que trabajaban al aire libre durante todo el día— habrían perdido la vista debido a la degeneración macular y a las cataratas, pero no fue ese el caso. Es importante tener en cuenta que no tomaban aceites vegetales poliinsaturados, sino que en su dieta predominaban las grasas saturadas y monoinsaturadas como la mantequilla, la nata, el aceite de coco, el aceite de oliva y la manteca de cerdo. Estas son las grasas que se han ingerido tradicionalmente a lo largo de la historia; ha sido únicamente a partir del siglo XX cuando los aceites vegetales poliinsaturados han comenzado a ser asequibles y a estar ampliamente disponibles para la mayoría de la población. Además, en las sociedades modernas la mayoría de la gente trabaja en ambientes cerrados, alejados del sol. Rara vez salimos al aire libre y nos da el sol durante mucho tiempo si no es en los fines de semana o en vacaciones. Esto, sin lugar a dudas, ha hecho que nuestros ojos se adapten a las condiciones características de los ambientes con luz tenue y que tengan niveles de antioxidantes más bajos; cuando estamos al aire libre, la luz del sol tiene sobre nosotros un mayor efecto oxidante.

La alimentación es la clave para determinar qué cantidad de luz solar puede llegar a causar daños en los ojos, y es mucho más importante que la cantidad total de exposición al sol. Una dieta baja en antioxidantes también hace que aumente la vulnerabilidad. Hablo de dietas que incluyen pocas frutas y verduras y que son ricas en aceites vegetales procesados, alimentos fritos, galletas y otros productos procesados.

La mayoría de las personas son conscientes de que la luz UV es perjudicial para los ojos y de que puede producir cataratas, degeneración macular y otras enfermedades oculares. No podemos verla directamente, pues es esa parte del espectro de la luz invisible que se encuentra por debajo de 400 nm. Aunque la principal fuente de luz UV es el sol, existen otras, como los soldadores, las pantallas de vídeo, las luces fluorescentes, las lámparas de vapor de mercurio de alta intensidad (usadas para deportes nocturnos y en zonas con altas tasas de delincuencia) y las lámparas de arco de xenón.

Existen tres tipos de rayos ultravioleta: UVA, UVB y UVC. Los rayos UVC (por debajo de 286 nm) en la práctica son filtrados por la capa de ozono de la Tierra. Los rayos UVB (286-320 nm) son la parte de la energía solar que causa quemaduras en la piel y constituye el principal factor de riesgo para todos los tipos de cáncer de piel; gran parte de ellos son absorbidos por la córnea y no llegan a la retina. Los rayos UVA (320-400 nm) contribuyen al envejecimiento cutáneo, pero también pueden aumentar el riesgo de sufrir cáncer de piel, especialmente cuando las membranas de las células epiteliales son ricas en ácidos grasos poliinsaturados. El cristalino absorbe y filtra la mayor parte de los rayos de luz UV que penetran en los ojos, evitando así que lleguen a la retina. Por lo tanto, necesita una gran cantidad de antioxidantes para poder protegerla de los efectos oxidantes de la radiación UV.

Dentro del espectro visible, la luz azul tiene una longitud de onda de entre 400 y 500 nm. Atraviesa el cristalino y es absorbida por la retina. Se la considera menos peligrosa que la luz UV, pero más dañina que las otras longitudes de onda de la luz visible y es posible que pueda llegar a causar cataratas y a provocar daños en la retina.

Aunque resulta chocante, la gente que usa lentes correctoras (no gafas de sol) puede estar, hasta cierto punto, protegida de los efectos potencialmente perjudiciales de la luz solar, dado que este tipo de lentes suelen estar diseñadas para bloquear una gran cantidad de luz UV. El cristal ordinario, como el usado en las ventanas, bloquea toda la luz UVB. Por lo tanto, las personas que no usan gafas corren mayor riesgo de desarrollar degeneración macular y cataratas. Los hipermétropes presentan mayor riesgo que los miopes; se cree que esto es debido a que por lo general solo comienzan a usar gafas a partir de los treinta años y por lo tanto están menos protegidos que los miopes, que normalmente usan gafas a cualquier edad. Las lentes de contacto —o lentillas— no ofrecen ninguna protección añadida, pues no bloquean ningún tipo de luz UV.

FUMAR

Se sabe desde hace mucho que fumar causa enfermedades cardíacas y cáncer y que aumenta el riesgo de padecer diabetes. También puede incrementar considerablemente el riesgo de padecer enfermedades oculares. El humo del tabaco es una fuente importante de prooxidantes productores de radicales libres que consumen los antioxidantes corporales que nos sirven de protección e incrementan la formación de los PGA; los niveles de PGA en sangre de los fumadores son mayores que los de los no fumadores.[19] Fumar provoca la constricción o estrechamiento de los vasos sanguíneos que irrigan y nutren la retina, la cual tiene una alta tasa de consumo de oxígeno. Por lo tanto, cualquier factor que afecte al suministro de oxígeno en la retina puede potencialmente provocar su deterioro y tener un impacto negativo en la vista.

Las cantidades disponibles de carotenoides antioxidantes como el beta-caroteno y la luteína se ven sustancialmente reducidas en los fumadores; aunque suelen tener dietas más bajas en carotenos que los no fumadores, las concentraciones de carotenoides en sangre que presentan los primeros son incluso más bajas de lo que correspondería teniendo en cuenta las diferencias en la dieta. Esto sugiere que la cantidad de oxidación que se produce al fumar reduce los niveles de carotenoides en sangre.

Los fumadores también presentan menor concentración sanguínea de vitamina C. Esto se debe en parte a una menor ingesta en la dieta, pero incluso realizando los cálculos necesarios para eliminar de los datos la influencia de este factor, aún siguen mostrando concentraciones comparativamente más bajas de vitamina C.

Debido a los altos niveles de radicales libres y de moléculas de PGA, a la reducción del suministro de oxígeno y a los bajos niveles de vitaminas antioxidantes, los fumadores presentan un riesgo elevado de sufrir todo tipo de enfermedades oculares degenerativas. Las cataratas son comunes entre los fumadores, y los grandes fumadores (quince cigarrillos o más al día) tienen hasta tres veces más riesgo de desarrollar cataratas. El síndrome de ojo seco presenta más del doble de incidencia entre fumadores que entre no fumadores. El estrechamiento de las arterias aumenta la presión sanguínea en los ojos, lo que puede ocasionar hemorragias y fugas en los diminutos vasos sanguíneos que irrigan la retina. El daño causado en la retina aumenta la predisposición al glaucoma. En los diabéticos estos vasos sanguíneos ya están en riesgo de por sí, por lo que esto no hace sino aumentar las probabilidades de sufrir complicaciones asociadas con la retinopatía diabética.

Los fumadores tienen hasta cinco veces más probabilidades de desarrollar degeneración macular que los no fumadores. El riesgo de desarrollar degeneración macular sigue siendo alto incluso hasta quince años después de haber dejado de fumar. En el caso de los fumadores pasivos, inhalar el humo de los cigarrillos es prácticamente igual de perjudicial; los no fumadores que viven con fumadores tienen casi el doble de riesgo que aquellos que normalmente no están expuestos al humo del tabaco.

MEDICAMENTOS

Si te tomas la molestia de comprobar los efectos secundarios producidos por muchos medicamentos comunes —con o sin receta—, te sorprenderá la gran cantidad de ellas que provocan efectos adversos para la salud ocular; podría decirse que si te propusieras perder la vista, tomar medicinas sería el camino más corto para conseguirlo.

Muchos de los medicamentos comunes que no dudamos ni un momento en usar pueden constituir una de las causas subyacentes de nuestros problemas de visión. Algunos de los efectos secundarios más habituales inducidos por los fármacos son las cataratas, el síndrome de ojo seco y el deterioro de la retina. Por ejemplo, los medicamentos antiinflamatorios no esteroides (AINE), como el ibuprofeno (con marcas comerciales como Motrin o Advil), que se utilizan para aliviar el dolor pueden causar hemorragias (sangrado) retinianas, síndrome de ojo seco y neuritis óptica (inflamación del nervio óptico). Tylenol, que no es un AINE, puede ser más seguro, pero también puede afectar a los ojos, causando alteraciones en la percepción del color o visión doble.

Los antiácidos que se venden sin receta, como Zantac, Pepcid o Tagamet, pueden provocar hemorragias retinianas, ojo seco, visión borrosa, hipersensibilidad a la luz y alteraciones en la percepción de los colores. Algunas personas con indigestión crónica los toman como si fuesen caramelos sin ser conscientes de que con ello están causando daños en los tejidos del cerebro y de los ojos. Los pacientes que consumen Zantac y otros antiácidos similares con frecuencia tienen un riesgo dos veces y media mayor de desarrollar demencia.[20]

Se sabe que los antidepresivos provocan hemorragias cerebrales, lo que causa inflamación y una actividad masiva de radicales libres, los cuales producen a su vez daños considerables. Los efectos secundarios relacionados con la visión incluyen hemorragia retiniana, hipersensibilidad a la luz, sequedad en los ojos, neuritis óptica, aumento de la presión ocular, visión borrosa, visión doble, cataratas, dolor en los ojos y trastornos en la acomodación —la capacidad del ojo para enfocar—. Prácticamente todos los medicamentos que han sido diseñados para tratar trastornos psicológicos conllevan el riesgo de provocar daños en el cerebro y en los ojos. Los que se utilizan para la hiperactividad, los ansiolíticos y los antipsicóticos pueden producir un espectro muy similar de efectos secundarios en la vista. Lamentablemente, algunas personas toman estos fármacos a diario, aumentando así el riesgo de sufrir un daño grave y permanente.

Muchos de los medicamentos que se emplean para prevenir y tratar las enfermedades del corazón se encuentran entre los más perjudiciales. Los prescritos para reducir el colesterol (estatinas) y la hipertensión –presión arterial alta– así como los anticoagulantes pueden provocar un gran número de dolencias oculares que van desde la visión borrosa hasta las cataratas. Las estatinas utilizadas para bajar los niveles de colesterol son particularmente preocupantes, ya que aumentan el riesgo de desarrollar glaucoma, diabetes (resistencia a la insulina) y demencia. Las estatinas reducen los niveles de colesterol en sangre mediante la desactivación de las enzimas que el organismo utiliza para producirlo. La mayor parte del colesterol presente en el cuerpo no proviene de la dieta, sino que es generado por el hígado.

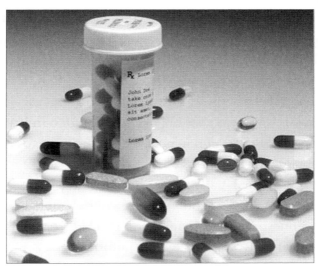

Muchos fármacos pueden afectar negativamente a la visión y fomentar la pérdida de la vista.

Esta sustancia es uno de los componentes más importantes de los tejidos nervioso y cerebral; de hecho, es tan importante para la función cerebral que el cerebro no se abastece únicamente con el colesterol producido por el hígado, sino que también crea cierta cantidad por sí mismo. De igual modo, la retina contiene un alto porcentaje de colesterol, una molécula de vital importancia para el correcto funcionamiento de los fotorreceptores y para la transmisión de los impulsos nerviosos visuales al cerebro. Cuando se fuerza una bajada de los niveles de colesterol mediante el uso de medicamentos, se produce una deficiencia de esta sustancia en la retina y otros tejidos nerviosos, lo que puede poner en peligro la estructura y la función de la propia retina y provocar su deterioro progresivo.[21]

Irónicamente, algunos de los medicamentos que se toman para tratar ciertas enfermedades oculares conducen a otros problemas oculares y a un mayor deterioro, en cómputo global, de la salud del ojo. Por ejemplo, los empleados para el glaucoma, tales como Betoptic y Timoptic, pueden causar sequedad ocular y visión doble. Fármacos contra la alergia como Actifed y Benadryl se recetan a menudo para la conjuntivitis pero pueden ocasionar sequedad ocular, dilatación de las pupilas y hemorragia retiniana.

Ciertos antibióticos (como la tetraciclina), antihistamínicos, diuréticos, anticonceptivos orales, somníferos (Lunesta, Ambien, Rozerem, Halcion, Sominex y Sonata), fármacos para tratar el alzhéimer (Aricept), el hipotiroidismo (Synthroid), el EPOC o enfermedad pulmonar obstructiva crónica (Atrovent), la menopausia (Premarin), la osteoporosis (Fosamax), las migrañas (Cafergot o Imitrex) y la epilepsia tienen todos ellos el potencial de producir efectos adversos en el buen funcionamiento de los ojos.

Sería imposible detallar aquí la lista de todos los medicamentos que pueden afectar a la visión. Además, continuamente se están desarrollando nuevos fármacos que podrían añadirse a la lista. Puedes consultar los efectos secundarios más notorios de la gran mayoría de los medicamentos actuales en la página web (en inglés) www.drugs.com. En ella no se mencionan todos los efectos secundarios. Aquellos en los que simplemente indica «problemas de visión» podrían referirse a cualquier cosa —desde hemorragia retiniana y glaucoma hasta visión borrosa y síndrome de ojo seco—. Si los efectos secundarios incluyen síntomas neurológicos tales como alucinaciones, mareos, pérdida de equilibrio, dificultades en el habla o síntomas cardiovasculares como reducción del flujo sanguíneo o ataque al corazón, puedes apostar a que ese fármaco también es perjudicial para el cerebro y para los ojos. Cualquier alteración en el cerebro afecta a los ojos, y si el sistema circulatorio se ve perjudicado, influirá también en la circulación de la sangre en el cerebro y en los ojos.

EXCITOTOXINAS

Para entender cómo las enfermedades oculares degenerativas afectan al ojo y evaluar posibles nuevos tratamientos, los científicos suelen administrar a los animales de laboratorio una forma de glutamato denominada N-metil-D-aspartato, la cual provoca daños inducidos en la retina y en el nervio óptico similares a los causados por las enfermedades oculares relacionadas con la edad tales como el glaucoma. El glutamato —un aminoácido— es uno de los principales neurotransmisores del cerebro y de la retina. Los neurotransmisores son sustancias químicas que transmiten señales de una neurona a otra. Por ejemplo, cuando la luz desencadena una reacción química en los fotorreceptores de la retina, estas señales se transmiten a las células ganglionares presentes en dicha retina y al nervio óptico por medio de los neurotransmisores. Cuando las células del cerebro se comunican unas con otras, lo hacen mediante el envío de neurotransmisores, que son recibidos por las neuronas adyacentes.

Normalmente el glutamato es inofensivo —de hecho, es necesario para la comunicación entre las células—. Sin embargo, en exceso, puede llegar a ser tóxico. Se trata de un neurotransmisor excitador, lo que significa que produce un aumento de la actividad química; demasiadas moléculas de glutamato pueden sobreestimular las neuronas, provocando en ellas un febril frenesí de actividad eléctrica, hasta agotar sus reservas de energía —lo que finalmente conlleva su muerte—.

En el proceso se generan un gran número de radicales libres nocivos que a su vez dan lugar a inflamación y producen daños en las células. Esta es la razón por la que se utiliza para estudiar las enfermedades oculares degenerativas.

Otro neurotransmisor que produce excitación neuronal es el aminoácido aspartato, similar al glutamato. Tanto es así que nuestras células pueden convertir el aspartato en glutamato y viceversa. Ambos son dos neurotransmisores importantes. De hecho, son los neurotransmisores más abundantes en el cerebro. Pueden encontrarse en diversas cantidades en los alimentos y convertirse en potentes excitotoxinas –sustancias que causan la sobreestimulación neuronal a la que me he referido y que provoca, en última instancia, la muerte celular.

De forma natural, el organismo es capaz de contrarrestar un cierto exceso de neurotransmisores: los receptores y las enzimas los mantienen normalmente bajo control. Pero si el flujo de neurotransmisores supera la capacidad del organismo para controlarlos, las células cerebrales pueden, literalmente, morir por sobreestimulación. En un primer momento, unas pocas células cerebrales muertas aquí y allá no se van a notar en absoluto, pero si la situación se repite una y otra vez, cada vez morirán más. Con el tiempo, la pérdida acumulativa de células cerebrales y retinales puede manifestarse en forma de diversas enfermedades degenerativas relacionadas con la edad.

Un número creciente de estudios vinculan la excitotoxicidad del glutamato y el aspartato con enfermedades neurodegenerativas como el alzhéimer, el párkinson, la esclerosis lateral amiotrófica (ELA), la enfermedad de Huntington, los derrames cerebrales y el glaucoma.[22-30] Los típicos síntomas que comienzan a aparecer a partir de los cincuenta, como disminución de la capacidad visual, problemas de memoria, leve deterioro intelectual y pérdida de coordinación, pueden ser debidos en parte a una ingesta excesiva de excitotoxinas.

La fuente más común de aspartato es el aspartamo, un edulcorante artificial que se utiliza comúnmente para endulzar las bebidas y los postres sin azúcar. La mayor fuente de glutamato es el glutamato monosódico (GMS), un potenciador del sabor. El GMS se añade a una gran variedad de alimentos envasados: sopas, comidas congeladas, pizzas, salsas, patatas fritas, panecillos, fiambres, caldos, latas de atún y aliños para ensaladas. También se utiliza con frecuencia en los restaurantes. Incluso se puede encontrar en la sección de especias de las tiendas de comestibles bajo el nombre comercial Accent.

Las carnes procesadas como los perritos calientes, el jamón, las salchichas, los embutidos, los pinchos morunos y la cecina tienen a menudo GMS añadidos. Según el Departamento de Enfermería de Ojos y Oídos de la Universidad de Illinois, el consumo de una ración diaria de carne procesada aumenta el riesgo de sufrir degeneración macular en algo más de dos veces.

Los efectos negativos del glutamato fueron observados por primera vez en 1954 por un científico japonés que se dio cuenta de que la aplicación directa de glutamato en el sistema nervioso central provocaba convulsiones. Por desgracia, su revelador informe pasó desapercibido durante varios años. La toxicidad del glutamato fue observada de nuevo en 1957 por dos oftalmólogos, D. R. Lucas y J. P. Newhouse, cuando vieron que incluir glutamato monosódico en la alimentación de los ratones recién nacidos destruía las neuronas de las capas internas de la retina. Más tarde, en 1969, el neuropatólogo John Olney reprodujo el experimento de Lucas y Newhouse y puso de manifiesto que el fenómeno no se limitaba a la retina sino que afectaba a todo el cerebro. Fue él quien acuñó el término *excitotoxicidad* para describir el daño neuronal que el glutamato, el aspartato, la fenilalanina, la cisteína, la homocisteína y otras sustancias pueden causar.

En 1994 el doctor Russell L. Blaylock, por aquel entonces profesor clínico auxiliar de neurocirugía en el Centro de Medicina de la Universidad de Mississippi, publicó un libro titulado *Excitotoxins: The Taste That Kills* [Excitotoxinas: el sabor que mata]. Sus padres sufrían ambos de párkinson, lo que le motivó a investigar esta enfermedad en profundidad para determinar su causa y encontrar un tratamiento eficaz. Sus estudios le llevaron a comprender los devastadores efectos de los aditivos alimentarios excitotóxicos y su influencia en diversas formas de degeneración neuronal. Su libro resume la investigación que demostró la relación que existe entre las excitotoxinas y las enfermedades neurodegenerativas y proporciona información detallada sobre los tipos de alimentos que se deben evitar.

Si fuesen tan solo unos pocos alimentos los que contuviesen glutamato o aspartato, no supondrían un gran problema, ya que el organismo puede procesar pequeñas cantidades de estas sustancias sin grandes dificultades. Sin embargo, la inmensa mayoría de las comidas preparadas, empaquetadas o de restaurante contienen excitotoxinas. Es muy difícil encontrar en las tiendas de alimentación un alimento enlatado, congelado, envasado o preparado que no contenga aditivos excitotóxicos de algún tipo.

El aspartamo y el GMS son únicamente los más comunes y los más reconocibles. Dado que el público en general cada vez está tomando mayor conciencia de los peligros del GMS, los fabricantes de alimentos a menudo camuflan este ingrediente: algunos aditivos que contienen GMS son las proteínas vegetales hidrolizadas, el caseinato de sodio, el caseinato de calcio, el extracto de levadura, el autolizado de levadura, el aislado de proteína de soja y las proteínas texturizadas. De todos ellos, las proteínas vegetales hidrolizadas son, probablemente, las peores, ya que contienen además otras dos excitotoxinas: el aspartato y la cisteína. Algunos fabricantes de alimentos intentan vendernos la idea de que los aditivos son completamente naturales y seguros por estar elaborados a partir de vegetales, pero eso sencillamente no es cierto. El doctor Russell Blaylock lo expresa de este modo: «Experimentalmente, se pueden producir las mismas lesiones cerebrales con las proteínas vegetales hidrolizadas que con el GMS o con el aspartato». Un tipo de ingrediente tan común como ambiguo lo constituyen los *aromas naturales*. Aunque afirmen ser naturales, este término general incluye casi siempre GMS. Para gozar de una mejor salud general y en particular de una mejor salud ocular, ten la costumbre de leer los ingredientes de todo lo que compres y evita todos los alimentos que contengan estos aditivos o cualquier otro con nombres que suenen de forma similar.

Hoy en día los aminoácidos se han vuelto muy populares como suplementos dietéticos y se están vendiendo excitotoxinas individuales purificadas con nombres como L-glutamina, L-cisteína y L-fenilalanina. También se pueden encontrar combinados con otros aminoácidos. A pesar de sus pretensiones con respecto a la salud, no son más que fármacos que destruyen el cerebro y lo mejor es no tomarlos en absoluto.

Algunas personas tienen una especial sensibilidad a las excitotoxinas y muestran reacciones de tipo alérgico a estas sustancias. A esto se le ha denominado «síndrome del restaurante chino», porque el GMS se emplea comúnmente en la cocina tradicional asiática. Algunos de los síntomas que puede provocar son, entre otros, dolores de cabeza, náuseas, diarrea, palpitaciones, mareos, dificultad para concentrarse, cambios de humor, acidez de estómago y erupciones cutáneas. Los alérgicos al GMS están de suerte, ya que esto ha hecho que aprendan a evitar las comidas que contienen este aditivo, mientras que el resto de nosotros podemos permanecer completamente inconscientes del daño que nos está causando.

Los defensores del uso del GMS argumentan que el glutamato es una sustancia natural que está presente en muchos alimentos y que si estos alimentos no causan daño, el GMS tampoco es perjudicial. Nuestro organismo puede controlar las cantidades naturales de glutamato presentes en carnes, quesos, verduras y demás alimentos. Esto es algo que se ve claramente en las personas que son alérgicas al GMS; pueden comer setas, salsa de tomate, carne roja y otros alimentos ricos en glutamato natural sin ningún problema, pero cuando ingieren comida con GMS añadido, se producen de forma inmediata reacciones adversas. Es evidente que existe una enorme diferencia entre el glutamato que se encuentra de forma natural en los alimentos y el de los aditivos alimentarios.

Las proteínas están compuestas por aminoácidos. El glutamato es uno de los veinte aminoácidos importantes para la salud humana. El que contienen muchas de las proteínas de las plantas y animales que comemos siempre va asociado a otros aminoácidos. El proceso de ruptura de las proteínas hasta obtener aminoácidos individuales lleva tiempo, de modo que los aminoácidos se van liberando lentamente.

De esta forma los niveles de glutamato en sangre se mantienen dentro de límites razonables que el cuerpo es capaz de controlar. Además, las moléculas de glutamato que están unidas a otros aminoácidos o proteínas no pueden pasar a través de la barrera que separa la sangre y el cerebro —llamada barrera hematoencefálica—, por lo que no suponen un problema. El GMS, por el contrario, se encuentra en su forma libre y no tiene que ser separado de una proteína, por lo que se absorbe en dosis más altas y más rápidamente. En esta forma más purificada, el GMS actúa como una droga, atravesando la barrera hematoencefálica y produciendo un inmediato efecto destructivo en el cerebro.

El exceso de glutamato en este órgano resulta tan perjudicial que es cuidadosamente regulado por un sistema de limpieza y de reciclaje especial. Cuando las células nerviosas liberan glutamato en su funcionamiento normal —consistente en la transmisión de mensajes de unas a otras—, parte de ese glutamato se pierde en el espacio extracelular. Aquí unas proteínas especializadas en transportarlo están listas para enlazarse con el glutamato extracelular y, una vez unidas a este, lo transfieren a unas células en las que se almacena para ser reutilizado en el futuro. Ciertas condiciones, como una excesiva entrada de glutamato desde el torrente sanguíneo, algunas toxinas, infecciones o la liberación de radicales libres que se forman por la peroxidación de grasas poliinsaturadas, pueden interferir en el normal funcionamiento de los transportadores de glutamato.[31-33]

Los niveles elevados en sangre de glutamato en su forma libre proveniente de la dieta tienden a producir la apertura de la barrera hematoencefálica, permitiendo de esta forma que entre aún más glutamato —junto con otras neurotoxinas— en el cerebro.[34] Este glutamato extracelular —al igual que otras neurotoxinas— afecta a las proteínas transportadoras, desencadenando procesos de inflamación y estimulando la producción de radicales libres. Esta excitotoxicidad provoca la liberación del glutamato intracelular almacenado en las células del cerebro, con lo que este se ve inundado de glutamato. Esto causa aún más inflamación y genera aún más radicales libres, lo cual, a su vez, libera más glutamato; el círculo vicioso continúa, conduciendo en última instancia a la destrucción de las neuronas.[35]

Incluso pequeñas concentraciones de excitotoxinas pueden desencadenar este ciclo destructivo al penetrar en el cerebro. Cualquiera que desee evitar el desarrollo de enfermedades neurodegenerativas a medida que se vaya haciendo mayor —y sin duda cualquiera que esté sufriendo ya los efectos de estos trastornos— debería dejar de tomar alimentos que contengan aditivos excitotóxicos de forma inmediata. Sustituye las comidas convenientemente empaquetadas y procesadas por alimentos frescos y naturales y prepara más platos desde cero con ingredientes naturales en lugar de utilizar precocinados. Cuando comemos fuera, es difícil evitar todas las posibles fuentes de GMS, pero podemos reducir mucho la cantidad si avisamos al personal del restaurante de que no queremos este aditivo en nuestros platos. Muchas veces pueden atender convenientemente esta solicitud, pero en ocasiones las comidas preparadas que utilizan ya contienen ese ingrediente. Elige platos del menú que no tengan GMS.

Del mismo modo, deberíamos evitar todos los alimentos que incluyan aspartamo. Algunos nombres de marcas comerciales de aspartamo son NutraSweet, Equal, Sugar Twin, y AminoSweet. Además, como recordatorio, deberíamos adquirir el hábito de leer todas las etiquetas de los ingredientes antes de comprar cualquier tipo de alimento empaquetado o embotellado.

5

EL NIVEL DE AZÚCAR EN SANGRE Y LA RESISTENCIA A LA INSULINA

LA DIABETES Y LA NEURODEGENERACIÓN

La diabetes es una de las causas más importantes de discapacidad visual y puede llegar a provocar ceguera total, amputación de miembros inferiores, enfermedad renal y lesiones neurológicas. Según la Academia Americana de Oftalmología, las personas que padecen de diabetes tienen veinticinco veces más probabilidades de quedarse ciegas que aquellas que no la padecen. En la actualidad, unos 29 millones de estadounidenses —el 9,3% de la población— sufre de diabetes, y aproximadamente 8 millones viven con la enfermedad sin ser conscientes de ello. Más de un 26% del total de los adultos de sesenta y cinco o más años tiene diabetes. ¡Eso es nada menos que 1 de cada 4 personas mayores! Pero no se trata tan solo de una enfermedad que se dé en los mayores: a más de 200.000 jóvenes menores de veinte años se les ha diagnosticado también la enfermedad. Cada año se diagnostican más de 1,7 millones de nuevos casos entre todos los grupos de edad, y hay muchas más personas —unos 86 millones— con veinte o más años que son prediabéticos. Todas estas personas corren el riesgo de desarrollar problemas visuales en algún momento de sus vidas. Cuanto más joven es el paciente en el momento en el que se le diagnostica diabetes, mayor es ese riesgo. La diabetes no es un problema exclusivo de los Estados Unidos; la incidencia de esta afección está aumentando rápidamente en todo el mundo.

La diabetes se produce como resultado de la incapacidad del organismo para regular adecuadamente la concentración de azúcar en la sangre. Al comer, una gran parte de los alimentos que ingerimos se convierten en glucosa —el azúcar de la sangre—, que es lanzada al torrente sanguíneo. Cuando los niveles de glucosa en sangre (la glucemia) aumentan demasiado, el cuerpo entra en «pánico» —metabólicamente hablando—. El páncreas libera insulina en el torrente sanguíneo, la cual se ocupa de transportar la glucosa al interior de las células, disminuyendo así los niveles de glucosa en sangre. Sin embargo, si estos niveles no se regularizan en un tiempo razonable, las células y los tejidos comienzan a verse dañados. Y esto es precisamente lo que ocurre en las personas con diabetes.

Existen varios tipos de diabetes. Los más comunes son los de tipo 1 y de tipo 2. El tipo 1 se produce cuando el páncreas deja de producir insulina o produce una cantidad insuficiente como para reducir eficazmente la glucosa de la sangre. Generalmente se diagnostica en la primera infancia y se la conoce también como diabetes juvenil o diabetes insulinodependiente. Los diabéticos tipo 1 necesitan inyecciones de insulina durante toda la vida para lograr mantener en equilibrio el azúcar de la sangre. Esta forma de diabetes puede también presentarse en personas mayores debido a una disfunción del páncreas provocada por el abuso del alcohol o por una enfermedad, pero constituyen menos del 10% de todos los casos de diabetes.

En los diabéticos tipo 2 el páncreas es capaz de producir una cantidad normal de insulina pero las células del cuerpo han dejado de responder o se han vuelto resistentes a ella. Por lo tanto, se requiere una mayor cantidad de insulina para poder eliminar la glucosa de la sangre y transportarla al interior de las células. Esto se conoce como resistencia a la insulina y es, con mucha diferencia, la forma más común de diabetes; alrededor del 90% de los diabéticos lo son de este tipo. Por lo general, la diabetes tipo 2 se produce en la edad adulta. Normalmente al comienzo de la enfermedad el páncreas es capaz de producir las grandes cantidades de insulina que son necesarias para neutralizar la resistencia a la insulina de las células, pero con el tiempo, esta alta demanda le va pasando factura a dicho órgano y la producción de insulina comienza a declinar. Más de la mitad de las personas con diabetes tipo 2 acaban necesitando inyecciones de insulina en algún momento para controlar los niveles de azúcar en sangre a medida que se van haciendo mayores. Este tipo de diabetes se controla por lo general con la dieta, controlando el peso, haciendo ejercicio y con medicación.

Recientemente se ha descubierto un tercer tipo de diabetes que relaciona la resistencia a la insulina con la neurodegeneración, y más concretamente con el alzhéimer; en esencia el alzhéimer es la diabetes —o la resistencia a la insulina— que afecta al cerebro y es en realidad lo que se conoce como diabetes tipo 3.[1] El hecho de que el alzhéimer sea reconocido como una forma de diabetes no es tan extraño como pudiera parecer, ya que se sabe desde hace mucho que la diabetes afecta negativamente a los tejidos nerviosos de todo el cuerpo, incluyendo el cerebro.

La resistencia a la insulina puede tener un efecto pernicioso en prácticamente todos los órganos y sistemas corporales. Cuando es crónica, causa lesiones en los nervios —una patología conocida como neuropatía diabética— y es la complicación más grave que puede acarrear la diabetes. Alrededor del 60-70% de los diabéticos presentan algún tipo de neuropatía. Algunos de sus síntomas son dolor y sensación de hormigueo o de entumecimiento en las manos, los brazos, las piernas y los pies. Estas dos últimas son las partes del cuerpo que se ven afectadas con más frecuencia, pero las lesiones en los nervios se pueden producir en cualquier zona.

Algunos estudios poblacionales han puesto de manifiesto que las personas con diabetes tipo 2 tienen un mayor riesgo de padecer algún tipo de deterioro cognitivo, demencia o enfermedad neurodegenerativa.[2] Los diabéticos presentan casi el doble de riesgo que el resto de la población de desarrollar alzhéimer.[3] Cuanto más joven es la persona al desarrollar resistencia a la insulina, mayor es el riesgo. Cuando la diabetes se presenta antes de los sesenta y cinco años de edad, se asocia con un aumento del 125% en el riesgo de acabar desarrollando alzhéimer en algún momento posterior.[4] No es necesario que se dé resistencia a la insulina para que haya un mayor riesgo de padecer alzhéimer; incluso los prediabéticos están en peligro de desarrollar la enfermedad.

Cualquier alteración del funcionamiento normal de la insulina puede afectar drásticamente al metabolismo energético y, consecuentemente, a la función cerebral. Todas las principales enfermedades neurodegenerativas —como la demencia vascular, el párkinson, la enfermedad de Huntington, la esclerosis múltiple y la esclerosis lateral amiotrófica— presentan características que sugieren que la resistencia a la insulina es o bien un importante factor subyacente o bien un factor que contribuye en la aparición y evolución de estas enfermedades.[5-7] En ese sentido, todas ellas pueden concebirse como diferentes manifestaciones de la diabetes tipo 3.

Por ejemplo, la investigación está comenzando a descubrir la relación existente entre el párkinson y la resistencia a la insulina;[8] se ha visto que esta última está presente hasta en el 80% de los pacientes de párkinson. Se sabe que en el desarrollo de esta enfermedad la disfunción del metabolismo de la insulina en el cerebro precede a la muerte de las neuronas que producen dopamina.[9] La resistencia a la insulina también agrava los síntomas y reduce la eficacia terapéutica de los medicamentos utilizados para tratar la enfermedad.[10] En uno de los mayores estudios de este tipo realizados hasta la fecha, los investigadores analizaron a un grupo de más de 50.000 hombres y mujeres durante un periodo de dieciocho años. Descubrieron que aquellos que presentaban diabetes tipo 2 al comienzo del estudio tenían un 83% más de probabilidades de que les diagnosticasen párkinson en algún momento posterior de sus vidas que los no diabéticos.[11] Si el estudio se hubiese llevado a cabo durante un periodo de tiempo mayor, no hay duda de que se habría encontrado una correlación incluso más acusada, puesto que el riesgo de padecer párkinson aumenta con la edad.

Del mismo modo, hay estudios que demuestran que la resistencia a la insulina aumenta el riesgo de desarrollar cataratas, glaucoma y edema macular (acumulación de líquidos detrás de la mácula). También acelera la pérdida de visión en los casos de degeneración macular y, por supuesto, es la causa de la retinopatía diabética —una de las principales complicaciones de la diabetes.[12-14]

LA GLUCOSA ES LA ENERGÍA DE LAS CÉLULAS

Las células del cerebro y de los ojos —como las de cualquier otro órgano del cuerpo— necesitan energía para poder llevar a cabo sus funciones. Obtenemos dicha energía de los tres nutrientes principales: los hidratos de carbono o carbohidratos, las proteínas y las grasas. Aunque las proteínas y las grasas pueden producir energía cuando es necesario, su función principal en el cuerpo humano consiste en proporcionar los elementos básicos de construcción para los tejidos, las hormonas, las enzimas y otras estructuras. Por el contrario, el propósito principal de los hidratos de carbono es producir energía; son la fuente de combustible preferida por el organismo. Normalmente, los carbohidratos cubren entre un 55 y un 60% de nuestras necesidades energéticas y el resto proviene de las proteínas y las grasas.

Las plantas se componen principalmente de hidratos de carbono. La leche es el único alimento derivado de un animal que contiene una cantidad importante de este nutriente. Los hidratos de carbono se componen de azúcares por lo que, esencialmente, son este tipo de moléculas las que constituyen los elementos básicos constitutivos de las plantas; las verduras que guardas en la nevera están hechas casi por completo de azúcares y agua.

Hay tres tipos básicos de moléculas de azúcar que son importantes en nuestra alimentación: la glucosa, la fructosa y la galactosa. Todos los hidratos de carbono presentes en nuestra dieta están formados por alguna combinación de esos tres tipos básicos. Los carbohidratos simples constan únicamente de una o dos unidades de azúcar.

Por ejemplo, el azúcar de mesa o sacarosa es una mezcla de glucosa y fructosa. Es decir, cada molécula de sacarosa se compone de una molécula de glucosa y una de fructosa. El azúcar de la leche, la lactosa, está compuesto por una molécula de glucosa y una de galactosa. Los carbohidratos complejos, por el contrario, incluyen muchas moléculas de azúcar unidas entre sí por enlaces químicos. El almidón, por ejemplo, consiste en largas cadenas de glucosa. Precisamente la glucosa es, con mucha diferencia, la molécula de azúcar más abundante en los alimentos de origen vegetal.

Al tomar una rebanada de pan, estamos comiendo fundamentalmente glucosa en forma de almidón. Junto con el almidón estamos tomando agua, fibra —que es otro tipo de carbohidrato—, vitaminas y minerales. Ocurre lo mismo al comer una manzana, una zanahoria, maíz, patatas o cualquier otro alimento de origen vegetal. Al ingerir alimentos que contienen carbohidratos, las enzimas digestivas rompen los enlaces que mantienen unidas a las moléculas de azúcar, liberando moléculas individuales de glucosa, fructosa y galactosa. Posteriormente estos azúcares son transportados al torrente sanguíneo. A partir de ahí, la glucosa se suministra por todo el organismo para aportar el combustible que necesitan las células. La fructosa y la galactosa, en su forma original, no pueden ser utilizadas directamente por las células para producir energía; son absorbidas por el hígado, convertidas en glucosa y liberadas bajo esta forma de nuevo en el torrente sanguíneo. Los alimentos ricos en glucosa producen un rápido aumento de la concentración de azúcar en sangre. La fructosa y la galactosa también incrementan el azúcar en sangre pero no tan rápidamente, ya que antes han de pasar a través del hígado para su procesamiento.

La fibra alimentaria también está compuesta de carbohidratos, pero el cuerpo humano no produce las enzimas necesarias para romper los enlaces químicos que mantienen unidos estos azúcares. Por lo tanto, la fibra pasa a través del tracto digestivo y se expulsa prácticamente intacta. Puesto que la fibra no libera azúcar (o lo hace en muy pequeñas cantidades), no provoca un aumento de los niveles de glucemia.

La mayor parte de las células no pueden almacenar la glucosa. En su lugar, toman de la sangre la cantidad que sea necesaria para cubrir sus demandas inmediatas. El hígado y las células musculares son una excepción, ya que tienen capacidad para almacenar una pequeña cantidad de glucosa en forma de glucógeno para su uso posterior. La mayoría del exceso de azúcar se convierte en grasa y se almacena en las células adiposas.

Cuando dejamos de tomar alimentos durante un cierto periodo de tiempo y se agotan las reservas de glucosa almacenada, el cuerpo comienza a metabolizar las grasas y las proteínas para poder satisfacer sus necesidades energéticas. Las grasas constituyen la principal fuente alternativa de energía cuando descienden los niveles de glucosa en sangre. Las proteínas pueden, hasta cierto punto, ser convertidas en glucosa, pero las grasas no; se liberan en forma de moléculas lipídicas individuales conocidas como ácidos grasos. Algunos de estos ácidos grasos son convertidos en unas moléculas llamadas cetonas o cuerpos cetónicos. Para producir energía, las células pueden utilizar los ácidos grasos y las cetonas en lugar de la glucosa.

EL PAPEL DE LA INSULINA

A medida que va circulando por el organismo, la glucosa va siendo captada por las células y transformada en energía. Sin embargo, las células no pueden absorber la glucosa por sí mismas y requieren de la ayuda de la insulina. Esta hormona abre las puertas de la membrana celular, lo que permite que penetre la glucosa; sin ella, las moléculas de glucosa no podrían penetrar en las células. Aunque tengamos la sangre saturada de glucosa, si la insulina no está presente, la glucosa no puede atravesar la membrana celular, por lo que las células acaban muriendo de inanición.

Todas y cada una de las células del organismo necesitan un suministro continuo de combustible para poder funcionar con normalidad. Les sucede exactamente lo mismo que a nosotros: si no tomamos suficiente alimento a intervalos regulares, nuestra salud comienza a fallar y, finalmente, morimos. De forma análoga, si las células no pueden conseguir suficiente glucosa de forma continuada, comienzan a deteriorarse y acaban muriendo.

Sin embargo, una abundancia de glucosa tampoco es saludable, pues el exceso es tóxico. Con el fin de evitar las graves consecuencias que provocan tanto el defecto como el exceso de esta sustancia, el cuerpo mantiene cuidadosamente la concentración de glucosa en sangre en un estrecho rango de valores.

Dichos niveles de concentración fluctúan ligeramente de forma natural a lo largo del día. Cada vez que comemos, los niveles de glucemia aumentan. Entre comidas o durante periodos de gran actividad física, la demanda de energía del cuerpo se incrementa, con lo que los niveles de glucemia disminuyen. La glucosa almacenada en el hígado en forma de glucógeno se libera cuando es necesario para mantener los niveles adecuados de glucosa. Siempre que el cuerpo sea capaz de compensar los valores máximos y mínimos de concentración de glucosa en sangre, el equilibrio se restablece rápidamente y se mantiene dentro de unos valores óptimos.

Lo que comemos afecta en gran medida al correcto funcionamiento de este sistema; las comidas con alto contenido en hidratos de carbono —especialmente aquellas con una cantidad importante de carbohidratos simples y que carecen de fibra, grasas y proteínas— pueden provocar que la glucemia suba muy rápidamente. Los almidones refinados tales como la harina blanca han sido despojados de toda la fibra que tienen los granos de cereal, por lo que tienden a actuar como el azúcar, produciendo también rápidos aumentos de los niveles de glucemia. La fibra, las proteínas y especialmente las grasas hacen que la absorción de los carbohidratos sea más lenta, de forma que las moléculas de glucosa van entrando poco a poco en el torrente sanguíneo, proporcionando un suministro continuo y estable. Cuanto mayor sea la cantidad de carbohidratos simples y refinados en la ingesta, mayor será la subida de los niveles de azúcar en sangre y como consecuencia mayor será también la presión metabólica que esto supone en el cuerpo, especialmente en el páncreas, que es el encargado de producir la insulina.

Si tomamos una comida alta en carbohidratos cada cuatro o cinco horas, y entretanto tomamos también uno o dos aperitivos igualmente ricos en carbohidratos, los niveles de glucemia y de insulina se van a ver continuamente elevados durante gran parte del día. Cuando las células del organismo están continuamente expuestas a altos niveles de insulina, comienzan a perder la sensibilidad a dicha hormona. Es algo parecido a estar en una habitación con mal olor, al entrar en la habitación el olor puede ser muy intenso, pero si tenemos que quedarnos en ella durante cierto tiempo, los receptores olfativos de la nariz se insensibilizan y acabamos por dejar de percibirlo. El olor sigue ahí, pero nuestra capacidad para detectarlo se reduce. Si posteriormente salimos de la habitación durante un rato y nuestro sentido del olfato recupera su sensibilidad, tan pronto como entremos de nuevo volveremos a notar el olor. Nuestro organismo reacciona a la insulina de un modo similar: la exposición crónica a niveles altos de insulina desensibiliza las células, que dejan de ser receptivas a la acción de esta hormona —se vuelven resistentes a ella—, y es precisamente esta

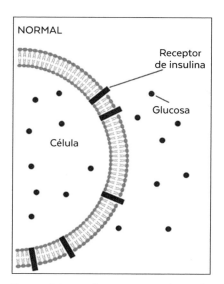
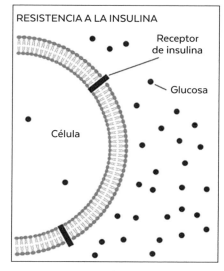

En condiciones de resistencia a la insulina hay un menor número de receptores de insulina disponibles, lo que provoca una disminución del número de moléculas de glucosa que penetran en las células y un aumento de la glucemia.

desensibilización lo que se conoce como «resistencia a la insulina». En esas situaciones, con el fin de transportar la glucosa a las células, es necesario movilizar una concentración de insulina mayor de lo normal, pero esto hace que el páncreas esté sometido a un mayor estrés para producir la hormona en cantidades mayores. Por esta razón la dieta tiene un efecto directo en el desarrollo de la resistencia a la insulina y, en consecuencia, en la diabetes y en todas las complicaciones relacionadas con ella.

LA RESISTENCIA A LA INSULINA

Si eres una persona que no padece diabetes, al despertarte por la mañana tu sangre contiene entre 65 y 100 mg/dl (entre 3,6 y 5,5 mmol/l) de glucosa. A esta concentración de glucosa en sangre se la conoce como **glucemia en ayunas**. Las mediciones de la glucemia en ayunas se toman siempre después de que el sujeto haya estado por lo menos ocho horas sin comer nada, y sus valores ideales oscilan entre 75 y 90 mg/dl (entre 4,2 y 5,0 mmol/l).

A la concentración de glucosa en sangre después de haber tomado una comida se la denomina **glucemia posprandial**. Normalmente no alcanza valores superiores a 139 mg/dl (7,7 mmol/l). Lógicamente, en los periodos en los que no comemos —entre comidas o por la noche—, como las células siguen utilizando glucosa de la sangre, los niveles de glucosa bajan progresivamente. Valores altos de glucemia en ayunas y de glucemia posprandial indican la presencia de resistencia a la insulina.

La diabetes se diagnostica cuando los valores de glucemia en ayunas igualan o superan los 126 mg/dl (7,0 mmol/l), mientras que valores de entre 101 y 125 mg/dl (entre 5,6 y 6,9 mmol/l) indican que se está en las primeras fases de la diabetes, a menudo llamada «prediabetes», y valores superiores a 90 mg/dl (5,0 mmol/l) son indicadores de las etapas iniciales de la resistencia a la insulina. Al incrementarse la resistencia a la insulina, aumenta también la glucemia. Y al contrario: cuanto más elevada sea la glucemia, más resistencia a la insulina hay y mayor es el riesgo de sufrir complicaciones neurodegenerativas o lesiones oculares.

Los valores en los que se considera que una persona tiene una diabetes completamente desarrollada son más o menos arbitrarios. Durante muchos años se consideró que unos valores de glucemia en ayunas de 140 mg/dl (7,8 mmol/l) definían al paciente como diabético. Sin embargo, en 1997, la Asociación Americana de Diabetes redujo el valor de esa definición a 126 mg/dl (7,0 mmol/l). ¿Significa esto que si se tienen unos niveles de glucemia en ayunas de 125 mg/dl (6,9 mmol/l) no se es diabético ni se corren los riesgos de salud asociados a esta enfermedad? En absoluto, pues en realidad el valor de 126 mg/dl (7,0 mmol/l) es tan arbitrario como el de 140 mg/dl (7,8 mmol/l). La resistencia a la insulina está presente por lo general en cualquiera que tenga un valor de glucemia en ayunas superior a 90 mg/dl (5,0 mmol/l). Aunque en general niveles de hasta 100 mg/dl (5,5 mmol/l) se consideran normales, esto es así únicamente porque hay muchísima gente que entra dentro de esta categoría; en realidad estos niveles no son los propios de un individuo verdaderamente sano. La resistencia a la insulina no es saludable en ningún caso, ni siquiera aunque sea relativamente leve. Aproximadamente un 80% de la población presenta resistencia a la insulina en mayor o menor grado, lo que significa que sus niveles de glucemia en ayunas están por encima de los 90 mg/dl (5,0 mmol/l). Por consiguiente, muchas personas tienen un riesgo mayor de padecer problemas de salud asociados con esta enfermedad, incluyendo los problemas visuales. Para desarrollar glaucoma o cataratas no es estrictamente necesario que nos hayan diagnosticado diabetes; incluso los prediabéticos presentan un mayor riesgo.

La diabetes ha alcanzado actualmente proporciones de epidemia; según la clínica Mayo, la incidencia de esta afección se ha duplicado en los Estados Unidos a lo largo de los últimos quince años. A nivel mundial los casos de diabetes han aumentado de 30 millones a 230 millones en las dos últimas décadas; ¡han incrementado más de diez veces su valor! Este fenómeno ha sido documentado, entre otros, en japoneses, israelíes, africanos, indios nativos americanos, esquimales, polinesios y micronesios.[15] Se cree que este enorme y pavoroso incremento se debe al aumento del consumo de cereales refinados y de azúcares. Diversos estudios llevados a cabo con animales han demostrado que las dietas muy ricas en azúcares provocan resistencia a la insulina y diabetes, por lo que parece razonable concluir que los cambios en los hábitos alimentarios de los seres humanos durante las últimas décadas constituyen la causa central de la actual epidemia de diabetes.

Algunas personas son más susceptibles a la diabetes o a la resistencia a la insulina que otras, y esto puede estar relacionado con los patrones de conducta de los progenitores, aunque no se trata técnicamente de un factor genético. Los hijos con ambos padres diabéticos presentan mayor riesgo de desarrollar resistencia a la insulina y de acabar ellos mismos siendo diabéticos. Si tan solo uno de los padres es resistente a la insulina, incluso si no es lo suficientemente grave como para que le diagnostiquen diabetes, los hijos presentan también un mayor riesgo de desarrollar resistencia a la insulina. Las madres que desarrollan diabetes gestacional predisponen a sus hijos a experimentar resistencia a la insulina más adelante. Esta es la razón por la cual la diabetes a veces parece ser algo de familia. Pero la predisposición no tiene que ver con tener «malos genes», sino que es el resultado directo de deficiencias nutricionales. Dicho con otras palabras, se pasa de una generación a otra como consecuencia de una mala alimentación. Para empeorar las cosas, a los niños se les enseñan malos hábitos alimentarios, y estos a su vez se los enseñarán a sus descendientes, lo que finalmente conduce a un ciclo continuo de perpetuación de la mala salud. Por todo esto, actualmente la diabetes se desarrolla a edades cada vez más tempranas.

En 1997 el Gobierno de los Estados Unidos recomendó que todos los adultos se hicieran la prueba de la diabetes al llegar a los cuarenta y cinco años, antes de que las complicaciones propias de la enfermedad evolucionasen y fuesen difíciles de tratar. Sin embargo, a los cuarenta y cinco ya puede ser demasiado tarde. Actualmente la edad promedio en la que se diagnostica diabetes ha descendido hasta los treinta y siete. Investigadores de los Centros para el Control y Prevención de Enfermedades recomiendan ahora comprobar si se padece de diabetes tipo 2 a los 25 años.

El mero hecho de heredar una predisposición a desarrollar diabetes o resistencia a la insulina no asegura que estas enfermedades vayan a manifestarse, ya que solo se desarrollan bajo las condiciones adecuadas. En este caso, estas condiciones adecuadas consisten básicamente en consumir una gran cantidad de carbohidratos —especialmente en forma de carbohidratos refinados y de dulces—. La buena noticia es que una persona en riesgo de contraer estas dolencias puede disfrutar de una vida larga, saludable y sin el más mínimo problema relacionado con la resistencia a la insulina siempre que adopte una alimentación saludable.

EL AZÚCAR EN SANGRE Y LA PÉRDIDA DE VISIÓN

Los diabéticos tienen con frecuencia visión borrosa debido a que los altos niveles de azúcar en sangre provocan alteraciones en la retina. De hecho, la visión borrosa puede ser la primera señal que alerte sobre la presencia de la diabetes. Una de las principales complicaciones de la resistencia a la insulina es la retinopatía diabética, que consiste en un lento y progresivo deterioro de la retina. No hay duda de que la resistencia a la insulina supone una amenaza para la vista; en comparación con los no diabéticos, los pacientes con diabetes desarrollan cataratas a una edad más temprana y tienen casi el doble de probabilidades de desarrollar glaucoma. Más de la mitad de las personas con diabetes sufren de retinopatía en mayor o menor grado.

La resistencia a la insulina en el cuerpo, sea cual sea su grado de desarrollo, produce también resistencia a la insulina en el cerebro. Esto hace que la barrera hematoencefálica se vuelva resistente a la insulina, impidiendo de esta manera la entrada de la insulina en el cerebro. Al haber menos insulina disponible, las células cerebrales y oculares no pueden absorber las moléculas de glucosa eficazmente. Como resultado, estas células comienzan a tener deficiencias nutritivas, se deterioran y mueren. Además, los valores de glucemia en el cerebro se elevan, provocando la aceleración de la formación de los PGA (productos de la glicación avanzada), lo cual a su vez fomenta el estrés oxidativo y la inflamación; toda esta cadena de factores causa estragos en los tejidos del sistema nervioso central. No es de extrañar que la resistencia a la insulina esté asociada con todas las principales enfermedades neurodegenerativas, incluyendo las afecciones oculares y las complicaciones de la vista.

Cuando una persona tiene cataratas, glaucoma, degeneración macular o cualquier otra enfermedad ocular relacionada con la edad, lo más probable es que presente también –al menos en cierto grado– resistencia a la insulina. Tan solo como ejemplo, cuanto más alto es el nivel de glucemia, mayor es el riesgo de padecer cataratas. Algunos investigadores de la Universidad de Yale han estudiado el efecto de tres dietas diferentes con altos contenidos, respectivamente, de carbohidratos, proteínas y grasas en la incidencia de cataratas en ratas diabéticas. Como era de esperar, la glucemia más elevada correspondió a la dieta alta en carbohidratos y la más baja a la rica en grasas. Asimismo, el desarrollo de cataratas fue mayor en las ratas alimentadas con la dieta con alto contenido en carbohidratos; se observó una tasa menor en los animales de la dieta alta en proteínas y ninguno desarrolló cataratas en el tercer grupo –las ratas alimentadas con una dieta rica en grasas–.[16] Aunque todas las ratas del estudio eran diabéticas, fue su alimentación –y no la presencia de esta enfermedad– lo que determinó el desarrollo de cataratas. A mayor glucemia, mayor incidencia de cataratas. Cuando los niveles de azúcar en sangre fueron controlados mediante una dieta rica en grasas y baja en carbohidratos, no hubo casos de cataratas.

La mejora técnica en los test de glucemia ha permitido comprobar que este efecto es similar en los humanos, ya que se han producido resultados similares.[17] Seamos o no diabéticos, una alimentación alta en carbohidratos siempre va a provocar que suban los niveles de glucemia y que se mantengan en valores elevados durante largos periodos de tiempo, aumentando proporcionalmente el riesgo de sufrir daños en el cerebro y en los ojos. Científicos del Servicio de Investigación Agrícola de los Estados Unidos estudiaron a 471 mujeres de mediana edad durante un periodo de catorce años. Descubrieron que las mujeres con un promedio de consumo diario de carbohidratos de entre

200 y 268 g –valores típicos para la mayoría de las mujeres de peso normal– tenían dos veces y media más probabilidades de desarrollar cataratas que aquellas que consumían entre 101 y 185 g al día. A pesar de que un consumo de 101 a 185 g al día es inferior a la media, técnicamente no se considera que corresponda a una dieta baja en carbohidratos, pues dichas dietas no superan los 100 g al día, mientras que las consideradas muy bajas en carbohidratos no llegan a los 25 g. De esta investigación podemos concluir que incluso una modesta reducción en la ingesta de hidratos de carbono –y su correspondiente reducción en los niveles de glucemia– puede suponer una disminución significativa del riesgo de sufrir cataratas.[18]

Normalmente las pruebas que se realizan para conocer la glucemia –los análisis de sangre– proporcionan el valor correspondiente al mismo momento en el que se realiza el test. Otro modo de realizar mediciones de la glucemia es el test A1C, que proporciona el valor medio de los tres meses anteriores. Investigadores de la Universidad de Oxford descubrieron que los diabéticos tipo 2 que consiguen bajar sus niveles de A1C tan solo en un 1% ven reducido el riesgo de padecer cataratas en un 19%.[19] Por lo que parece, incluso una pequeña disminución en el promedio de azúcar en sangre puede tener un gran impacto en la salud ocular.

En un ensayo denominado *Diabetes Control and Complications Trial* (Ensayo de control de la diabetes y sus complicaciones), se demostró que un mejor control de la glucemia también retrasa sustancialmente la aparición y la evolución de la retinopatía.[20] Los diabéticos que mantuvieron sus niveles de azúcar en sangre lo más cerca posible de los valores normales presentaron también una incidencia mucho menor de enfermedades renales y nerviosas. Un mejor control de estos niveles reduce asimismo la necesidad de practicar cirugía láser para no perder la vista.

Altos valores de glucemia aumentan el riesgo y la tasa de evolución de la degeneración macular. Según el Departamento de Enfermería de Ojos y Oídos de la Universidad de Illinois, una porción diaria de alimentos horneados procesados –por ejemplo, una rebanada de pan, un bollo, un pastel o una galleta— incrementa el riesgo de avance de la degeneración macular en casi dos veces y media. Y a la inversa: simplemente reduciendo la ingesta de alimentos con hidratos de carbono en una porción al día, se puede rebajar el riesgo en esta misma proporción.

Los niveles elevados de glucemia, incluso aquellos que normalmente se consideran dentro del promedio, aceleran el envejecimiento y el deterioro cerebral.[21] Cualquier elevación crónica de los niveles de azúcar en sangre es perjudicial para el cerebro y los ojos, de modo que incluso aquellos que presentan valores así llamados «normales» de glucemia en ayunas pueden tener un riesgo mayor. Si tus niveles de glucemia en ayunas están por encima de 90 mg/dl, estás en riesgo, y cuanto mayor sea el nivel, mayor es el riesgo.

La cruda realidad es que puedes desarrollar cualquiera de las enfermedades oculares relacionadas con la edad incluso si no percibes ninguna anomalía en la visión; todos corremos el riesgo. Las enfermedades degenerativas del cerebro y de los ojos no aparecen de la noche a la mañana, sino que tardan años, incluso décadas, en desarrollarse. El metabolismo de la glucosa comienza a presentar anomalías una o dos décadas antes de que la diabetes tipo 2 se pueda diagnosticar.[22] Mientras tanto, el daño producido puede haberse extendido ya mucho antes de que aparezcan síntomas apreciables. Por ejemplo, hasta el 80% de los tejidos implicados pueden verse dañados antes de que a una persona se le diagnostique alzhéimer o párkinson, y se puede perder un porcentaje sustancial de la visión periférica debido a un glaucoma antes de que se note nada. Dado que no produce dolor ni ningún cambio repentino en la visión, la pérdida gradual de la vista no se reconoce fácilmente hasta que ya se han producido daños sustanciales. Incluso aunque no apreciemos ningún problema serio en la vista ahora mismo, es posible que nuestros ojos ya hayan sufrido algún tipo de deterioro anormal. Si esperamos hasta que los síntomas sean apreciables, puede ser demasiado tarde para poder corregir completamente el problema.

A diferencia del cerebro, que es inaccesible y no es posible observarlo fácilmente, los ojos se pueden examinar en detalle sin demasiada dificultad. El oftalmólogo nos podrá decir si estamos desarrollando alguna enfermedad, normalmente antes de que sea demasiado tarde. Por esta razón, es buena idea someterse a revisiones oculares periódicamente. También deberíamos comprobar nuestros niveles de glucemia en ayunas cada pocos años. Si tus niveles de azúcar en sangre son elevados, no esperes más para tomar las medidas oportunas para corregir el problema y reducirás así en gran medida el riesgo de sufrir pérdida de la visión en el futuro.

6

LO QUE HAY QUE SABER SOBRE LAS GRASAS Y LOS ACEITES

LOS ÁCIDOS GRASOS Y LOS TRIGLICÉRIDOS

El tipo de grasas que ingerimos puede tener un pronunciado efecto sobre nuestra salud en general y sobre la salud visual en particular. Por esta razón es importante entender qué grasas facilitan una buena visión y cuáles pueden resultar perjudiciales.

Las palabras *grasa* y *aceite* a menudo se utilizan indistintamente. A pesar de que no existe una diferencia real, las grasas por lo común son sólidas a temperatura ambiente, mientras que los aceites son líquidos. Por ejemplo, decimos que la manteca de cerdo es una grasa, mientras que al aceite de maíz, que es líquido, lo denominamos precisamente así, aceite.

Las grasas y los aceites están compuestos por moléculas adiposas conocidas como ácidos grasos. Los ácidos grasos se pueden clasificar en tres categorías dependiendo de su grado de saturación: saturados, monoinsaturados y poliinsaturados. Puede que estos términos te resulten familiares, pero ¿qué es lo que diferencia una grasa saturada de una no saturada?

Los ácidos grasos están compuestos prácticamente en su totalidad por carbono (C) e hidrógeno (H). Los átomos de carbono están conectados entre sí como si fueran eslabones de una larga cadena en la cual cada átomo de carbono intermedio puede llevar unidos hasta dos átomos de hidrógeno. En un ácido graso saturado, cada átomo de carbono está efectivamente unido a un par de átomos de hidrógeno. En otras palabras, está saturado con tantos átomos de hidrógeno como puede tener. Los átomos de hidrógeno siempre van en parejas. Si en algún punto de la cadena falta un par de átomos de hidrógeno, esto da lugar a un ácido graso monoinsaturado; *mono* significa que falta un par de átomos de hidrógeno, mientras que *insaturado* indica que dicho ácido graso no está completamente saturado con átomos de hidrógeno. Cuando en lugar de uno faltan dos, tres o más pares de átomos de hidrógeno, estamos ante un ácido graso poliinsaturado; *poli* señala que hay más de uno.

Los ácidos grasos presentes en el aceite que le añadimos a la ensalada para cenar, a la carne y a las verduras que comemos —y, de hecho,

Un ácido graso saturado con cadena de dieciocho carbonos.

Un ácido graso monoinsaturado con cadena de dieciocho carbonos.

Un ácido graso poliinsaturado con cadena de dieciocho carbonos.

incluso en las grasas de nuestro propio cuerpo— están todos ellos en forma de triglicéridos. Un triglicérido no es más que tres ácidos grasos unidos por una molécula de glicerol. Por lo tanto, hablamos de triglicéridos saturados, triglicéridos monoinsaturados o triglicéridos poliinsaturados.

Todos los aceites vegetales y las grasas animales contienen una mezcla de ácidos grasos de estos tres tipos. Afirmar de cualquier aceite que es saturado o monoinsaturado es una simplificación un tanto burda, ya que ningún aceite tiene exclusivamente moléculas saturadas o poliinsaturadas. Por ejemplo, del de oliva se suele decir a menudo que es un aceite monoinsaturado porque está compuesto de moléculas *predominantemente* monoinsaturadas, pero al igual que todos los aceites vegetales, también contiene algunos ácidos grasos saturados y poliinsaturados.

En general, las grasas animales son las que contienen mayor cantidad de ácidos grasos saturados y los aceites vegetales, mayor cantidad de ácidos grasos poliinsaturados. El aceite de palma y el de coco son dos excepciones; a pesar de ser aceites vegetales, contienen una alta cantidad de grasas saturadas.

TRIGLICÉRIDOS DE CADENA MEDIA

Los ácidos grasos también se pueden clasificar en tres grandes categorías dependiendo de su tamaño o, para ser más precisos, de la longitud de sus cadenas de carbono. De este modo, tenemos ácidos grasos de cadena larga (de trece a veintidós carbonos), de cadena media (de seis a doce carbonos) y de cadena corta (de tres a cinco carbonos). Cuando un triglicérido está compuesto por tres ácidos grasos de cadena media, se denomina triglicérido de cadena media (TCM). Análogamente, podemos tener triglicéridos de cadena larga (TCL) y triglicéridos de cadena corta (TCC).

Los TCL son, con mucho, los más abundantes en nuestra alimentación —llegan a constituir el 97% del total de los triglicéridos que ingerimos—. Los TCM conforman la mayor parte del 3% restante y los TCC son muy escasos. El metabolismo de los ácidos grasos con cadenas de doce átomos de carbono o menos es distinto del de los que contienen catorce o más.

La mayoría de las grasas y de los aceites están compuestos al 100% de moléculas de TCL. Existen muy pocos alimentos que tengan en su composición moléculas de TCM. De todas las fuentes naturales de TCM, el aceite de coco es, con mucha diferencia, el más rico, ya que presenta en su composición un 63% de triglicéridos de cadena media. La siguiente fuente más rica de TCM es el aceite de semilla de palma, con un 53%. Les sigue la mantequilla, aunque a bastante distancia –ya que tan solo contiene un 12% de ácidos grasos de cadena media y corta–. La leche de todas las especies de mamíferos contiene TCM. Estas moléculas son esenciales para el desarrollo del cerebro en los bebés, pues cubren el 25% de las necesidades de energía del cerebro.

LAS GRASAS POLIINSATURADAS
Los ácidos grasos esenciales

Donde más abundantes son las grasas poliinsaturadas es en las plantas; los aceites vegetales –soja, cártamo, girasol, semilla de algodón, maíz y linaza– están compuestos principalmente de ácidos grasos poliinsaturados, por lo que nos referimos a ellos comúnmente como aceites poliinsaturados.

De algunos ácidos grasos se dice que son esenciales. Esto significa que nuestro organismo no es capaz de producirlos a partir de los nutrientes, por lo que para mantener una buena salud tenemos que extraerlos directamente de los alimentos. Nuestro cuerpo puede fabricar grasas saturadas y monoinsaturadas a partir de otros alimentos, pero no tiene la capacidad de producir grasas poliinsaturadas. Por ese motivo, es *esencial* incluirlos en la dieta. Cuando hablamos de grasas saturadas, monoinsaturadas o poliinsaturadas, no nos estamos refiriendo únicamente a tres tipos de ácidos grasos sino a tres familias de ácidos grasos. Hay muchos tipos diferentes de ácidos grasos saturados y también de ácidos grasos monoinsaturados y poliinsaturados. Existen dos familias de ácidos grasos poliinsaturados que son especialmente importantes para la salud humana: los ácidos grasos poliinsaturados omega-6 y omega-3, y dentro de cada una de ellas existen también ciertas variedades. Dos de ellos, el ácido linoleico y el ácido alfa-linolénico, se consideran esenciales porque el cuerpo los utiliza como base para producir el resto de los ácidos grasos; estos son los ácidos grasos esenciales (AGE) a los que suelen referirse los nutricionistas. El ácido linoleico pertenece a la familia de los ácidos grasos omega-6 y el ácido alfa-linolénico, a la familia de los ácidos grasos omega-3.

En teoría, si tomamos una cantidad adecuada de ácido linoleico, el cuerpo puede producir con él todos los demás ácidos grasos omega-6 que necesita. Análogamente, si en la ingesta hay un aporte adecuado de ácido alfa-linolénico, a partir de él el organismo puede producir todos los demás ácidos grasos omega-3. El aceite de linaza es rico en ácidos alfalinolénicos.

Hay estudios nutricionales que indican que del total de calorías que necesitamos, alrededor del 3% han de provenir de los AGE. En una dieta típica de 2.000 calorías esto equivaldría a unos 7 g, lo cual no es mucho —una cucharadita equivale a 5 g—. De modo que una cucharadita y media o media cucharada de AGE suplirían con creces nuestras necesidades mínimas diarias.

Dado que estos ácidos grasos son considerados *esenciales*, a menudo a la gente le da la impresión de que poseen propiedades especiales para la salud y que cuanto más cantidad de ellos se tome, mejor. Pero esto no es necesariamente así; aunque sin duda debe de haber cierta cantidad en nuestra dieta, su exceso puede resultar perjudicial. Las investigaciones llevadas a cabo a este respecto han demostrado que el consumo de aceites poliinsaturados —principalmente de aceites omega-6— en cantidades que superen, aunque sea mínimamente, el 10% del total de calorías, puede ocasionar trastornos en la sangre, cáncer, daños en el hígado y deficiencias vitamínicas.[1]

La peroxidación lipídica

Una de las razones por las que las grasas poliinsaturadas tienen ese potencial para causar problemas de salud es que son altamente vulnerables a la oxidación. Cuando las grasas poliinsaturadas se oxidan, se vuelven tóxicas —las grasas oxidadas no son más que grasas rancias—. Uno de los productos de la oxidación son los radicales libres.

Cuando el oxígeno reacciona de forma normal con un compuesto, dicho compuesto pasa a estar oxidado. A este proceso se le llama oxidación. Las grasas poliinsaturadas se oxidan fácilmente a través de un proceso que los bioquímicos denominan peroxidación lipídica. *Lípido* es el término utilizado en bioquímica para designar a las grasas o a los aceites y *peroxidación* hace referencia a un proceso de oxidación de las grasas no saturadas que producen radicales libres de peróxido.

Cuando los aceites poliinsaturados se ven expuestos al calor, la luz o el oxígeno, se oxidan espontáneamente y forman radicales libres nocivos. Una vez formados, estos radicales libres pueden atacar a las grasas insaturadas y a las proteínas, haciendo que también se oxiden y generando de esta manera aún más radicales libres. Se trata de un proceso que se perpetúa a sí mismo.

Los aceites vegetales líquidos pueden resultar engañosos, ya que tanto su aspecto como su sabor parecen inofensivos incluso después de haberse puesto rancios. Puede que el aceite no tenga mal olor y que parezca tan fresco como el día que lo compramos y, sin embargo, tal vez esté repleto de perniciosos radicales libres.

El proceso de oxidación se pone en marcha en el mismo momento en que el aceite se extrae de las semillas. Cuanto más expuesto esté el aceite al calor, la luz y el oxígeno, más se oxidará. Para cuando es procesado y envasado, ya está, hasta cierto punto, oxidado. Mientras reposa en el almacén, en el camión de transporte, en la tienda de alimentación o en nuestro armario de cocina, continúa oxidándose. Así, cuando compramos aceite vegetal en los supermercados, ya se ha puesto rancio en cierta medida. En un estudio se analizaron distintos aceites comprados directamente en tiendas de alimentación locales para ver el grado de oxidación de los ácidos grasos poliinsaturados.[2] Se encontró que la oxidación estaba ya presente en todas y cada una de las muestras analizadas. Cuando usamos estos aceites para cocinar, el proceso de oxidación se ve acelerado en gran medida. Esta es la razón por la que nunca deberíamos cocinar usando aceites poliinsaturados. Los aceites que típicamente contienen un alto porcentaje de ácidos grasos poliinsaturados son el de soja, maíz, cártamo, girasol, algodón y cacahuete.

La oxidación también se produce en el interior de nuestros cuerpos y nuestra única defensa contra los radicales libres la constituyen los antioxidantes, los cuales detienen la cadena de reacciones que crean nuevos radicales libres. Si consumimos demasiados aceites vegetales procesados, los radicales libres que producen agotan los nutrientes antioxidantes tales como las vitaminas A, C y E, así como el zinc y el selenio, y de hecho pueden llegar a causar deficiencias en el organismo de estos nutrientes.

Los ácidos grasos poliinsaturados se encuentran presentes en mayor o menor medida en todas nuestras células. Un ácido graso poliinsaturado de una membrana celular que se vea atacado por un radical libre se oxidará y se convertirá él mismo a su vez en un radical libre, y atacará por lo tanto a otra molécula poliinsaturada vecina —probablemente de la misma célula—. Esta destructiva reacción en cadena continúa hasta que la célula se ve gravemente dañada o completamente destruida. Las reacciones de los radicales libres ocurren al azar por todo el cuerpo día tras día, año tras año, y por supuesto esto acaba pasándole factura a nuestra salud.

Varios estudios han demostrado que existe una correlación entre el consumo de aceites vegetales procesados y los daños causados en el sistema nervioso central. En uno de esos estudios, por ejemplo, el efecto de los aceites de la dieta en la habilidad de las ratas se determinó analizando la capacidad de los animales para memorizar el recorrido de un laberinto. Se añadieron varios aceites distintos en su alimentación. Los datos analíticos se comenzaron a recoger cuando las ratas ya tenían una edad considerable, para garantizar de esta forma que hubiese transcurrido el tiempo suficiente como para que los posibles efectos causados por los aceites fueran medibles y cuantificables. Después se examinaron y se sometieron a las pruebas correspondientes y se contabilizó el número de errores que se cometían en el laberinto.

Los animales que mejor realizaron los ejercicios y que durante más tiempo conservaron sus capacidades mentales fueron aquellos que habían sido alimentados con grasas saturadas. Las ratas a las que se les administró aceites poliinsaturados perdieron sus capacidades mentales más rápidamente.[3]

La retina tiene un alto contenido en ácidos grasos poliinsaturados y, en comparación con cualquier otro tejido del cuerpo humano, la mayor absorción de oxígeno y oxidación de glucosa. Además, también está expuesta a la oxidación causada por la radiación de la luz solar. Esto hace que la retina y los tejidos circundantes sean más susceptibles al estrés oxidativo que cualquier otro tejido corporal.[4-7] La peroxidación lipídica se ha identificado como la principal causa de degeneración de la retina. Existen varios estudios que apuntan a que el principal culpable de la degeneración macular es el consumo excesivo de aceites vegetales insaturados.[8-10] En los ácidos grasos insaturados que constituyen las membranas de las células del cristalino se produce una considerable cantidad de peroxidación, lo que sugiere que una dieta alta en grasas poliinsaturadas contribuye a la formación de cataratas.[11] El estrés oxidativo es también un factor importante en el desarrollo de la retinopatía diabética; de hecho, desempeña un papel fundamental en todos los principales trastornos degenerativos de la vista.[12] El estrés oxidativo se considera un potente estímulo en la producción de las citoquinas que ponen en marcha los procesos de inflamación.

Por el contrario, las grasas saturadas son muy resistentes a la oxidación. No producen radicales libres nocivos sino más bien al contrario: actúan más como antioxidantes protectores, ya que previenen la oxidación y la formación de radicales libres. Una dieta rica en grasas saturadas protectoras puede ayudar a prevenir la peroxidación lipídica.

Los ácidos grasos poliinsaturados se oxidan muy fácilmente, mientras que los ácidos grasos saturados son muy resistentes a la oxidación. Los ácidos grasos monoinsaturados se encuentran en un punto intermedio entre ambos: son más estables que los poliinsaturados pero menos que los saturados. La sustitución en la dieta de grasas poliinsaturadas por monoinsaturadas y saturadas puede reducir los riesgos asociados con los radicales libres. Además, una alimentación rica en nutrientes antioxidantes como la vitamina E y el beta-caroteno será de gran ayuda para proteger de la oxidación a los ácidos grasos poliinsaturados presentes en el organismo.

Aceites vegetales que se deterioran con el calor

La mayoría de los cocineros recomiendan aceites vegetales poliinsaturados tanto para cocinar como para cualquier otro tipo de preparación de los alimentos ya que consideran que es la alternativa «sana» a las grasas saturadas. Irónicamente, cuando estos aceites vegetales insaturados se usan para cocinar, forman una serie de compuestos tóxicos que son mucho más perjudiciales para la salud de lo que pudiera serlo cualquier grasa saturada. Los aceites vegetales poliinsaturados son los menos adecuados para cocinar.[13]

Cuando los aceites vegetales se calientan, estos ácidos grasos poliinsaturados inestables son fácilmente transformados en compuestos nocivos, incluyendo uno particularmente perjudicial conocido como 4-hidroxi-trans-2-nonenal (4-HNE). Al cocinar con aceites poliinsaturados, nuestra comida se llena de estas sustancias tóxicas.

Incluso el mero hecho de calentar estos aceites a bajas temperaturas provoca alteraciones en la delicada estructura química de este tipo de ácidos grasos; cocinar a altas temperaturas acelera la oxidación y las reacciones químicas perjudiciales. Numerosos estudios —en algunos casos publicados en fechas tan lejanas como en los años treinta— han puesto de relieve los efectos tóxicos que conlleva consumir aceites vegetales calentados.[14]

En los últimos veinte años, se ha encontrado en un creciente número de estudios una clara relación entre el 4-HNE y el riesgo de sufrir alguna enfermedad cardíaca, accidente cerebrovascular, párkinson, alzhéimer, enfermedad de Huntington, problemas del hígado, osteoartritis o cáncer. Cada vez que utilizamos aceites vegetales insaturados para cocinar, estamos creando 4-HNE.

Una de las dolencias vinculadas con este nocivo compuesto de los aceites vegetales calentados son, como he indicado, las enfermedades cardíacas. Esto puede resultar sorprendente para la mayoría de la gente, dado que por lo general se supone que los aceites vegetales poliinsaturados son beneficiosos para el corazón. Sin embargo, estudios recientes muestran una clara relación entre el 4-HNE y las enfermedades cardíacas.[15-17] Dichos estudios también ponen de manifiesto que los niveles de 4-HNE de las partes dañadas del cerebro en los pacientes de alzhéimer son elevados.[18-19] Análogamente, existen investigaciones que demuestran que las dietas que contienen aceites vegetales que han sufrido tratamientos térmicos producen más arterioesclerosis que las que contienen aceites vegetales que no han sido sometidos a dichos tratamientos.[20] Cualquier aceite vegetal insaturado puede llegar a ser tóxico cuando se calienta, e incluso una pequeña cantidad —especialmente si se ingiere de forma usual durante un largo periodo de tiempo— acabará teniendo un impacto negativo en nuestra salud. Se ha visto que los aceites oxidados provocan daños en las paredes de los vasos sanguíneos y también que causan lesiones variadas en los órganos de los animales.

Los aceites más vulnerables al calor son los que contienen las mayores cantidades de ácidos grasos poliinsaturados. Los ácidos grasos monoinsaturados son químicamente más estables y pueden soportar mayores temperaturas, pero también estos se pueden oxidar y dar lugar a subproductos tóxicos si se calientan a altas temperaturas. Los ácidos grasos saturados son muy estables y pueden soportar temperaturas relativamente altas sin oxidarse. Por lo tanto, las grasas saturadas son con diferencia las más seguras para cocinar diariamente.

Necesitamos una pequeña cantidad de grasas poliinsaturadas en la dieta, pero si todos los aceites vegetales poliinsaturados ya están rancios en mayor o menor grado incluso antes de que los compremos, y si son todavía más perjudiciales para la salud cuando se utilizan para cocinar, ¿cómo se supone que tenemos que satisfacer nuestras necesidades diarias de ácidos grasos esenciales? La respuesta es simple: podemos conseguir los AGE que nuestro cuerpo necesita exactamente del mismo modo que lo hicieron nuestros ancestros: ¡con los alimentos! No es necesario consumir aceites vegetales procesados para satisfacer el aporte diario de AGE. Podemos lograr todos los que necesitamos de los alimentos. Esta es con diferencia la mejor manera de obtenerlos, pues mientras aún están empaquetados en las células que los contienen, gozan de una protección física que los aísla de los dañinos efectos del oxígeno y, además, están también protegidos por las sustancias antioxidantes naturales que los mantienen frescos.

Los ácidos grasos poliinsaturados esenciales omega-6 se encuentran en casi todos los alimentos de origen vegetal y animal: carne, huevos, frutos secos, cereales, legumbres y hortalizas. De hecho, los ácidos grasos omega-6 son tan abundantes en la dieta que es muy poco probable que se dé una deficiencia de ellos. Los ácidos grasos poliinsaturados omega-3 son menos abundantes; podemos encontrarlos en semillas, verduras de hoja verde, algas, huevos, pescados y mariscos. Para estar seguros de que tenemos los suficientes aportes de ácidos grasos omega-3, debemos incluir en nuestra dieta semanal algo de pescado, huevos y verduras de hoja verde. La carne procedente de vacas que han sido alimentadas con hierba y las carnes de caza son también fuente de ácidos grasos omega-3. El ganado que pasta en los prados y se alimenta fundamentalmente a base de hierba —que es rica en omega-3— incorpora estas grasas en los tejidos de sus propios cuerpos. Por el contrario, el ganado vacuno alimentado con piensos es una fuente muy pobre de ácidos grasos omega-3.

La degeneración macular y los aceites vegetales

La degeneración macular es la causa de ceguera irreversible más común en los Estados Unidos; afecta a más de 10 millones de personas. Esto no es únicamente un problema específico de este país, sino que constituye un fenómeno mundial y que además se está produciendo a una velocidad cada vez mayor. A medida que envejecemos, las probabilidades de desarrollar degeneración macular aumentan drásticamente. Si tienes más de cincuenta y cinco años, la posibilidad de que desarrolles degeneración macular asociada a la edad (DMAE) es aproximadamente del 10%, una cifra nada alentadora. Afortunadamente, la investigación médica está demostrando que esta enfermedad se puede prevenir.

Hace cuarenta años la causa principal de ceguera en los Estados Unidos era la diabetes, y la degeneración macular relacionada con la edad era poco frecuente. Hoy en día la DMAE ha superado en cinco veces a la diabetes y es la principal causa de pérdida de visión tanto en los Estados Unidos como en la mayoría del resto de los países industrializados. Dos tercios de las personas que acaban perdiendo la vista son ciegas debido a esta enfermedad.

Según el doctor Paul Beaumont, oftalmólogo y director fundador de la Fundación Australiana para la Degeneración Macular: «Desde la década de los setenta hasta la de los noventa he presenciado un aumento exponencial. Si nos fijamos en el Japón de hace cuarenta años, la enfermedad era rara. Sin embargo, ahora es muy común. No creo que exista absolutamente ninguna duda de que estamos frente a una epidemia».

El doctor Beaumont se muestra verdaderamente horrorizado ante la velocidad con la que la DMAE se ha multiplicado y por el hecho de que su incidencia se haya vuelto diez veces mayor en los últimos treinta años.

Aunque evoluciona muy lentamente, la degeneración macular puede afectar a la vista de forma muy rápida. Jillian Price nos cuenta que un día estaba haciendo crucigramas y al día siguiente ya no podía hacerlos por falta de vista. En su caso, la enfermedad la ha inhabilitado para continuar su vida como mujer activa: «Dos meses es muy poco tiempo para perder tanta vista. He perdido una gran parte de mi independencia. Todo está distorsionado. Coger el autobús e ir de compras me resulta muy difícil. Además, ya no puedo leer las etiquetas».

Durante años, los investigadores han estado buscando la causa de esta enfermedad y un remedio para ella. Estudios recientes sugieren que el consumo de aceite de coco en lugar de otros aceites vegetales puede ayudar a prevenir su aparición. Actualmente existen investigaciones que demuestran que las dietas que incluyen aceite de soja, de maíz, de cártamo y otros aceites vegetales poliinsaturados aumentan el riesgo de padecer DMAE. El consumo de aceites vegetales poliinsaturados se ha visto incrementado drásticamente en los últimos cuarenta años en respuesta al temor a las grasas saturadas; hemos reemplazado en nuestra dieta las grasas saturadas por grasas poliinsaturadas creyendo que esto iba a reducir el riesgo de padecer enfermedades cardíacas. Lamentablemente, los resultados esperados no se han producido, pues las enfermedades cardíacas siguen siendo la principal causa de muerte en todo el mundo. Sin embargo, este aumento espectacular en el uso de aceites vegetales poliinsaturados nos ha conducido a una epidemia de DMAE, y se sospecha que puede ser con mucha probabilidad un factor que contribuye también en otros trastornos degenerativos oculares, especialmente en aquellos que afectan al cristalino y a la retina, ya que son los órganos más sensibles al estrés oxidativo.

En los últimos años varios estudios han relacionado los aceites vegetales poliinsaturados con la degeneración macular.[21-22] Estas investigaciones demuestran que las personas que utilizan aceites vegetales poliinsaturados a la hora de preparar la comida sufren la enfermedad con el doble de frecuencia que aquellas que no los utilizan. Aún más convincente resulta un estudio en el que quienes tomaban una gran cantidad de aceites vegetales presentaban una tasa de evolución de la degeneración macular casi cuatro veces mayor que la de los que tan solo tomaban una pequeña cantidad de aceites vegetales.[23] Se vio que el menor riesgo de desarrollar degeneración macular estaba entre las personas que ingerían sobre todo grasas saturadas, que era mayor en aquellos que tomaban principalmente grasas monoinsaturadas, y que el más alto correspondía a quienes ingerían sobre todo grasas poliinsaturadas. Está claramente demostrado que a mayor grado de insaturación del aceite, mayor riesgo.

Este hecho tiene mucha lógica desde un punto de vista científico, ya que cuanto más insaturado es un aceite más vulnerable se vuelve a la peroxidación lipídica y a la generación de radicales libres. Las grasas saturadas son muy resistentes a la peroxidación lipídica, de modo que dietas ricas en ellas aumentan la proporción de estas grasas estables que se incorporan al propio tejido ocular, lo cual constituye una protección contra la peroxidación de los lípidos que se asocia a la degeneración macular.

Si estás preocupado por tu salud general y en particular por la de tus ojos, los aceites con los que debes tener cuidado son precisamente los que la gente tiende a usar a diario: aceites de soja, cártamo, maíz e incluso colza —que es rico tanto en grasas monoinsaturadas como poliinsaturadas—. Date cuenta de que esto no se limita a la botella de aceite con la que cocinamos o la que usamos para aliñar las ensaladas, pues tanto los alimentos envasados como los platos precocinados y la comida basura están absolutamente repletos de estos aceites poliinsaturados. Echa un vistazo a los ingredientes de todas las salsas, bollos, galletas, pasteles y platos congelados y verás como los aceites vegetales están presentes en todos ellos. Desafortunadamente, la mayoría de nosotros nos hemos acostumbrado a consumir estos alimentos procesados incluso antes de haber aprendido a dar los primeros pasos.

En palabras del doctor Beaumont : «Creo que podríamos reducir a la mitad el número de personas que se quedan ciegas debido a la degeneración macular con tan solo modificar la dieta y dejar de consumir aceites vegetales».

Gwen Oliver, al que le diagnosticaron degeneración macular hace unos años, se quedó atónito cuando el doctor Beaumont le dijo que ni se le ocurriera volver a tomar aceites vegetales: «Me sorprendió mucho descubrir que una gran parte de los productos que hemos estado consumiendo habitualmente son perjudiciales. Siempre se nos ha dicho —y así lo recalcan constantemente en la publicidad— que los aceites vegetales eran mucho mejores para la salud».

El doctor Beaumont no cree que los aceites vegetales vayan a ser eliminados de los alimentos, pero aun así se debería alertar a los consumidores al respecto: «Creo que tendría que haber un cartel de aviso en los envases similar al que tienen las cajetillas de tabaco: "El aceite vegetal puede producir degeneración macular"».

Dado que las últimas investigaciones apuntan a los aceites vegetales como los principales culpables, puede ser posible eludir esta enfermedad simplemente modificando nuestra alimentación. El primer paso que debes tomar para protegerte de la degeneración macular asociada al envejecimiento es eliminar de tu dieta la mayoría de los aceites poliinsaturados, así como los alimentos preparados con ellos. Comienza por leer las etiquetas de los productos, especialmente la lista de ingredientes. El segundo paso consiste en utilizar aceite de coco y otras grasas saturadas saludables en la mayoría de los platos y comidas que prepares. El tercer paso es asegurarte de tomar mucha fruta y verdura fresca, pues tienen un alto contenido en nutrientes antioxidantes; la recomendación general es tomar al menos cinco piezas al día.

El doctor Beaumont ha estado presionando al Gobierno de los Estados Unidos para conseguir financiación destinada a programas encaminados a aumentar la conciencia social sobre este problema: «Creo que es bastante urgente que se pongan en acción. No creo que podamos permitirnos ningún retraso a la hora de informar a la población sobre algo que afecta tan directamente a su vista».

Sin embargo, hasta la fecha, no se ha hecho nada. Afortunadamente, no tenemos que esperar a que intervenga el Gobierno —lo cual puede llevar mucho tiempo, ya que siempre hay factores económicos y políticos en juego—. Podemos hacer algo ahora mismo y comenzar a controlar nuestra salud eligiendo con cuidado los alimentos que introducimos en nuestro cuerpo.

Aceites vegetales hidrogenados

Muchos alimentos envasados están elaborados con aceites vegetales hidrogenados o parcialmente hidrogenados. Estas grasas se encuentran entre las más perjudiciales que podemos consumir; resultan tan nocivas —si no lo son más— como las grasas poliinsaturadas oxidadas.

Los aceites hidrogenados se elaboran bombardeando el aceite vegetal en forma líquida con átomos de hidrógeno en presencia de un catalizador metálico. En el proceso, los aceites vegetales poliinsaturados se saturan de hidrógeno. Esto hace que el aceite líquido se transforme en una grasa más viscosa y sólida. Sin embargo, en el proceso de hidrogenación se crea un nuevo tipo de ácidos grasos conocidos como ácidos grasos «trans», que son artificiales y totalmente ajenos al metabolismo de nuestro organismo, por lo que pueden provocar todo tipo de complicaciones.

En opinión del doctor Walter Willett, profesor de Epidemiología y Nutrición en la Facultad de Salud Pública de la Universidad de Harvard, estas son probablemente las grasas más tóxicas que jamás hayamos conocido.[24] Los estudios realizados han demostrado que los ácidos grasos trans pueden contribuir a la arterioesclerosis y a las enfermedades cardíacas. También aumentan los niveles de LDL (el colesterol malo) y disminuyen los de HDL (el colesterol bueno) —ambos efectos se consideran igualmente indeseables—.[25] En la actualidad los investigadores creen que tienen una mayor influencia sobre el riesgo de padecer enfermedades cardiovasculares que cualquier otra grasa presente en los alimentos.[26]

El efecto de los ácidos grasos trans va mucho más allá de la salud cardiovascular; se han relacionado con varios efectos negativos para la salud, incluyendo el cáncer, la esclerosis múltiple, la diverticulitis, la diabetes y otras enfermedades degenerativas.[27] Además, desestabilizan los procesos de comunicación cerebral. Algunos estudios han demostrado que los ácidos grasos trans que ingerimos se incorporan en las membranas de las células cerebrales y oculares —incluyendo la vaina de mielina que aísla a las neuronas—. Este tipo de ácidos grasos alteran la actividad eléctrica de las células del cerebro, provocando la degeneración celular y dando lugar a una disminución del rendimiento mental.[28]

Debido a la presión ejercida por muchas organizaciones para la salud y la población en general, el Instituto de Medicina de los Estados Unidos dedicó tres años a revisar todos los estudios publicados sobre los ácidos grasos trans. Una vez concluido el estudio, el Instituto emitió un comunicado en el que se declaraba que ningún nivel de consumo de ácidos grasos es seguro para la salud. Sorprendentemente, los investigadores no facilitaron ninguna recomendación en cuanto a qué porcentaje de este tipo de grasas resulta seguro para el consumo

—como se suele hacer a menudo con los aditivos alimentarios—, sino que lisa y llanamente afirmaron que ninguna cantidad de grasas trans es segura. Si te encuentras con cualquier comida empaquetada que contenga aceites hidrogenados, margarina o mantequillas vegetales, ni la toques. Si sales a comer fuera, pregúntale al gerente del restaurante qué tipo de aceite utilizan para cocinar. Si te contestan que usan aceite vegetal, se trata casi con toda probabilidad de aceite vegetal hidrogenado, por lo que debes evitar los platos que hayan sido preparados con él. El aceite vegetal normal se descompone muy rápidamente y se pone rancio, pero a los restaurantes les gusta reutilizar el aceite tanto como sea posible antes de tirarlo. Los aceites vegetales ordinarios tienen un tiempo de vida muy corto.

Muchos de los alimentos que compramos en las tiendas o que tomamos en restaurantes contienen aceites hidrogenados o se han cocinado con ellos. Los fritos se preparan por lo general en aceites de este tipo porque hacen que los alimentos queden más crujientes y son más resistentes a la descomposición que los aceites ordinarios. Muchos alimentos procesados congelados se cocinan o se preparan con aceites hidrogenados, incluyendo patatas fritas, galletas, bizcochos, aperitivos, pasteles, pizzas, mantequilla de cacahuete, merengues y helados —especialmente si son cremosos—. Lo mismo puede decirse de la mayoría de las mantequillas vegetales y de las margarinas.

LAS GRASAS SATURADAS
La grasa saturada es un nutriente vital

Es probable que no haya habido un compuesto alimenticio más incomprendido y calumniado en la historia que las grasas saturadas; se las acusa de ser las causantes de prácticamente todos los problemas de salud de la civilización moderna. Si realmente son tan peligrosas como dicen, es un verdadero milagro que nuestros antepasados lograran sobrevivir durante tantos miles de años, ya que fue uno de los pilares fundamentales de su dieta. Las grasas animales, la mantequilla y los aceites de palma y de coco han sido las grasas más utilizadas a lo largo de la historia, ya que son fáciles de obtener sin necesidad de utilizar herramientas complejas. Los aceites vegetales extraídos de semillas tales como la soja, el algodón, el cártamo y otros similares son mucho más difíciles de elaborar. Por ese motivo, los aceites vegetales poliinsaturados no se utilizaron demasiado hasta después de la invención de las prensas hidráulicas en el siglo XIX. Curiosamente, cuando la gente tomaba principalmente grasas saturadas, las así llamadas «enfermedades de la civilización moderna» —las afecciones cardiovasculares, la diabetes, el alzhéimer, el glaucoma y otras similares— eran muy poco frecuentes. A medida que hemos ido reemplazando las grasas saturadas por aceites insaturados, estas enfermedades han caído sobre nosotros como una plaga. Desde un punto de vista histórico, es sencillo darse cuenta de que las grasas saturadas no son las causantes.

La verdad del asunto es que las grasas saturadas son un nutriente vital para nosotros. Sí, ¡un nutriente vital, y no el veneno que se nos ha dicho que son! Son necesarias para tener y para mantener una buena salud. Las grasas saturadas constituyen una importante fuente de energía para el organismo y ayudan en el proceso de absorción de vitaminas y minerales. Como ingrediente en los alimentos, la grasa nos ayuda a sentirnos llenos y además les confiere sabor, consistencia y estabilidad. Las grasas saturadas son necesarias para un correcto crecimiento y para un adecuado mantenimiento de los tejidos del cuerpo; son esenciales para el buen funcionamiento de los pulmones, constituyen la fuente de energía preferida por los músculos del corazón y también ayudan a proteger al organismo contra la acción destructiva de los radicales libres.

Oímos hablar mucho sobre la importancia de los ácidos grasos esenciales, y dado que el término *esencial* forma parte de su nombre, creemos equivocadamente que son más importantes que las grasas. Sin embargo, la razón por la que son esenciales es precisamente que son las menos imprescindibles de las grasas. Lo creas o no, ¡las grasas saturadas son mucho más significativas para la salud que los AGE! Deja que te explique por qué: las grasas saturadas son tan necesarias para la salud que nuestros organismos están programados para elaborarlas a partir de otros nutrientes. Tener la adecuada cantidad de grasas saturadas es tan importante –y las consecuencias de una deficiencia de ellas tan grave– que su presencia no se deja nunca al azar. Por el contrario, los AGE (que son grasas poliinsaturadas) son mucho menos importantes, por lo que el organismo no ha desarrollado ninguna ruta metabólica para producirlos por sí mismo y pueden depender únicamente de los aportes de la ingesta.

Los alimentos que ingerimos nos proporcionan los ladrillos –las unidades de construcción– con los que el organismo fabrica las células y los tejidos. Esto también es cierto para las grasas que tomamos. De toda la grasa presente en nuestro cuerpo, un 45% son saturadas, un 50% monoinsaturadas y tan solo un 5% son poliinsaturadas. Así es: únicamente el 5% de las grasas de nuestro cuerpo son poliinsaturadas. Por lo tanto, nuestra necesidad de grasas poliinsaturadas o de AGE es muy pequeña. Tu organismo necesita aproximadamente diez veces más de grasas saturadas –así como de grasas monoinsaturadas– que de AGE. Honestamente, ¿cuáles te parecen más esenciales?

A pesar de que el cuerpo puede crear sus propias grasas saturadas y monoinsaturadas, es incapaz de producir la cantidad suficiente como para mantener un buen estado de salud; para evitar deficiencias nutricionales necesitamos que estén presentes también en la alimentación.[29-30]

Las grasas saturadas no producen enfermedades cardíacas

Generalmente se piensa que reducir la cantidad de grasas saturadas de la dieta mejora la salud cardiovascular y protege contra los ataques al corazón y los accidentes cerebrovasculares. Esta suposición se basa en la creencia de que aumentan el colesterol en la sangre, facilitando de esta forma la aparición de las enfermedades cardiovasculares. Sin embargo, el colesterol presente en la sangre tiene poco que ver con las enfermedades del corazón; la mitad de las personas que sufren ataques al corazón presentan niveles de colesterol que entran dentro de lo que se considera saludable –y en algunos casos incluso son niveles muy buenos–. Obviamente, el hecho de tener bajos niveles de colesterol no les ayudó de ningún modo. Los estudios demuestran que la reducción de colesterol mediante la utilización de fármacos no se corresponde con una reducción en las muertes producidas por ataques cardíacos. Análogamente, tener el colesterol alto no aumenta el riesgo de sufrir un ataque al corazón; de hecho, los estudios muestran que las mujeres de todas las edades y los hombres de sesenta o más años con colesterol alto en realidad viven más que aquellos con menores niveles. Un reciente estudio basado en la recopilación estadística de datos de varias investigaciones –lo que se conoce como «metaanálisis»– publicado en el *American Journal of Clinical Nutrition* ha demostrado de manera concluyente que las grasas saturadas no son perjudiciales y que ni provocan ni estimulan enfermedades cardíacas.[31]

A lo largo de los años se han realizado muchos estudios que han tratado de demostrar la veracidad de la «hipótesis de los lípidos» –la idea de que las dietas altas en grasas saturadas y en colesterol fomentan las enfermedades del corazón–. Los resultados obtenidos han sido variados; algunos parecen apoyar esta teoría, mientras que otros la refutan. La mayor parte de la comunidad médica, junto con la industria farmacéutica –la cual obtiene muchos beneficios con la idea que relaciona las grasas saturadas con las dolencias cardíacas–, la apoya. Los estudios que defienden esta teoría reciben el apoyo mediático de la prensa nacional y se utilizan como justificación para establecer las políticas gubernamentales de salud, mientras que aquellos otros que no la sustentan son generalmente ignorados y pasan desapercibidos.

La sencilla realidad es que la evidencia que existe a favor de la hipótesis de los lípidos no es mayor que la evidencia que la contradice. Y en todo caso el número de estudios a favor o en contra no es relevante; en algunos de ellos la cantidad de participantes era relativamente pequeña, mientras que en otros la población estudiada era mayor. Obviamente, los resultados de un estudio en el que participen cincuenta mil sujetos tiene mucho más peso que aquellos con una participación de tan solo mil individuos. Un estudio de gran alcance realizado con cincuenta mil participantes produce unos resultados mucho más fiables que los de diez estudios de pequeñas dimensiones llevados a cabo, en total, con diez mil participantes. Por lo tanto, el número total de estudios no es tan importante como el número de personas analizadas en dichos estudios. Si unificáramos todos los sujetos provenientes de muchas investigaciones y los evaluásemos por igual, ¿cuál sería el resultado final? ¿Constituiría una prueba a favor de la hipótesis de los lípidos o la refutaría?

Investigadores del Instituto de Investigación del Hospital Infantil de Oakland, en California, y de la Facultad de Salud Pública de la Universidad de Harvard formaron un equipo conjunto para averiguarlo. Analizaron los estudios más fiables y de más calidad llevados a cabo durante las dos últimas décadas que contuviesen datos sobre las grasas saturadas tomadas en la dieta y el riesgo de padecer enfermedades cardiovasculares. Se encontraron veintiún estudios que cumpliesen con los criterios de calidad establecidos y el metaanálisis acabó recogiendo datos de unos trescientos cincuenta mil sujetos. Con una base de datos tan grande, los resultados obtenidos serían mucho más fiables que cualquier estudio que constara únicamente de diez mil o incluso de cien mil individuos. El objetivo de los investigadores consistía en determinar si existía una suficiente evidencia científica que vinculase el consumo de grasas saturadas con las enfermedades cardiovasculares. En última instancia, los resultados obtenidos indicaron un claro y rotundo *no*. La evidencia analizada demostró que la ingesta de grasas saturadas no está asociada con un mayor riesgo de sufrir enfermedades cardiovasculares. Aquellos sujetos que consumían mayores cantidades de grasas saturadas no eran más propensos a sufrir un ataque al corazón o un accidente cerebrovascular que los que consumían cantidades menores. Independientemente de la cantidad de grasas saturadas que se tomasen, la incidencia de enfermedades cardíacas no se veía afectada por ese factor. Este estudio proporcionó una prueba definitiva –usando los datos de mayor calidad disponibles– de que las grasas saturadas no fomentan las enfermedades del corazón, con lo que la hipótesis de los lípidos quedó claramente refutada.

Desde la publicación de este estudio histórico en 2010 ha habido algunos otros que se han publicado y que confirman estos resultados.[32-33] En 2014 investigadores de la Universidad de Cambridge publicaron otra investigación de metaanálisis aún más extensa que la anterior; incluía datos de setenta y dos estudios previos, que acumulaban en total más seiscientos mil participantes provenientes de dieciocho países. Los resultados del estudio de Cambridge confirmaron los del estudio de Oakland y Harvard: las personas con mayores consumos de grasas saturadas no presentan más incidencia de enfermedades del corazón que aquellas con consumos menores. De hecho, se descubrió que algunas formas de grasas saturadas en realidad protegen contra las enfermedades del corazón.[34] Actualmente la evidencia es clara: las grasas saturadas no aumentan el riesgo de sufrir enfermedades cardíacas sino que, en algunos casos, pueden incluso ayudar a prevenirlas.

Es poco probable que estos estudios recientes vayan a cambiar de modo inmediato las políticas y las recomendaciones sobre la alimentación en lo que respecta a las grasas saturadas. Los médicos nos han estado advirtiendo sobre los peligros que conlleva consumirlas durante tantos años que ya es algo que está totalmente enraizado en sus mentes, y probablemente seguirán dando estos consejos durante muchos años más a pesar de que los hechos demuestren lo contrario. Dicho con otras palabras, muchos profesionales de la salud seguirán haciendo caso omiso a estos estudios y tratarán de convencernos para que aceptemos opiniones que no se basan en nada más que en un antiguo prejuicio en contra de las grasas saturadas. La cuestión principal en todo esto es que no tienes por qué tener ningún miedo de tomar grasas saturadas, a pesar de que escuches cosas negativas sobre ellas en los medios de comunicación o incluso a tu propio médico.

7

LOS MEJORES NUTRIENTES
PARA LA SALUD OCULAR

VITAMINAS, MINERALES Y FITONUTRIENTES

Los nutrientes presentes en los alimentos se pueden dividir en dos categorías principales: los que producen energía y los que no. Dentro de los nutrientes que producen energía encontramos las grasas (ácidos grasos), las proteínas (aminoácidos) y los carbohidratos o hidratos de carbono (azúcares). Todos ellos pueden ser metabolizados para producir energía, la cual se mide en calorías. Los carbohidratos son la principal fuente de energía del cuerpo. Las grasas y las proteínas pueden utilizarse para obtener energía, pero también son esenciales para la construcción de las células, los tejidos y los órganos. Dentro del grupo de los nutrientes que no aportan energía están las vitaminas, los minerales y los fitonutrientes (los nutrientes de las plantas); aunque no nos proporcionan calorías son, no obstante, de vital importancia para la salud humana.

Las vitaminas son compuestos orgánicos absolutamente esenciales tanto para el normal crecimiento y desarrollo como para el funcionamiento adecuado del organismo y es necesario tomarlas con la dieta, ya que nuestro cuerpo no puede sintetizarlas. La vitamina D es la única que no se ajusta completamente a esta definición general, pues puede sintetizarse en la piel cuando esta se expone a la luz solar.

Algunas vitaminas como la A, D, E y K son liposolubles y se encuentran en las grasas de plantas y animales. Otras —en concreto la vitamina C y las del grupo B— son solubles en agua. El grupo de las vitaminas de tipo B está formado por compuestos relacionados e incluyen la tiamina (B_1), la riboflavina (B_2), la niacina (B_3), la vitamina B_6 (piridoxina, piridoxal, piridoxamina), la vitamina B_{12} (cobalamina), el ácido fólico, el ácido pantoténico y la biotina. Las vitaminas liposolubles pueden ser almacenadas en el organismo para su uso posterior; las necesitamos de modo continuo, pero si consumimos una cantidad mayor que nuestras necesidades inmediatas, el exceso se almacena en el hígado. Esto supone una ventaja, ya que se pueden usar en momentos en los que estas vitaminas falten en la dieta. Sin embargo, un consumo excesivo puede llegar a ser tóxico. Esto ocurre por regla general cuando se toman demasiados suplementos o cuando se está siguiendo una dieta o una fórmula especialmente diseñada que sea particularmente rica en este tipo de vitaminas. Sin embargo, en circunstancias normales no es posible ingerir tantos alimentos como para que se dé toxicidad debida a estos compuestos.

Las vitaminas solubles en agua no se acumulan en el cuerpo; cualquier exceso es simplemente excretado, por lo que es necesario ingerir una cantidad adecuada de ellas todos los días.

Hay muchos minerales que son fundamentales para la salud; algunos de ellos, denominados «minerales principales», se necesitan diariamente en cantidades de miligramos (mg); otros, denominados «minerales traza», son necesarios únicamente en cantidades muy pequeñas que se miden en microgramos (mcg). Para tener una idea de la relación que existe entre estas dos unidades de medida, 1 mg = 1.000 mcg. Un adulto necesita alrededor de 800 mg al día de calcio, uno de los principales minerales, pero tan solo unos 70 mcg de selenio, un mineral traza. En conjunto —entre los principales y los traza— existen al menos dieciséis minerales esenciales para la salud humana, y hay otros que se necesitan en muy pequeñas cantidades pero aun así son también importantes para el buen funcionamiento del organismo.

Las vitaminas y los minerales son necesarios para el correcto crecimiento, desarrollo, reparación y mantenimiento del cuerpo humano. Forman parte de los muchos miles de enzimas y coenzimas que controlan prácticamente todas las reacciones químicas que se producen en el organismo. Las enzimas, por ejemplo, no son necesarias únicamente para la digestión de los alimentos sino también para convertir la glucosa y los ácidos grasos en energía dentro de las células. Controlan la síntesis de proteínas y hormonas, y son esenciales para el adecuado funcionamiento del sistema inmunitario —entre otras muchas funciones—. Algunas enzimas actúan como potentes antioxidantes y protegen a las células y a los tejidos de la destrucción causada por los radicales libres. Por ejemplo, las enzimas antioxidantes son necesarias para proteger la retina, el cristalino, la córnea y todos los demás tejidos que constituyen el ojo.

Además de las vitaminas y los minerales, hay muchos otros nutrientes derivados principalmente de las plantas (fitonutrientes) que también son importantes para la salud. Algunos de los más destacados son el beta-caroteno, el alfa-caroteno, el licopeno, la luteína, la zeaxantina, la coenzima Q_{10} y la rutina. Muchos de ellos pertenecen a una clase de fitonutrientes conocida como carotenoides, que son liposolubles; otro grupo está constituido por los bioflavonoides, que son solubles en agua. Aunque no se consideran esenciales y por lo tanto no se incluyen dentro del grupo de las vitaminas, muchos de ellos han demostrado tener propiedades antiinflamatorias, antioxidantes, antibacterianas, antifúngicas y anticancerígenas; otros contribuyen a mejorar la circulación sanguínea, la velocidad de reparación de los tejidos, el equilibrio de los niveles de azúcar en sangre y la secreción de insulina; se trata de compuestos que proporcionan numerosos beneficios para la salud.

Al estudiar las vitaminas y los minerales esenciales se han podido determinar las cantidades específicas que se necesitan de cada uno de ellos para satisfacer las necesidades diarias del organismo. A estas cantidades se las conoce como cantidad diaria recomendada (CDR). Estos valores no han sido establecidos para los fitonutrientes. Sin embargo, en algunos casos sí se conocen los valores correspondientes a un consumo seguro y adecuado. La CDR se establece como el valor promedio capaz de satisfacer las necesidades de la mayoría de los individuos sanos, pero en caso de estrés, de exposición a contaminantes y toxinas medioambientales, de consumo de alimentos que contienen aditivos químicos o de enfermedades o problemas de salud crónicos —incluidas las afecciones oculares— las cantidades necesarias de la mayoría de las vitaminas y minerales son mayores. Algunos nutrientes ofrecen una mejor protección cuando se encuentran en niveles que están por encima de la CDR. Por ejemplo, la CDR para la vitamina C se ha establecido en tan solo 60 mg, pero para la mayoría de las personas resulta beneficiosa en valores cercanos a los 1.000 mg al día.

Una mala alimentación puede causar el envejecimiento prematuro y el deterioro de la vista. Por esta razón una buena nutrición es fundamental para tener tanto una buena salud ocular como una buena salud en general. Algunos expertos creen que la alimentación y el estilo de vida son los dos factores principales que contribuyen a la mala salud de los ojos y que con una dieta adecuada los trastornos oculares más comunes como las cataratas, el glaucoma, la degeneración macular y la retinopatía diabética pueden ser prevenidos y, hasta cierto punto, posiblemente curados.

LA VITAMINA A

En los últimos años, Alice, de cincuenta y cinco, tenía cada vez más dificultades para ver por la noche. Durante el día parecía no tener ningún problema con la vista, pero por la noche, en la oscuridad, era casi ciega. Conducir a determinadas horas se hizo más y más difícil y peligroso para ella; a no ser que las calles estuviesen iluminadas con potentes farolas, no podía casi ni mantenerse dentro de la carretera. Incluso caminando se chocaba a menudo con los bancos y con los coches que estaban aparcados. Su historial médico no hacía pensar que pudiera tener algún problema evidente en la vista; no era diabética, no tenía glaucoma, cataratas o degeneración macular —los «sospechosos habituales»—. No obstante, sufría la enfermedad de Crohn, una dolencia inflamatoria del intestino que se caracteriza por dolor abdominal, diarrea y úlceras que producen sangrado. Se había sometido ya a tres intervenciones quirúrgicas para extirpar partes de su intestino. Se le administraban inyecciones de vitamina B_{12} con regularidad, pero ningún otro tipo de suplemento aparte de ese. Su dieta incluía muchas verduras, pero fumaba diez cigarrillos al día y bebía de vez en cuando.

Dado su historial clínico de intervenciones quirúrgicas intestinales, su médico sospechó que podría estar teniendo una deficiencia de vitamina A, pues el hecho de eliminar partes del tracto intestinal puede reducir considerablemente la absorción de nutrientes. Un análisis de sangre reveló que estaba en lo cierto: los niveles normales de vitamina A en la sangre varían entre los 1,5 y los 4,2 mmol/l, pero Alice presentaba un valor de tan solo 0,3.

El tratamiento inicial con suplementos por vía oral de vitamina A resultó no ser eficaz para resolver el problema, lo cual indicaba que los bajos niveles de esta vitamina no se debían a una deficiencia de esta en la alimentación, sino a problemas relacionados con su absorción. Durante los siguientes dieciocho meses Alice acudió mensualmente a la clínica para que le pusieran inyecciones de vitamina A, y su visión nocturna mejoró de forma significativa.

Las afecciones como la enfermedad de Crohn, la colitis ulcerosa, la enfermedad celíaca, la fibrosis quística y la insuficiencia pancreática, así como la cirugía intestinal, pueden interferir en el proceso de absorción de los nutrientes. La cirugía bariátrica —también conocida como cirugía de pérdida de peso— se practica como medida para facilitar una disminución del peso corporal y consiste en la extirpación quirúrgica de una porción del estómago para hacerlo más pequeño, reduciendo de este modo la cantidad de comida que el paciente puede ingerir. Este tipo de cirugía puede, asimismo, dar lugar a deficiencias de vitaminas. A pesar de que la deficiencia de vitamina A es relativamente poco común en los países ricos, el aumento de la tasa de obesidad puede estar provocando indirectamente un incremento del número de casos detectados.

La deficiencia de vitamina A también puede estar causada por la desnutrición (cuando no se come lo suficiente) o por una dieta pobre (cuando se ingieren alimentos que no son adecuados). La desnutrición es un problema común en muchas partes del mundo en las que la gente no tiene suficiente para comer. Una dieta pobre —basada en el consumo de alimentos inadecuados— puede darse en cualquier lugar, incluso en los países más ricos, ya que normalmente la gente opta por dietas poco recomendables que pueden provocar un gran deterioro de la salud.

La vitamina A es esencial para la buena salud ocular, ya que es necesaria para el correcto funcionamiento de la córnea, la conjuntiva y la retina. Entre las complicaciones asociadas con la deficiencia de vitamina A que se pueden presentar están la xerosis (una sequedad excesiva de la córnea y la conjuntiva que produce irritación y picor) y la keratomalacia (que provoca ablandamiento y ulceración en la córnea). La vitamina A es un componente fundamental de la retina, y una deficiencia de esta vitamina puede conducir a una forma de retinopatía denominada nictalopía o ceguera nocturna. Si no se tratan, estas complicaciones pueden acabar desembocando en una pérdida permanente de la visión. La pérdida gradual de visión nocturna o en ambientes con luz tenue es uno de los primeros síntomas de la presencia de una deficiencia de vitamina A grave.

Los antiguos egipcios y griegos ya se dieron cuenta de este hecho. Los médicos de esa época recomendaban comer hígado de cabra para recobrar la visión y curar la enfermedad. En ese momento desconocían por qué el hígado tenía ese poder de curación, pero ahora sabemos que es una fuente muy rica de vitamina A. Aunque no hubo un evento determinado que pudiera denominarse el *descubrimiento* de la vitamina A, fue una de las primeras vitaminas liposolubles en ser identificada y nombrada. En el siglo XIX los brotes de ceguera nocturna y de ulceración corneal se asociaban a causas nutricionales. En el año 1817 el fisiólogo francés Francois Magendie llevó a cabo una serie de experimentos en los que alimentaba a unos perros con una dieta deficiente en proteínas —y, por lo tanto, también en grasas—. Los perros perdieron peso, desarrollaron úlceras en la córnea y, finalmente, murieron. Análogamente, Charles-Michel de Billard dio cuenta de la presencia de úlceras en la córnea en los niños abandonados y mal alimentados que tenía a su cargo en París y señaló que las lesiones en los ojos de los niños eran similares a las de los perros alimentados sin proteínas ni grasas de Magendie. Actualmente se sabe que las úlceras corneales que a menudo vienen asociadas a la ceguera nocturna son también un síntoma clásico de la deficiencia de vitamina A.

A finales del siglo XIX la creencia dominante era que había únicamente cuatro elementos esenciales para la nutrición: las proteínas, los hidratos de carbono, las grasas y los minerales. Se consideraba que las diferentes proteínas tenían todas el mismo valor nutricional. Del mismo modo, todas las grasas —ya fuese manteca de cerdo, mantequilla o aceite de hígado de bacalao— se consideraban iguales en cuanto a sus propiedades nutricionales. Sin embargo, algunos científicos sugirieron que había una sustancia desconocida que era necesaria para el crecimiento y que estaba en la leche y en las yemas de los huevos —ambas fuentes de vitamina A.

En 1913 varios investigadores demostraron que la mantequilla y la yema de huevo no son iguales que las otras fuentes de grasa —en concreto el aceite de oliva y la manteca de cerdo— en lo que respecta a favorecer el crecimiento y la supervivencia de los animales de laboratorio; cuando se alimentaba a las ratas con una dieta deficitaria, la mantequilla y las yemas de huevo parecían mantenerlas no solo con vida, sino incluso con buena salud. Sin embargo, cuando se sustituían por otras grasas, el crecimiento de los animales se detenía y su salud comenzaba a empeorar. Durante la Primera Guerra Mundial se consiguió curar la ceguera nocturna y las úlceras corneales de los niños que presentaban desnutrición al alimentarlos con leche entera, mantequilla o aceite de hígado de bacalao. Esta sustancia capaz de salvar vidas humanas y de restablecer la vista que se descubrió en estos alimentos se denominó sustancia «A de las grasas», o «A liposoluble», un término que en 1920 pasó a ser lo que hoy en día conocemos como vitamina A. En las dos décadas siguientes se identificaron otras vitaminas esenciales y se les fue dando el nombre de vitamina B, C, D y así sucesivamente.

Las investigaciones llevadas a cabo desde entonces han identificado tres formas de vitamina A: el retinol, el retinal y el ácido retinoico. Las proteínas de transporte de la sangre recogen las vitaminas A del hígado, donde se almacenan, y las distribuyen por todo el cuerpo. Unos receptores especiales presentes en las células las captan. Cada tipo de vitamina A produce unos efectos específicos en las células. Esta vitamina está presente en varios procesos corporales y, como ya he indicado, es esencial para posibilitar una correcta visión nocturna, así como para la buena salud de las membranas mucosas y de la piel, para el crecimiento de los tejidos y de los huesos, para mantener la estabilidad de las membranas celulares y para el correcto funcionamiento del sistema inmunitario. Date cuenta de que los nombres de todas las diversas formas de la vitamina A hacen referencia a la retina, lo que da fe de la gran importancia de dicha vitamina para la vista. De hecho, es necesaria para producir los fotopigmentos presentes en los bastones de la retina. Estos fotopigmentos absorben la luz entrante, generando un impulso eléctrico que es enviado por las células ganglionares de la retina hasta llegar al cerebro. Los bastones nos permiten ver por la noche o en condiciones de poca luz, y es por ese motivo por lo que una deficiencia de esta vitamina hace que no se pueda sintetizar el fotopigmento, causando por lo tanto ceguera nocturna.

La ceguera nocturna no es el único efecto que la deficiencia de vitamina A provoca en la visión; cuando falta, las células especializadas en secretar mucosidad disminuyen en número y actividad, y las células de las membranas mucosas, incluyendo las de los ojos, cambian su forma y comienzan a secretar queratina –la proteína dura y rígida que forma el pelo y las uñas–. En el ojo, la córnea se seca, se va poniendo cada vez más rígida y puede incluso desarrollar úlceras, lo que posiblemente evolucione hacia una ceguera permanente.

La vitamina A también forma parte del cristalino; una de sus funciones es actuar como antioxidante, y sin duda también le proporciona a este órgano protección contra los radicales libres.

La deficiencia de vitamina A es la primera causa de ceguera infantil en el mundo; destruye la vista de 500.000 niños cada año, y otros 5 millones de niños en todo el mundo sufren deficiencias menos graves que provocan retraso en el crecimiento y un aumento de las infecciones.

CAROTENOIDES PROVITAMINA A

Nuestra fuente de vitamina A son las grasas de origen animal. Algunos de los alimentos que contienen altas cantidades de dicha vitamina son el hígado de vaca, el aceite de hígado de bacalao, las ostras, la leche entera, la nata, el queso, la mantequilla, los huevos y las carnes grasas. Es posible que hayas oído afirmaciones como que las zanahorias son buenas para la vista porque tienen vitamina A. Técnicamente esto no es cierto, ya que solo los productos de origen animal contienen esta vitamina. No obstante, las plantas son una fuente de carotenoides, muchos de los cuales pueden ser transformados por nuestro organismo en vitamina A –de hecho, las moléculas de vitamina A que obtenemos a través de los animales provienen de los carotenoides presentes en la hierba, las hojas y las plantas que los animales han comido previamente; cuando estas las ingieren, parte de sus carotenoides se transforman en vitamina A, la cual tiende a acumularse en los tejidos grasos.

Los carotenoides son pigmentos vegetales que confieren a las frutas y verduras rojas, amarillas, naranjas y verdes gran parte de su color característico. Por ejemplo, son responsables del color rojo de los tomates, así como del color naranja de las zanahorias. A los carotenoides que pueden transformarse en vitamina A se los denomina «provitaminas A» o «precursores de la vitamina A». La eficiencia con la que son transformados en vitamina A es baja, por lo que hay que consumir una cantidad mucho mayor de carotenoides para igualar las cantidades de vitamina A que se obtienen a partir de los alimentos de origen animal. El beta-caroteno es el carotenoide con una tasa de conversión mayor; en peso, se necesitan unas doce veces más de beta-caroteno —y unas veinticuatro veces más de cualquier otro carotenoide— para igualar la cantidad de vitamina A proveniente de fuentes de origen animal. Se conocen unos cincuenta carotenoides que están presentes en la alimentación humana, pero tan solo algunos de ellos pueden ser transformados en vitamina A. Otros carotenoides provitamina A son el alfa-caroteno, el gamma-caroteno, y la beta-criptoxantina. La mayoría de los carotenoides —sean o no provitamina A— funcionan como antioxidantes. Incluso aunque no puedan ser convertidos en vitamina A, proporcionan igualmente importantes beneficios para la salud.

Los alimentos ricos en carotenoides son las frutas y verduras con fuertes coloraciones roja, naranja, amarilla y verde —tales como las verduras de hoja verde (espinacas, acelgas, hojas de nabo, col china, etc.), zanahorias, boniatos, calabazas, mangos, tomates, perejil, albaricoques, brócoli, col roja y espárragos.

Por desgracia, el hecho de tomar alimentos ricos en carotenoides puede no ser por sí mismo suficiente para evitar la deficiencia de vitamina A. La vitamina A es un nutriente liposoluble. Para poder convertir los beta-carotenos o cualquier otro tipo de carotenoide provitamina A en vitamina A, también es necesario consumir junto con ellos una adecuada cantidad de grasas. La tasa de conversión de los beta-carotenos de la ingesta en vitamina A puede ser hasta seis veces mayor si se toman junto con grasas.[1-2] Dicho con otras palabras, tan solo necesitamos el doble —en lugar de doce veces más— de beta-caroteno para igualar las cantidades de vitamina A que podríamos conseguir obteniéndolas directamente de alimentos de origen animal. La mayoría de las frutas y verduras no contienen la cantidad suficiente de grasas como para que haya una conversión eficiente, por lo que se pueden consumir grandes cantidades de frutas y verduras ricas en carotenoides y aun así sufrir deficiencia de esta vitamina. Por ejemplo, en Asia, muchos niños llevan una dieta que contiene lo que se considera una cantidad adecuada de carotenoides provitamina A pero debido a la pobreza esto no se combina con aportes suficientes de leche, huevos y grasa animal, por lo que presentan una deficiencia de vitamina A. No es estrictamente necesario que ingieran alimentos de origen animal — que suelen ser muy caros—, sino que la conversión ya sería posible con tan solo añadir alimentos grasos de origen vegetal como aguacates, nueces, coco y aceites como el de palma, oliva y coco.

LOS REQUERIMIENTOS DE VITAMINA A

Muchas agencias de salud gubernamentales han establecido las cantidades diarias recomendadas para los distintos nutrientes esenciales. El Gobierno de los Estados Unidos ha establecido la dosis diaria recomendada de vitamina A para los adultos en 900 mcg EAR (equivalentes a la actividad del retinol) para los hombres y en 700 mcg EAR para las mujeres —770 si se trata de mujeres embarazadas y 1.300 en el caso de mujeres que dan el pecho.

Nuestro organismo transforma todas las vitaminas A en la variedad conocida como retinol, por lo que en lugar de gramos u otras unidades de medida se usan los equivalentes a la actividad del retinol para tener así en cuenta la diferencia en las tasas de conversión dependiendo de si se trata de fuentes animales o vegetales; 1 EAR corresponde a la actividad biológica de 1 mcg de retinol, a 2 mcg de beta-caroteno con presencia de grasas, a 12 mcg de beta-caroteno sin presencia de grasas o a 24 mcg de otros carotenoides provitamina A.

Para hacerlo todavía un poco más confuso, a veces se mide la cantidad de vitamina A en unidades internacionales (UI). Este sistema se empleaba antes de que la actividad biológica de la vitamina A y de los carotenoides se comprendiera totalmente. Esta forma de medición se puede encontrar en los suplementos vitamínicos. Por ejemplo, 900 mcg EAR equivalen a 6.000 UI de beta-caroteno en forma de suplemento.

Dado que la vitamina A es un nutriente esencial, necesaria para el normal funcionamiento del ojo, algunas personas suponen que si un poco es bueno, mucho tiene que ser aún mejor, lo cual las lleva a consumir grandes cantidades de este compuesto en el intento de tratar algunas enfermedades oculares o de prevenir su aparición. No se puede

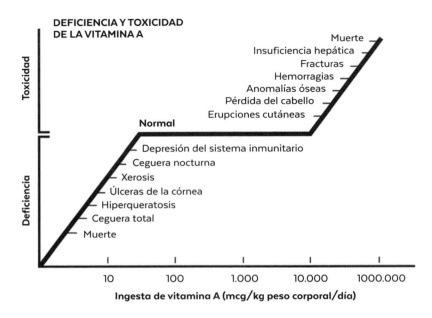

DEFICIENCIA Y TOXICIDAD DE LA VITAMINA A

Los síntomas de la deficiencia se producen desde 0 hasta aproximadamente 50 mcg/kg. Entre esta cantidad y hasta cerca de 10.000 mcg/kg se consideran niveles adecuados. Valores superiores provocan los síntomas de la toxicidad. Como referencia, 100 mcg por cada kg de peso corporal equivaldrían a unos 7.000 EAR para una persona de 70 kg.
Adaptado de Hathcock, J., «Vitamint Safety: A current appraisal». *Vitamina Issues*, 1985; 5:4.

producir una sobredosis de vitamina A que provenga de la ingesta de alimentos de origen vegetal, porque los carotenoides se transforman en vitamina A únicamente según las necesidades del organismo. [3] Sin embargo, la concentración sí puede llegar a ser excesiva si se come demasiado hígado o si se toma una desproporcionada cantidad de suplementos dietéticos.

Como mejor funciona el cuerpo es suministrándole una cantidad pequeña de vitamina A todos los días, pero cantidades excesivas de esta molécula pueden resultar tóxicas. Puesto que la vitamina A es liposoluble, el cuerpo almacena cualquier exceso de ella en el hígado. Este es el motivo por el que este órgano es tan rico en este compuesto. Demasiada vitamina A puede dar lugar a irritaciones cutáneas, pérdida del cabello, dolores en las articulaciones, fracturas, insuficiencia hepática y, en casos extremos, incluso la muerte. Por otro lado, una cantidad insuficiente de vitamina A puede producir ceguera nocturna, xerosis (membranas mucosas excesivamente secas), úlceras de la córnea, hiperqueratosis (engrosamiento y endurecimiento de la piel), ceguera total y, nuevamente, la muerte. Existe un término medio satisfactorio en el cual el cuerpo recibe la suficiente cantidad de esta vitamina como para prevenir las enfermedades causadas por su deficiencia pero no tanto como para llegar a ser tóxica. Afortunadamente, el rango que separa la deficiencia de la toxicidad es muy amplio.

LOS ANTIOXIDANTES

Los estudios han demostrado repetidamente que gran parte de los daños que se producen en los distintos trastornos oculares son debidos a la oxidación de las grasas y las proteínas y a la formación de los nocivos radicales libres. El organismo siempre conserva una reserva de enzimas antioxidantes y de nutrientes de los que poder echar mano para hacer frente a los radicales libres y neutralizarlos. Sin embargo, si los radicales libres se forman con mayor rapidez que los antioxidantes disponibles, se produce lo que se conoce como «estrés oxidativo». Cuando esto sucede, las células y los tejidos se ven dañados.

El estrés oxidativo se produce cuando estamos expuestos a un flujo de entrada de radicales libres extraordinariamente alto o cuando no se toman regularmente suficientes nutrientes antioxidantes. Los principales antioxidantes en lo que a la salud ocular se refiere son las vitaminas A, C y E, los carotenoides beta-caroteno, licopeno, luteína, zeaxantina y astaxantina, y los minerales zinc y selenio. Si la causa de la rotura de los tejidos que se produce en varios de los trastornos oculares es la falta de una cantidad adecuada de antioxidantes, podríamos pensar que lo más sencillo para atajar este problema sería ingerir más alimentos o suplementos que contengan estos antioxidantes. Esta idea se ha investigado ampliamente en las últimas décadas y los resultados obtenidos han sido alentadores y desalentadores por igual. Algunos estudios han demostrado que añadiendo suplementos de antioxidantes en la dieta se puede reducir tanto el riesgo de padecer cataratas, glaucoma, degeneración macular y retinopatía como la velocidad de desarrollo de estas patologías. Las investigaciones basadas en el análisis de la dieta en los que los participantes tomaron alimentos ricos en antioxidantes aportaron resultados similares. Sin embargo, según otros estudios, esto no aporta ningún beneficio. Esta discrepancia resulta desconcertante para los investigadores.

Una posible razón para explicar estos resultados contradictorios podría ser la fuente de los antioxidantes; por lo general, los suplementos dietéticos están compuestos por nutrientes producidos sintéticamente, y es posible que estos no proporcionen el mismo grado de protección que los nutrientes naturales. Además, estos suplementos normalmente consisten en uno o unos pocos tipos de nutrientes aislados, mientras que los alimentos naturales proporcionan una amplia gama de nutrientes que por lo común funcionan de forma sinérgica unos con otros para mejorar su eficiencia. Por ejemplo, un suplemento de beta-caroteno contendría únicamente beta-caroteno, mientras que los alimentos ricos en beta-caroteno contienen también alfa, gamma y deltacarotenos así como una cierta variedad de otros carotenoides y nutrientes que pueden contribuir a reforzar sus propiedades antioxidantes y sus beneficios para la salud. Existen alrededor de cincuenta carotenoides diferentes en los alimentos que tomamos, mientras que los suplementos nos aportan únicamente uno o dos. De los ocho tipos distintos de vitamina E, en los suplementos por lo general se incluye tan solo uno, el alfa-tocoferol, incluso a pesar de que algunas de las otras formas son mucho más eficaces como antioxidantes. Algunos nutrientes mejoran la absorción de otros. Por ejemplo, la vitamina C aumenta la absorción del cromo y del hierro. Por el contrario, cuando se toman en grandes cantidades y de forma aislada —tal como ocurre en el caso de los suplementos—, algunos nutrientes pueden interferir en la absorción de otros. Por ejemplo, grandes dosis de vitamina A pueden interferir en la absorción de la vitamina K. Análogamente, dosis altas de alfa-tocoferol —la forma más común de vitamina E— pueden competir con otras formas de dicha vitamina y afectar a su absorción.[4] Los alimentos naturales son una fuente de nutrientes mucho más equilibrada.

Otro factor importante en estos datos contradictorios lo constituye el estado nutricional de los participantes en el estudio. Por
ejemplo, si una persona está experimentando los síntomas de la ceguera nocturna como resultado de una deficiencia de vitamina A, se
puede corregir el problema aumentando el aporte de dicha vitamina. Sin embargo, si el problema está en realidad en una deficiencia
de zinc —que es necesario para el transporte de la vitamina A hasta la
retina—, ninguna cantidad de vitamina A va a conseguir solucionarlo,
pues, en este caso, lo que se necesita es zinc. La mala visión nocturna
puede presentarse también como resultado de una patología genética llamada retinitis pigmentosa, o como consecuencia de cataratas
o de retinopatía diabética. Si no existe deficiencia de vitamina A,
aportar más de esta vitamina a la dieta de esa persona no va a servir
de nada.

Uno de los defectos de estos estudios sobre los antioxidantes es
la suposición —o la esperanza— de que los nutrientes pueden producir un efecto farmacológico o terapéutico cuando existe deficiencia
únicamente de uno en concreto. Sin embargo, los estudios realizados
parecen sugerir que los suplementos de antioxidantes son más beneficiosos cuando los sujetos están mal nutridos o presentan deficiencias
también de otros nutrientes. Cuando los sujetos están bien alimentados, los suplementos suelen ser ineficaces.[5]

Por ejemplo, en dos estudios de prevención del cáncer en los que
se usaron suplementos nutricionales se llevaron a cabo exámenes oculares al final del estudio para valorar el efecto que tenían los suplementos sobre la prevalencia de las cataratas. En uno de ellos se observó
que ni la vitamina E ni el beta-caroteno producían ningún efecto en la
prevalencia de las cataratas después de haber estado complementan-
do con ellos la dieta durante un promedio de unos seis años y medio.[6]
Sin embargo, en el otro estudio, llevado a cabo en una comunidad que
sufría privaciones nutricionales, se observó un efecto beneficioso en la
incidencia de las cataratas al usar suplementos multivitamínicos —que
incluían vitamina E y beta-caroteno— y minerales después de cinco o
seis años.[7]

Si una persona tiene deficiencia de vitamina E, el aporte suplementario de una cantidad adecuada de ese nutriente puede producir cierta mejoría, o al menos ralentizar la evolución de la enfermedad. Pero cuando no hay deficiencia, aportar más cantidad de esa vitamina resulta inútil, y en exceso puede llegar incluso a resultar nociva. Esto es cierto para la vitamina A, la E y la mayoría del resto de los nutrientes antioxidantes.

Los estudios llevados a cabo indican que los nutrientes antioxidantes pueden reducir significativamente el riesgo de padecer degeneración macular asociada con la edad, cataratas y otras enfermedades oculares degenerativas. Las personas con bajas concentraciones en sangre de los antioxidantes más importantes, como las vitaminas E y C, presentan mayor riesgo. El aumento de los niveles en sangre de estos nutrientes reduce el riesgo, pero seguir aumentándolos más allá de un cierto punto no ofrece ningún beneficio adicional.[8]

Cada individuo tiene diferentes necesidades de nutrientes antioxidantes; aquellos que están expuestos a una gran cantidad de contaminantes ambientales, los que soportan un gran estrés o los que toman mucho azúcar o muchos aceites vegetales poliinsaturados necesitan mayores cantidades de antioxidantes.

LA LUTEÍNA Y LA ZEAXANTINA

La mayoría de la población probablemente se beneficiaría de aumentar el contenido de antioxidantes en su alimentación, ya que por lo general no se toma la cantidad diaria suficiente de estos nutrientes. Dos de estos nutrientes antioxidantes de los que muchos de nosotros tenemos carencia son la luteína y la zeaxantina. De todos los carotenoides que se encuentran presentes en la dieta, únicamente unos pocos son capaces de atravesar la barrera hematoencefálica, y entre ellos los más destacados son la luteína y la zeaxantina. Son los únicos dos tipos de carotenoides que normalmente están presentes en la retina y su función es esencial. Su enorme importancia en la protección y en el mantenimiento de la buena salud de los ojos les ha hecho ganarse la reputación de «superestrellas» de la nutrición ocular.

Estos nutrientes han demostrado ser especialmente beneficiosos para proteger de enfermedades retinianas tales como la degeneración macular. Por ejemplo, investigadores de la Facultad de Medicina de la Universidad de Harvard examinaron las cantidades de varios tipos de nutrientes antioxidantes –incluyendo varios carotenoides y las vitaminas A, C y E– presentes en la alimentación y su relación con el riesgo de padecer DMAE. La luteína y la zeaxantina demostraron ser, con mucha diferencia, las que más efecto protector presentaban, pues con tan solo 6 mg al día el riesgo disminuía ¡nada menos que en un 43%![9]

También se han realizado estudios que han demostrado que la luteína y la zeaxantina pueden prevenir daños en la retina y preservar la función visual en casos de retinopatía diabética, incluso cuando los niveles de glucemia no están demasiado bien controlados.[10]

Tanto la luteína como la zeaxantina son necesarias para el correcto funcionamiento del ojo y cumplen una función esencial en la retina. En el centro de la mácula hay una pequeña depresión llamada fóvea (ver el diagrama de la página 23). La fóvea contiene la mayor concentración de conos, las células fotorreceptoras responsables tanto de la visión de los detalles como del color. En la visión frontal, la luz que penetra en el ojo se enfoca en la fóvea y en la mácula. Por lo tanto, esta zona de la retina es la que recibe la mayor intensidad de luz entrante y la que está más expuesta a radiaciones lumínicas con longitudes de onda de alta energía –las que generan los radicales libres–. Sin ningún tipo de protección, la retina se deterioraría rápidamente y perdería su capacidad de realizar sus funciones adecuadamente. Por fortuna, la mácula contiene una sustancia protectora conocida como «pigmento macular» que contrarresta gran parte de los efectos nocivos de la luz solar. Este pigmento macular está constituido por tres compuestos: la luteína, la zeaxantina y la mesozeaxantina.

La luteína y la zeaxantina son pigmentos de color amarillo-anaranjado que confieren a plantas como la calabaza amarilla, el pimiento naranja, el maíz y la caléndula sus colores característicos, pero también pueden encontrarse en frutas y verduras rojas, naranjas y verde oscuro. La mesozeaxantina es un compuesto que no se encuentra en los alimentos sino que se produce en la retina a partir de la luteína. De los tres compuestos, la mesozeaxantina es el antioxidante más potente, pero se halla únicamente en la parte central de la mácula —donde la visión es más nítida—. La cantidad de estos carotenoides es cinco veces mayor en la mácula que en el resto de la retina circundante. En la fóvea hay más zeaxantina que luteína, pero en la periferia la cantidad de zeaxantina disminuye más rápidamente que la de luteína, por lo que esta última pasa a ser la más abundante.

La alta densidad de luteína y zeaxantina en la fóvea —y en un área de entre tres y cuatro mm alrededor de esta— es la responsable del característico color amarillo de esta parte de la retina. El nombre de esta zona, *mácula lutea*, significa en latín *mancha amarilla*, aunque por lo común nos referimos a ella simplemente como *mácula*.

El pigmento macular absorbe gran parte de la nociva y altamente energética luz azul que penetra en el *globo ocular*; las longitudes de onda de la luz visible correspondientes al azul son las que producen el mayor estrés oxidativo en la retina. La exposición a la luz azul a lo largo de toda la vida puede ser un factor sustancial en el desarrollo de la degeneración macular asociada con la edad. Los estudios muestran que cantidades bajas de luteína y zeaxantina en la dieta dan lugar a niveles bajos en la mácula, lo cual aumenta el riesgo de padecer DMAE.

Los beneficios de la luteína y la zeaxantina no se limitan a la zona de la retina, ya que el correcto funcionamiento del cristalino también depende de ellas. Además de las vitaminas A y E, estos dos pigmentos están presentes asimismo en el cristalino. Existe una buena razón para esto: el cristalino también está sometido a la luz de longitud de onda de alta energía y, consecuentemente, requiere de una constante protección antioxidante. Estos antioxidantes —la luteína y la zeaxantina— son precisamente los que proporcionan dicha protección. Los estudios han demostrado que se produce una menor incidencia de cataratas cuanto mayores son las concentraciones de luteína y zeaxantina que se ingieren con los alimentos.[11]

Mientras que los estudios referentes a los nutrientes antioxidantes han producido resultados variables en cuanto a su eficacia contra las enfermedades oculares degenerativas, la mayoría de los estudios realizados para la luteína y la zeaxantina han arrojado resultados claros y positivos. Una de las razones puede ser que normalmente no tomamos suficientes alimentos que contengan estos nutrientes. Algunos de los que presentan un mayor contenido en estos nutrientes son las verduras con hojas de color verde oscuro como las espinacas, la col rizada y el repollo verde. Lo más probable en personas que no toman verduras es que tengan carencia de estos carotenoides importantes. La yema de huevo es otra buena fuente, pero, lamentablemente, el miedo infundado al colesterol que se ha implantado en las últimas décadas ha empujado a mucha gente a dejar de comer los huevos enteros y a tomar únicamente la clara. Esto es una gran equivocación que está basada en una premisa errónea. La clara de huevo no contiene ninguno de estos importantes carotenoides, pero la yema es una de las fuentes nutricionales más ricas tanto de luteína como de zeaxantina —de hecho, son precisamente estos carotenoides los que le dan su característico color amarillo—. Cuanto más oscuro e intenso sea el color de la yema, más alto es su contenido en carotenoides. Esta es una de las razones por las que las yemas de los huevos procedentes de gallinas criadas en libertad y que tienen acceso a hierba fresca y a otras plantas presentan típicamente una coloración más intensa.

En un estudio publicado en el *British Journal of Ophthalmology*, un equipo internacional de investigadores analizó el contenido en carotenoides de treinta y tres alimentos comunes ricos en este tipo de nutrientes. Las yemas de huevo y el maíz acabaron en la posición más alta de la lista, demostrando ser los más ricos en luteína y en zeaxantina (tomadas conjuntamente) —más del 85% del total de sus respectivas concentraciones de carotenoides—. El maíz resultó ser el alimento más rico en luteína, seguido por la yema de huevo, el kiwi, la calabaza, el calabacín y las espinacas. Por su parte, el alimento con mayores concentraciones de zeaxantina fue el pimiento naranja, seguido por la yema de huevo y el maíz.

La luteína es mucho más común en los alimentos que la zeaxantina; veintidós —dos tercios— de los alimentos analizados demostraron

CONTENIDO EN CAROTENOIDES DE ALGUNOS ALIMENTOS

ALIMENTO	Luteína y zeaxantina	Luteína	Zeaxantina	Criptoxantinas	Alfa-caroteno	Beta-caroteno
Yema de huevo	89	54	35	4	0	0
Maíz	86	60	25	5	0	0
Kiwi	54	54	0	0	0	8
Uva roja sin semilla	53	43	10	4	3	10
Calabacín	52	47	5	24	0	5
Calabaza	49	49	0	0	0	21
Espinacas	47	47	0	19	0	16
Pimiento naranja	45	8	37	22	8	21
Calabacín amarillo	44	44	0	0	28	9
Pepino	42	38	4	38	0	4
Guisantes	41	41	0	21	0	5
Pimiento verde	39	36	3	20	0	12
Uva roja	37	33	4	29	1	6
Calabaza pequeña	37	37	0	34	5	0
Zumo de naranja	35	15	20	25	3	8
Melón verde	35	17	18	0	0	48
Apio	34	32	2	40	13	0
Uva verde	31	25	7	52	0	7
Coles de Bruselas	29	27	2	39	0	11
Cebolletas	29	27	3	35	0	0
Judías verdes	25	22	3	42	1	5
Naranja	22	7	15	12	8	11
Brócoli	22	22	0	49	0	27
Manzana (Red delicious)	20	19	1	23	5	17
Mango	18	2	16	4	0	20
Lechuga verde	15	15	0	36	16	0
Zumo de tomate	13	11	2	2	12	16
Melocotón	13	5	8	8	10	50
Pimiento amarillo	12	12	0	1	1	0
Nectarina	11	6	6	23	0	48
Pimiento rojo	7	7	0	2	24	3
Tomate	6	6	0	0	0	12
Zanahorias	2	2	0	0	43	55
Melón naranja	1	1	0	0	0	87
Albaricoques secos	1	1	0	9	0	87
Alubias pintas	0	0	0	28	0	0

El contenido en carotenoides está expresado en % molar. Adaptado de «Summerburg», O., et al. «Fruits and vegetables that are sources for lutein and zeaxanthin: the macular pigment in human eyes». *British Journal of Ophthalmology*. 1998; 82: 907-910.

ser buenas fuentes de luteína, mientras que tan solo ocho del total de treinta y seis resultaron ser igualmente apropiados en cuanto a su aporte de zeaxantina. En el estudio, la mayoría de las verduras con hojas de color verde oscuro que normalmente se recomiendan como alimentos que proporcionan grandes cantidades de luteína y zeaxantina demostraron tener entre un 15 y un 47% de sus carotenoides en forma de luteína, pero un contenido muy bajo (entre un 0 y un 3%) de zeaxantina.[12] La tabla de contenido en carotenoides muestra las cantidades relativas de los principales carotenoides encontradas en los treinta y seis alimentos examinados. En la tabla se incluyen también la criptoxantina, el alfa-caroteno y el beta-caroteno, precursores de la vitamina A.

Otro carotenoide antioxidante que es muy similar a la luteína y la zeaxantina es la astaxantina. Se trata también de una molécula que puede atravesar la barrera hematoencefálica y que afecta directamente a los ojos. La astaxantina es el pigmento responsable del característico color rojo o rosado del salmón, la langosta, el krill, el cangrejo y otros mariscos. Se encuentra en las microalgas de la especie *Haematoccous pluvialis*, que al ser ingeridas por los animales marinos les confiere su color distintivo.

La astaxantina es un antioxidante mucho más potente que el beta-caroteno, el alfa-tocoferol (vitamina E), la zeaxantina y la luteína. Los estudios realizados indican que en lo que respecta a la eliminación de los radicales libres es catorce veces más potente que la vitamina E, cincuenta y cuatro veces más que el beta-caroteno y sesenta y cinco veces más que la vitamina C. El doctor Mark Tso, del Instituto Ocular Wilmer, perteneciente a la Universidad Johns Hopkins, ha demostrado que la astaxantina es capaz de atravesar fácilmente los tejidos oculares y que tiene un efecto más potente que la luteína o la zeaxantina sin producir reacciones adversas. La astaxantina es una molécula con un gran potencial para prevenir los daños provocados por la luz, así como las lesiones causadas en los fotorreceptores celulares, en las células ganglionares y en las neuronas de las capas interiores de la retina. El doctor Tso afirma que la suplementación con astaxantina podría ser una medida eficaz en la prevención y el tratamiento de diversas enfermedades oculares que implican estrés oxidativo, incluyendo la DMAE, la neuropatía diabética, el edema macular quístico, la oclusión arterial y venosa de la retina central, el glaucoma y afecciones inflamatorias como la retinitis, la iritis, la queratitis, la escleritis, etc.

Actualmente la astaxantina está ganando fama como un importante suplemento alimenticio antioxidante tanto para la salud en general como para la prevención y reducción de enfermedades oculares degenerativas; a menos que comas mucho salmón o mucho marisco, lo más probable es que tu alimentación no contenga demasiada astaxantina.

La mejor fuente de antioxidantes —al igual que para cualquier otro nutriente— son los alimentos naturales. Sin embargo, en ocasiones puede ser recomendable aumentar o complementar la cantidad que se toma en la ingesta con un suplemento oral.

No se han establecido las cantidades diarias recomendadas para la luteína, la zeaxantina ni la astaxantina, ni tampoco se conocen efectos secundarios tóxicos derivados del hecho de tomar grandes cantidades (hasta 70 mg) de estos nutrientes, por lo que se considera que son sustancias muy seguras. Las cantidades de luteína y zeaxantina que se emplean en la mayoría de los ensayos clínicos llevados a cabo en humanos oscilan entre los 6 y los 20 mg por día. Por lo general, los suplementos multivitamínicos no contienen estos nutrientes, y si lo hacen, normalmente es en cantidades muy pequeñas —alrededor de 0,25 mg por pastilla—. Algunos expertos recomiendan tomar al menos 6 mg de luteína al día si se quieren conseguir efectos beneficiosos apreciables. Si tomas algún suplemento dietético, comprueba si aparecen en la etiqueta —la cantidad puede estar expresada en mcg (microgramos) o en mg (miligramos); 1.000 mcg equivalen a 1 mg—. Si el ingrediente aparece como una combinación de luteína y zeaxantina, ten en cuenta que la cantidad de zeaxantina es tan solo de aproximadamente una veinteava parte de la cantidad indicada. Uno de los productos más populares como fuente de astaxantina es el aceite de krill, del cual se recomienda normalmente tomar 2 mg al día.

Actualmente la luteína, la zeaxantina y la astaxantina de los suplementos comerciales no se sintetizan artificialmente en laboratorios químicos sino que provienen directamente de plantas y animales; la luteína se extrae comúnmente de los pétalos de la flor de la caléndula, mientras que la zeaxantina se obtiene del pimentón o del pimiento rojo y la astaxantina proviene de las algas o del krill.

LA VITAMINA C Y LA GLUCOSA

La vitamina C es uno de los principales antioxidantes del organismo, y además puede reactivar la capacidad antioxidante de la vitamina E después de que esta la haya utilizado para neutralizar radicales libres. Aparte de ser un potente antioxidante, la vitamina C es necesaria para la producción de las hormonas tiroideas, para el metabolismo de los aminoácidos, para fortalecer el sistema inmunitario y para sintetizar colágeno –la proteína fibrosa y estructural de los tejidos conectivos–. Una de las funciones del colágeno es actuar como la matriz en la que se forman los huesos y los dientes y también proporciona fuerza y elasticidad a la piel y a los órganos internos. Las células del organismo se mantienen unidas gracias, en gran parte, al colágeno; esto resulta especialmente importante en los capilares y en las paredes de las arterias, que han de expandirse y contraerse con cada latido del corazón. Por eso una falta de vitamina C puede debilitar los vasos sanguíneos y los capilares, facilitando su rotura y las fugas de sangre.

Muchos investigadores recomiendan un aumento en el consumo de antioxidantes como medida preventiva para reducir el riesgo de padecer trastornos oculares asociados al envejecimiento. Para la mayoría de nosotros un mayor aporte de estos antioxidantes con acción protectora resultaría beneficioso, pero su carencia en la alimentación no es el único factor que puede conducir a una deficiencia de antioxidantes en el organismo, ya que la escasez de este tipo de moléculas se produce más fácilmente cuando están presentes factores como la exposición a la contaminación y a las toxinas o el consumo excesivo de aceites poliinsaturados o de azúcares y carbohidratos.

Si tomas más de 200 mg de carbohidratos al día (300 mg es un valor típico) —sobre todo proveniente de cereales refinados y azúcares— y no comes demasiada fruta fresca ni verduras, es casi seguro que tienes carencia de vitamina C. Es importante corregir esto, ya que la vitamina C reactiva la vitamina E y, por lo tanto, una deficiencia de vitamina C puede conducir a su vez a una deficiencia de vitamina E, aumentando de este modo en gran medida el riesgo de que se produzca un alto grado de estrés oxidativo —tan común en todos los principales trastornos oculares.

Incluso aunque tomemos la CDR de vitamina C (que en los Estados Unidos está establecida en 60 mg/día), si ingerimos grandes cantidades de carbohidratos también puede darse una carencia de esta vitamina. En diabéticos o prediabéticos las necesidades son aún mayores debido a que sus altos niveles de glucosa en sangre reducen la cantidad de vitamina C que es absorbida por los tejidos.

La glucosa y la vitamina C son moléculas con una estructura muy similar. La mayoría de los animales son capaces de producir sus propias moléculas de vitamina C a partir de la glucosa proveniente de los carbohidratos que consumen con los alimentos. Sin embargo, los seres humanos no podemos; no tenemos las enzimas necesarias para realizar esta conversión, por lo que nuestros aportes de vitamina C han de venir directamente de los alimentos que tomamos. La similitud que existe entre la glucosa y la vitamina C va más allá de su estructura molecular; también incluye el modo en que son atraídas por las células y cómo penetran en ellas. Ambas moléculas requieren de la ayuda de la insulina para poder atravesar las membranas celulares.

La glucosa y la vitamina C compiten entre ellas para entrar en las células, pero en realidad no es una competición equilibrada; nuestro organismo favorece la entrada de glucosa a expensas de la vitamina C. Cuando los niveles de glucemia son elevados, la absorción de vitamina C se ve fuertemente restringida. Cuando tomamos una comida que contiene carbohidratos, estos son convertidos en moléculas de glucosa, las cuales interfieren en la absorción de vitamina C. Por lo tanto, cuanto más carbohidratos se ingieren, más sube el nivel de glucosa en la sangre y menos vitamina C puede utilizar el organismo. Resulta irónico que podamos beber zumo de naranja con azúcares añadidos o desayunar cereales azucarados enriquecidos con cantidades extra de vitamina C y que, sin embargo, el azúcar de estos productos bloquee casi por completo la absorción de dicha vitamina. Una dieta alta en carbohidratos puede llevar a una carencia de vitamina C. En personas diabéticas o con resistencia a la insulina —incluso aunque sea de baja intensidad—, la glucemia se mantiene en niveles altos durante largos periodos de tiempo, produciendo un bloqueo incluso mayor de la absorción de vitamina C.

Por este motivo las dietas ricas en carbohidratos pueden causar deficiencia de vitamina C y, en consecuencia, deficiencias en la función tiroidea y otros problemas. El efecto de los carbohidratos en el bloqueo de la absorción de la vitamina C es muy significativo, y sin embargo, por lo general, la mayoría de los médicos no lo reconocen. Es posible desarrollar una grave deficiencia de vitamina C incluso cuando la alimentación incluye lo que se consideraría una cantidad adecuada de dicha vitamina.

Una carencia grave de vitamina C puede provocar escorbuto, una afección que puede incluir cualquiera de los siguientes síntomas: anemia, depresión, infecciones frecuentes, sangrado de las encías, dientes flojos, deterioro muscular, dolor en las articulaciones, ralentización en la cicatrización de heridas y en la curación de lesiones, degeneración del colágeno y desarrollo de arterioesclerosis (endurecimiento de las arterias) —la cual a su vez puede provocar ataques cardíacos y derrames cerebrales—. En casos muy avanzados, el escorbuto puede incluso producir la muerte. Es mucho más probable sufrir un ataque al corazón o un derrame cerebral por seguir una dieta rica en carbohidratos —que reduce los niveles de vitamina C— que una rica en grasas.

LOS ÁCIDOS GRASOS OMEGA-3

Existen dos ácidos grasos omega-3 poliinsaturados de cadena larga que son necesarios para el correcto funcionamiento del cerebro y el ojo. Se trata del ácido eicosapentaenoico (AEP) y del ácido docosahexaenoico (ADH). Ambos pueden ser sintetizados por nuestro organismo a partir del ácido alfa-linolénico —el tipo de ácido graso omega-3 que se encuentra en la linaza y en otras plantas—. Sin embargo, se trata de un proceso complejo que consta de múltiples pasos y en el que intervienen muchas enzimas diferentes. Aunque el ácido alfa-linolénico se puede convertir en AEP y ADH, en realidad menos del 10% de este ácido graso omega-3 finaliza el proceso de conversión. Una fuente más fiable de estos dos importantes ácidos grasos omega-3 de cadena larga es el pescado, en el cual están presentes ambas moléculas —por lo que no es necesaria ninguna conversión—. Es decir, al ingerir 1 g de AEP o ADH directamente del pescado nuestro organismo va a tener disponible prácticamente 1 g de dichas sustancias, mientras que al ingerir 1 g de ácido alfa-linolénico tan solo conseguiremos, en el mejor de los casos, cerca de 0,1 g de AEP/ADH.

De los dos, el ADH es especialmente importante para el cerebro y los ojos. El cerebro contiene más ADH que cualquier otro órgano de nuestro cuerpo. En el ojo, las células fotosensibles de la retina —los conos y los bastones— son las que contienen el porcentaje más alto de este ácido graso omega-3 de cadena larga. Los segmentos externos de los conos y de los bastones están formados por una serie de discos membranosos (ver el diagrama de la página 26). Continuamente se forman nuevos discos que reemplazan a los viejos. El desprendimiento de los discos se produce en los extremos de los fotorreceptores al estar expuestos a la luz durante el ciclo natural día/noche. Los bastones renuevan la columna exterior de discos completamente cada entre nueve y doce días. Los conos también mudan sus discos pero de un modo menos sincronizado y a un ritmo ligeramente más lento. En ambos casos, a medida que los discos se van desechando, son capturados y absorbidos por el epitelio formado por los pigmentos retinales, que está situado justo detrás de los extremos externos de los conos y los bastones.

Tanto el AEP como el ADH son químicamente muy inestables, lo que los hace muy vulnerables a la peroxidación lipídica. Cuando están expuestos a la luz, se oxidan de forma espontánea y producen radicales libres de peróxido de hidrógeno. Esta reacción química forma parte del proceso natural de generación de las señales visuales que son enviadas de la retina al nervio óptico, pero los discos más externos de los fotorreceptores resultan dañados durante el proceso, por lo que han de ser reemplazados continuamente. Como hemos visto, cuando se forman radicales libres, estos atacan a las moléculas circundantes y las transforman a su vez en nuevos radicales libres. Los antioxidantes son necesarios para bloquear estas reacciones. Dado que la retina es un auténtico semillero de radicales libres, necesita tener una gran cantidad de antioxidantes disponibles para poder protegerse. Esta es la razón por la que una dieta rica en nutrientes antioxidantes es crucial para tener una buena salud ocular. Resulta irónico que necesitemos ADH para poder ver y que a la vez sea precisamente esa molécula la que produce gran parte de la actividad nociva y perjudicial de los radicales libres que se da en el ojo.

Para que los fotorreceptores puedan funcionar correctamente, tiene que haber un aporte constante de ácidos grasos omega-3 de cadena larga; una carencia de estos ácidos grasos puede afectar seriamente al buen funcionamiento de la retina. Por este motivo, muchos estudios han tratado de analizar la relación que existe entre el consumo de ácidos grasos omega-3 y los trastornos oculares –la degeneración macular en particular–. Los resultados han sido variados; mientras que algunos estudios parecen demostrar que el consumo de mayores cantidades de pescado o de aceite de pescado reduce el riesgo de padecer degeneración macular o retinopatía diabética, otros llegan a la conclusión de que no se produce ningún efecto.[13] En algunos casos incluso se ha visto que pueden tener un efecto perjudicial y provocar una aceleración en los procesos degenerativos de la retina.[14]

Al ingerirlos, los omega-3 pasan a formar parte de las membranas de todas las células del organismo y llegan también a muchos tejidos oculares –no únicamente a los conos y a los bastones–. Una cantidad excesiva de estos ácidos grasos puede afectar negativamente a las funciones de las membranas celulares, y debido a su alta vulnerabilidad a la oxidación pueden llegar a ser una fuente de actividad de radicales libres bastante considerable. Al igual que ocurre con muchos de los demás nutrientes importantes, necesitamos tomar cierta cantidad para tener buena salud, pero en cantidades excesivas pueden llegar a ser perjudiciales y tóxicos. Es bastante probable que los resultados contradictorios obtenidos en los diversos estudios realizados sobre esta materia se deban a diferencias en cuanto a las condiciones específicas de los sujetos analizados. En los casos en los que los individuos tuviesen carencia de omega-3, el consumo de pescado o suplementos de aceite de pescado podría resultar beneficioso. Sin embargo, para aquellos individuos que no tuviesen deficiencias de esta sustancia no habría ningún beneficio significativo —o tal vez incluso se podría producir un efecto perjudicial en caso de administrarles una cantidad excesiva.

Si bien para muchas de las vitaminas y minerales esenciales existe un rango bastante amplio entre los valores de deficiencia y de toxicidad, no ocurre lo mismo con los ácidos grasos omega-3, que presentan una ventana de concentración óptima mucho más estrecha. Las necesidades diarias de ácido alfa-linolénico son de un 0,4% de las calorías consumidas —lo que equivale aproximadamente a 1 g al día—.[15] En principio, tomando una cápsula de 1 g de este nutriente a diario nos aseguramos de que nuestro organismo recibe efectivamente esa cantidad.

El problema de los suplementos de pescado y de aceite de linaza es que se degradan muy rápidamente; tan pronto como los ácidos grasos son extraídos y encapsulados o embotellados, comienzan a degradarse. Para complicar el asunto, al comprarlos no podemos saber cuánto tiempo hace que fueron envasados. Si no se conservan en frío, la degeneración se produce más rápidamente. Por esta razón lo mejor es obtener los ácidos grasos omega-3 directamente de alimentos frescos, ya que siempre constituyen la mejor fuente de nutrientes. Algunos productos ricos en ácidos grasos omega-3 son las verduras de hoja verde, las algas (kelp, nori, etc.), el pescado, el marisco y los huevos. Normalmente se considera que tomar pescado una o dos veces a la semana es suficiente para satisfacer las necesidades de omega-3.

UNA DOSIS DIARIA DE ANTIOXIDANTES A PARTIR DE UN ACEITE DE COCINA

Según la OMS, 250 millones de niños en todo el mundo sufren deficiencia de vitamina A; miles de ellos se quedan ciegos y mueren cada año como consecuencia directa de este problema. Muchos millones más sufren deficiencia subclínica de vitamina A, lo que significa que consumen suficiente vitamina A como para prevenir los síntomas propios de la deficiencia grave —como úlceras en la córnea— pero no lo bastante para que se pueda dar un crecimiento y un desarrollo correctos ni para prevenir la ceguera nocturna. La mayoría de estos niños viven en Asia y en el África subsahariana.

Las autoridades sanitarias de los países afectados por esta carencia han tratado de encontrar soluciones económicamente viables a este problema. Por ejemplo, se han distribuido suplementos dietéticos entre la población y se ha procurado aumentar el consumo de productos ricos en provitamina A, pero los costes y otras dificultades han hecho que el éxito de estas iniciativas haya sido muy limitado. Sin embargo, algunos gobiernos han encontrado recientemente una posible solución adecuada: el aceite rojo de palma.

El aceite de palma proviene de la fruta de una planta que se conoce, precisamente, con el nombre de palma de aceite (*oil palm* en inglés) y que no tiene nada que ver con el tipo de palmera que produce los cocos. El fruto de la palma tiene aproximadamente el mismo tamaño que una ciruela pequeña. El aceite se extrae de la fruta fibrosa que rodea a la semilla. El fruto de la palma es de color rojo oscuro y produce un aceite rojo-anaranjado. A este aceite en crudo —virgen— se lo denomina «aceite rojo de palma». Este aceite se somete a un procesamiento mínimo y conserva la mayoría de sus nutrientes naturales, incluyendo las vitaminas liposolubles. Su característico color rojo se debe a la gran abundancia de beta-carotenos y otros carotenoides que presenta el fruto.

El aceite rojo de palma es por sí mismo una de las mejores fuentes nutricionales que se conocen; contiene más nutrientes que cualquier otro aceite utilizado para el consumo humano; es el alimento más rico en beta-carotenos y alfa-carotenos –ambos precursores de la vitamina A– y tiene quince veces más beta-carotenos que las zanahorias y cuarenta y cuatro veces más que las verduras de hoja. Además, contiene licopeno, gamma-caroteno, luteína, y unos veinte carotenos más, así como vitaminas E y K, coenzima Q_{10}, fitoesteroles, flavonoides, ácidos fenólicos y glicolípidos. En el aceite de palma están presentes todas las diferentes variedades de la vitamina E, incluyendo una forma muy especial llamada tocotrienol. Existen cuatro tipos diferentes de tocotrienoles y el aceite de palma los contiene todos. Estos tocotrienoles poseen hasta sesenta veces más poder antioxidante que la vitamina E común (alfa-tocoferol). La combinación de vitamina E (tocoferoles), tocotrienoles, carotenoides y otros antioxidantes hacen que el aceite rojo de palma sea un alimento natural con una capacidad antioxidante extraordinaria. Tanto es así que actualmente se está comercializando en forma de cápsulas como suplemento vitamínico. Este aceite también puede comprarse embotellado –como cualquier otro aceite vegetal– para su uso en la cocina.

Actualmente muchos gobiernos están llevando a cabo programas para fomentar su uso en galletas, pan y otros productos que se preparan al horno como medio para proporcionar una fuente de bajo coste de vitamina A a los niños que sufren carencia de este importante nutriente. Las madres lactantes pueden tomarlo para mejorar el contenido de esta vitamina en su leche. El aceite rojo de palma resuelve uno de los problemas que tanto los niños como las madres lactantes afrontan en algunas de las zonas más pobres del mundo; a pesar de que en muchos casos tienen acceso a verduras ricas en carotenoides, a menudo en sus dietas no hay un aporte suficiente de grasas como para convertir adecuadamente los carotenoides en vitamina A. Sin embargo, los carotenoides provitamina A presentes en el aceite rojo de palma ya vienen con su propia fuente de grasas, mejorando de este modo en gran medida el proceso de conversión de los carotenoides en vitaminas y su absorción.

El aceite de palma es una planta autóctona de muchas partes de África y se cultiva en todo el sureste asiático, proporcionando de este modo una fuente de vitamina A económicamente viable y fácilmente disponible capaz de resolver el enorme problema a nivel mundial que supone la deficiencia de esta vitamina. El aceite rojo de palma constituye una excelente fuente natural de protección antioxidante ya que contiene el espectro completo de compuestos con acción antioxidante –mientras que los complejos multivitamínicos normales únicamente contienen unos cuantos–. Es también la mejor fuente natural de la forma más eficaz, con mucha diferencia, de vitamina E: los tocotrienoles. Estas moléculas han demostrado ser beneficiosas como medida de protección contra enfermedades cardíacas y derrames cerebrales por el efecto positivo que ejercen sobre el mantenimiento de la presión sanguínea. Estos poderosos antioxidantes también evitan que las plaquetas se adhieran unas a otras, lo que produce de forma natural una disminución de la densidad de la sangre. También reducen la inflamación y ayudan a mantener los vasos sanguíneos adecuadamente dilatados, haciendo posible que la circulación sanguínea sea normal y que la presión arterial se mantenga en parámetros óptimos.

En un estudio llevado a cabo a este respecto, los investigadores provocaron artificialmente la inflamación de las arterias de los animales de ensayo, provocando un estrechamiento de los conductos arteriales y restringiendo el flujo sanguíneo en órganos vitales como el corazón. Se añadieron tocotrienoles en la alimentación de la mitad de los animales y se dejó a la otra mitad como sujetos de control. En el grupo de control los conductos arteriales se vieron gravemente constreñidos y el 42% de los animales murieron. Sin embargo, aquellos a los que se les administraron tocotrienoles mostraron una inflamación y una constricción arteriales mucho menores, con una tasa de supervivencia del 100%. Los tocotrienoles también fortalecen el corazón, posibilitando que este órgano pueda soportar mejor el estrés. Los científicos pueden inducir ataques al corazón en los animales de laboratorio cortando el suministro de sangre que les llega a este órgano, lo cual provoca lesiones muy graves y la muerte. No obstante, se vio que si los animales habían sido alimentados previamente con aceite de palma rico en tocotrienoles, la tasa de supervivencia era mucho mayor, las lesiones se minimizaban y el tiempo de recuperación se reducía.[16]

El poder antioxidante del aceite de palma ha demostrado tener también efectos positivos en la protección contra la degeneración neurológica. Dos de los factores más importantes que afectan a la función cerebral son el estrés oxidativo y la mala circulación sanguínea; se ha encontrado una clara correlación entre estos factores y enfermedades como la demencia senil, el alzhéimer, el párkinson e incluso la esquizofrenia —patologías todas ellas que comparten la muerte de las células cerebrales—. Los tocotrienoles ayudan al cerebro reduciendo el estrés oxidativo y mejorando el flujo sanguíneo.

En el laboratorio se puede imitar la destrucción que se observa en todos los trastornos neurológicos mencionados alimentando a los animales de ensayo con grandes dosis de glutamato, el cual mata a las células cerebrales. Como hemos visto, los radicales libres son los principales responsables de la muerte celular. La vitamina E normal no tiene la fuerza suficiente como para evitar esta muerte celular causada por el glutamato, pero los tocotrienoles del aceite de palma sí pueden contrarrestar su acción destructiva. En los estudios clínicos llevados a cabo las neuronas tratadas con tocotrienol mantienen un crecimiento y una movilidad saludables incluso en presencia de exceso de glutamato.[17]

Las investigaciones realizadas han demostrado que los tocotrienoles pueden resultar beneficiosos en varias patologías comunes, como la osteoporosis, el asma, las cataratas, la degeneración macular, la artritis y las enfermedades hepáticas, y también que pueden retrasar los procesos que dan lugar a un envejecimiento prematuro.

Una cucharada de aceite es más que suficiente para satisfacer los requerimientos diarios de vitaminas A y E. La mejor manera de tomar aceite rojo de palma es incorporarlo como un ingrediente más en la preparación de las comidas, utilizándolo del mismo modo que utilizamos cualquier otro aceite de cocina. Es muy estable a altas temperaturas, por lo que es una excelente opción para cocinar al fuego y al horno.

El aceite de palma es fácil de distinguir en las estanterías de las tiendas de alimentación debido a su característico color rojizo-anaranjado. A temperatura ambiente presenta un aspecto semisólido, parecido al de la mantequilla caliente, y si se enfría se endurece. En un día cálido se puede licuar simplemente colocándolo en la encimera. Debido a su alta resistencia a la oxidación, el aceite rojo de palma no necesita refrigeración. Se puede usar tanto en estado líquido como en estado sólido, pues a nivel nutricional esto no supone ninguna diferencia. Tiene un aroma y un sabor muy característicos. En las culturas en las que se produce es un ingrediente importante en la preparación de los alimentos y les confiere a sus platos típicos gran parte de su sabor característico. Tiene un gusto agradable y algo intenso que realza el sabor natural de las carnes y las verduras. También es un buen complemento en sopas, salsas, salteados de verduras y huevos. En las recetas en las que se indica que hay que usar margarina, aceite o mantequilla vegetal, el aceite rojo de palma es un sustituto excelente y muy saludable.

El fruto de la palma produce dos tipos de aceite; lo que se conoce como aceite rojo de palma proviene directamente de la carne de la fruta, mientras que el aceite de semilla de palma procede –como su propio nombre indica– de la semilla que hay dentro del fruto. Estos dos aceites no son iguales. El de semilla de palma es muy similar al aceite de coco, es incoloro y contiene alrededor de un 53% de triglicéridos de cadena media (TCM). Por su parte, el aceite rojo de palma no contiene TCM pero constituye una fuente muy rica de antioxidantes.

El aceite rojo de palma se puede encontrar en la mayoría de las tiendas naturistas de cierto prestigio y también se puede adquirir por internet. Si quieres conocer más a fondo los muchos beneficios para la salud que aportan los tocotrienoles y el aceite de palma, te recomiendo mi libro *The Palm Oil Miracle* [El milagro del aceite de palma].

LA INGESTA DE GRASAS Y LA ABSORCIÓN DE NUTRIENTES

Las grasas que tomamos con la dieta son una parte importante de una alimentación sana y pueden llegar a tener un efecto bastante relevante en el estado de salud de los ojos. De hecho, las dietas bajas en grasas aceleran los procesos de deterioro ocular y aumentan el riesgo de desarrollar enfermedades oculares degenerativas asociadas con el envejecimiento.

La adición de grasas a la comida ralentiza el paso de los alimentos a través del estómago y del sistema digestivo, lo cual es algo positivo ya que permite que se mezclen durante más tiempo con los ácidos estomacales y con las enzimas digestivas. Consecuentemente, se liberan más nutrientes de la comida –incluyendo los antioxidantes con acción protectora, que pueden estar fuertemente unidos a otros compuestos–, con lo que hay mayor disponibilidad de nutrientes para su posterior absorción en las diversas partes del organismo.

Las dietas bajas en grasas hacen que la digestión de los alimentos no llegue a ser completa y limitan la absorción de los nutrientes, lo que puede ser un factor que contribuya a una deficiencia de estos. Por ejemplo, el calcio necesita para su correcta absorción de la presencia de grasas. Por esta razón, las dietas bajas en grasas favorecen la osteoporosis. Resulta curioso que normalmente evitemos las grasas en todo lo posible y en su lugar tomemos comidas bajas en grasas, como por ejemplo la leche desnatada y semidesnatada como fuentes de calcio, cuando en realidad el calcio de este tipo de leches no se puede absorber eficazmente. Esta puede ser una de las razones por las que hay gente que toma mucha leche y suplementos de calcio pero aun así padece osteoporosis. Análogamente, hay muchas verduras que son muy buenas fuentes de calcio, pero para poder aprovechar ese calcio tenemos que tomarlas con mantequilla, nata u otros alimentos que contengan grasas.

Las grasas mejoran tanto la disponibilidad como la absorción de casi todas las vitaminas y minerales y son esenciales para la correcta absorción de los nutrientes liposolubles: vitaminas A, D, E y K, alfa-carotenos, beta-carotenos, licopeno, luteína, zeaxantina y otros carotenoides. Resultan también de vital importancia para la buena salud ocular.

Muchas de las vitaminas liposolubles actúan como antioxidantes que protegen a los ojos del daño causado por los radicales libres. Al reducir la cantidad de grasa en la dieta, lo que estamos haciendo es limitar la cantidad de nutrientes antioxidantes con acción protectora que hay disponibles para contrarrestar el efecto de los radicales libres. Las dietas bajas en grasas aceleran los procesos de degradación y envejecimiento celular.

Verduras como el brócoli, las espinacas y la col rizada son excelentes fuentes de luteína, zeaxantina, beta-carotenos y otros nutrientes esenciales, pero si no se toman junto con alguna fuente de grasa, no resultan tan beneficiosos, pues gran parte de sus nutrientes no se pueden absorber. La vitamina A se encuentra únicamente en alimentos de origen animal. Nuestro organismo puede convertir los beta-carotenos de las plantas en vitamina A, pero esto solo puede suceder si hay una suficiente cantidad de grasas presentes en la alimentación. Podemos comer muchas frutas y verduras que estén cargadas de antioxidantes y otros nutrientes, pero si no se incluyen grasas, tan solo será posible absorber una pequeña parte de esos nutrientes. En este caso los suplementos vitamínicos tampoco son de gran ayuda, pues las vitaminas que contienen también requieren de la presencia de grasas para facilitar su correcta absorción. Como vemos, una dieta baja en grasas en realidad puede ser más perjudicial que beneficiosa.

¿Hasta qué punto afectan las grasas a la absorción de los nutrientes liposolubles? Aunque pueda resultar difícil de creer, el efecto que tienen es bastante sustancial. En un estudio realizado en la Universidad Estatal de Ohio, los investigadores analizaron la absorción de tres tipos de carotenoides —el beta-caroteno, el licopeno y la luteína— en las comidas a las que se les había añadido grasas. Como fuente de grasas utilizaron el aguacate. En la primera parte del estudio se establecieron los valores de control administrando a los sujetos una comida consistente en salsa y pan sin grasas. Otro día se les dio la misma comida, pero esta vez se añadió aguacate a la salsa, aumentando el contenido en grasas de la comida a aproximadamente un 37% de las calorías totales. Los análisis de sangre de los individuos estudiados mostraron que la concentración de beta-caroteno aumentó algo más de dos veces y media y la de licopeno, en casi cuatro veces y media. Esto demostró que la simple adición de un poco de grasa a la comida puede doblar, triplicar e incluso cuadruplicar la absorción de estos nutrientes.

En la segunda parte del estudio se hizo que los sujetos tomasen una ensalada elaborada con lechuga romana, brotes de espinacas y zanahoria rallada sin ningún aliño de tipo graso. El contenido total de grasas de la ensalada era de aproximadamente el 2% de las calorías totales. Cuando se añadió el aguacate, este valor pasó al 42%. Se comprobó que las ensaladas con mayor contenido graso incrementaron los valores de luteína en sangre en siete veces y los de becarotenos en ¡nada menos que dieciocho veces! Para entender lo que esto supone podríamos decir que tendríamos que tomar dieciocho platos de ensalada sin grasas añadidas para igualar la cantidad de beta-caroteno que obtendríamos con tan solo un plato de ensalada con una pequeña cantidad de grasas añadidas.

En un estudio similar se les dio a los sujetos de prueba ensaladas con aliños que presentaban diferentes concentraciones de grasas. Las ensaladas con aliños carentes de grasas resultaron en valores de absorción de carotenoides insignificantes. Los aliños bajos en grasas mejoraron en cierta medida la absorción de nutrientes, pero fueron aquellos con alto contenido en grasas los que dieron lugar a los aumentos más significativos. Los investigadores quedaron sorprendidos no únicamente por el hecho de que la adición de grasas mejorase tan espectacularmente la absorción de nutrientes, sino también por lo poco que se absorbe en su ausencia.

Varios estudios indican que las dietas ricas en frutas y verduras —excelentes fuentes de vitaminas y antioxidantes esenciales para el organismo— pueden ayudar a proteger contra enfermedades como el cáncer, las afecciones cardíacas, la diabetes, la degeneración macular y otras patologías degenerativas. Otros estudios, por el contrario, llegan a la conclusión de que tomar frutas y verduras no supone ningún beneficio en lo que respecta a la prevención de enfermedades degenerativas. ¿A qué se debe esta gran diferencia en los resultados obtenidos? Este misterio fue resuelto con un estudio que se llevó a cabo en Suecia y que demostró que la ingesta de frutas y verduras no disminuía el riesgo de padecer enfermedades cardíacas *a menos* que se acompañara con una fuente de grasas tales como la leche entera, la nata o la mantequilla;[18] tomar frutas y verduras con leche desnatada no aportaba ninguna protección. Podemos asumir, por tanto, que el hecho de ingerir frutas y verduras no reduce por sí mismo el riesgo de sufrir ninguna enfermedad degenerativa –incluyendo las patologías oculares– a menos que sean consumidas junto con un buen aporte de grasas. Curiosamente, en el estudio sueco el tipo de grasas que al ser combinadas con frutas y verduras proporcionaban la mayor protección contra las enfermedades cardíacas fueron las grasas saturadas provenientes de la leche entera, la nata y la mantequilla.

Para aprovechar todos los nutrientes del tomate, las zanahorias y las espinacas –o cualquier otro alimento vegetal o bajo en grasas–, añádeles una pequeña cantidad de grasas. De hecho, comer verduras sin grasas añadidas hace que esa comida sea el equivalente a una que no incluyera esos nutrientes y que, por lo tanto, tuviese poco valor nutricional. Es importante añadir una buena fuente de grasas en la dieta para poder conseguir la mejor nutrición efectiva de los alimentos que consumimos. Análogamente, tomar suplementos multivitamínicos y minerales que contengan los mejores nutrientes para la salud ocular no será más que una pérdida de tiempo y de dinero a menos que vayan acompañados de grasas.

El aceite de coco parece ser, si no la mejor, sí una de las mejores grasas a la hora de potenciar la absorción de los nutrientes. Por ejemplo, investigadores de la Universidad de Auburn estudiaron el efecto de la deficiencia de vitamina B_1 (tiamina) en animales a los que se les suministró tres tipos diferentes de grasas. Esta deficiencia conduce a una enfermedad fatal llamada beriberi. Dentro de los distintos tipos de grasas que se utilizaron para el estudio se encontraban, entre otras, los aceites de coco, de oliva, de linaza y de semillas de algodón, además de la mantequilla y la manteca de cerdo. Al alimentar a los ratones de estudio con una dieta deficiente en vitamina B, el aceite de coco demostró ser mucho más eficaz que ninguna otra grasa a la hora de prevenir la enfermedad. La mayoría de los ratones del estudio comenzaron a mostrar síntomas de beriberi después de entre treinta y cinco y cuarenta días. Sin embargo, a los que se administró aceite de coco no comenzaron a mostrar los síntomas hasta transcurridos sesenta días, lo cual supone una gran diferencia en comparación con los demás aceites. El aceite de coco en sí no contiene vitamina B_1, pero aumenta en gran medida la biodisponibilidad de la más mínima cantidad que pudiera estar presente en la dieta, evitando o retrasando de este modo la aparición de la enfermedad causada por deficiencia de vitamina B_1.

Varias investigaciones han llegado a conclusiones similares. El aceite de coco mejora la absorción no solo de las vitaminas del grupo B, sino también de las vitaminas A, D, E, K y del beta-caroteno, el licopeno, la luteína, la zeaxantina y otros nutrientes liposolubles.[19] Por ejemplo, un estudio reciente comparó la absorción de luteína en ratones sometidos a una alimentación deficiente en este nutriente pero a la que se le añadieron diferentes tipos de grasas como aceite de oliva, de coco, de cacahuete, de soja, de girasol, de fibra de arroz, de maíz y de palma, así como aceites de pescado. Las mayores concentraciones de luteína en sangre se encontraron en las dietas que incluían aceite de oliva y de coco. También se encontró que la acumulación de luteína en el hígado y en los tejidos oculares fue significativamente mayor en los animales que habían tomado uno de estos dos aceites.[20] Otro estudio llevado a cabo por un grupo diferente de investigadores demostró que los aceites ricos en grasas saturadas mejoran la absorción de la luteína y la zeaxantina de forma mucho más apreciable que aquellos que son ricos en grasas monoinsaturadas o poliinsaturadas.[21]

En comparación con otros aceites, el de coco ha demostrado también inducir una mejor absorción de minerales como el calcio o el magnesio, así como de algunos aminoácidos –los «ladrillos» con los que se construyen las proteínas–.[22] Esta es una de las razones por las que el aceite de coco –o algún otro triglicérido de cadena media– se agrega normalmente a las fórmulas de alimentación por sonda que se administran a enfermos en estado crítico, ya que facilita en estos pacientes una mejor absorción de los nutrientes, lo que contribuye a una más pronta recuperación.[23-24]

Añadiendo aceite de coco a tus platos conseguirás una absorción significativamente mayor de vitaminas, minerales y otros nutrientes que si utilizas aceite de soja, de colza, cualquier otro tipo de aceite o ninguno en absoluto. El simple hecho de añadir aceite de coco a las comidas hace que el valor nutricional de los alimentos aumente en gran medida.

Este hecho ha llevado a los investigadores a estudiar el posible uso del aceite de coco como tratamiento en casos de desnutrición. Por ejemplo, en Filipinas se comparó el uso de aceite de coco mezclado con una pequeña cantidad de aceite de maíz con el uso del aceite de soja para el tratamiento de niños de preescolar que presentaban desnutrición. El estudio se llevó a cabo con 95 niños de entre diez y cuarenta y cuatro meses de edad con niveles de desnutrición que oscilaban entre grado 1 y grado 3. Estos niños provenían de los suburbios de Manila. Durante dieciséis semanas se les dio una comida completa al mediodía y una merienda por la tarde todos los días excepto el domingo. En todos los casos la comida suministrada era idéntica en todos los aspectos salvo en el aceite: aproximadamente dos tercios del aceite empleado consistía o bien en la mezcla de aceite de coco y maíz o bien en aceite de soja. Se les dio aleatoriamente a los niños una de las dos dietas; 47 recibieron la alimentación que incluía aceite de coco y los 48 restantes, la que incluía aceite de soja. Se pesaba a los niños cada dos semanas y un pediatra los examinaba una vez a la semana. Al comienzo del estudio los datos de edad, peso inicial y grado de malnutrición considerados en conjunto eran esencialmente idénticos en ambos grupos. Pero después de dieciséis semanas, los resultados mostraron que la alimentación que incluía aceite de coco producía, en comparación con la que incluía aceite de soja, un aumento de peso y una mejora en el estado nutricional significativamente más rápidos. Tras cuatro meses se registró en el grupo del aceite de coco una ganancia media de dos kilos y medio debida al mejor crecimiento y al mejor estado nutricional —casi el doble que la registrada en el grupo del aceite de soja, que fue de un kilo y medio.

El aceite de coco no solo mejora la absorción de la mayoría de las vitaminas y minerales, sino que también ayuda a mantener y preservar las sustancias antioxidantes. Las dietas ricas en aceites poliinsaturados —incluidos los aceites de pescado— agotan las reservas corporales de antioxidantes. El aceite de coco tiene el efecto contrario: actúa como un protector de los antioxidantes previniendo la peroxidación lipídica —y, por lo tanto, preservando las reservas de antioxidantes disponibles—.[25-26] Reemplazar los aceites vegetales poliinsaturados por el aceite de coco en la preparación de los alimentos puede mejorar significativamente el estado nutricional general y las reservas de antioxidantes, reduciendo así los riesgos de desarrollar enfermedades degenerativas asociadas a los radicales libres.

La absorción de vitaminas y minerales mejora tanto con la adición de grasas que si se toma una cantidad adecuada de frutas y verduras frescas combinadas con un buen aporte de grasas —principalmente aceite rojo de palma y aceite de coco—, es probable que ni siquiera sea necesario añadir ningún tipo de suplementos a la dieta.

UN HUEVO AL DÍA... Y OLVÍDATE DEL OCULISTA

Cuando se trata de encontrar un alimento que sea muy nutritivo y que constituya una fuente equilibrada de los nutrientes necesarios tanto para la buena salud ocular como para la salud en general —proteínas, grasas, vitaminas y minerales—, hay que poner a los huevos en lo alto de la lista. Durante muchos años los huevos han sido rechazados por las autoridades sanitarias debido a su alto contenido en colesterol. La clara de huevo —sin la yema— se ha convertido en un alimento popular para las personas que están tratando de reducir su ingesta de grasas y bajar su colesterol con la esperanza de disminuir el riesgo de padecer enfermedades cardíacas. Aunque la yema de un huevo de tamaño grande contiene unos 210 mg de colesterol, los estudios han demostrado en repetidas ocasiones que ni provocan un impacto negativo sobre los niveles de colesterol en sangre ni aumentan el riesgo de padecer enfermedades del corazón.

Los huevos tienden a elevar los niveles de colesterol HDL –el llamado colesterol «bueno»–, que se cree ayuda a proteger contra ese tipo de patologías. Cuanto más alto sea el nivel de colesterol HDL, mejor. Algunos estudios llevados a cabo a este respecto en la Universidad de Connecticut han demostrado que el consumo de tres huevos al día durante treinta días provoca un ligero aumento del colesterol total, pero debido principalmente a un incremento del colesterol HDL. La relación entre el HDL y el LDL –el colesterol «malo»–, la cual es universalmente reconocida como un indicador mucho mejor del riesgo de padecer enfermedades cardíacas que la concentración de colesterol total, no cambió en absoluto. Comer tres huevos al día no produjo ningún efecto perjudicial sobre los niveles de colesterol y no aumentó el riesgo de padecer enfermedades cardíacas.

En un estudio realizado en la Universidad de Harvard en 1999 con 120.000 hombres y mujeres no se encontró ninguna relación entre el consumo de huevos y las enfermedades cardíacas. Desde entonces, muchas investigaciones también han desmitificado el efecto perjudicial de los huevos, incluyendo un estudio realizado en Japón y publicado en el *British Journal of Nutrition* en 2006, en el cual participaron más de 90.000 personas de mediana edad, y otro llevado a cabo en 2007 por la Facultad de Medicina y Odontología de la Universidad de Nueva Jersey. En ninguno de ellos se encontró relación alguna entre el consumo frecuente de huevos y las enfermedades de corazón. A la luz de estos hallazgos los nutricionistas han vuelto a dar la bienvenida a los huevos para incluirlos nuevamente en lo que consideran una dieta saludable.

La yema de huevo, las vísceras, el marisco y los productos lácteos elaborados con leche entera son todos ellos excelentes fuentes de colesterol, pero no tienen un efecto demasiado apreciable sobre sus niveles en sangre; cerca del 80% del colesterol presente en la sangre es producido por el propio organismo en el hígado y no es reflejo, por lo tanto, del colesterol que se ingiere con los alimentos. Uno de los mayores problemas que conlleva el abandono de los huevos es que la gente recurre en su lugar a otros alimentos para el desayuno, por ejemplo *bagels*, cereales, bollería y magdalenas, los cuales están repletos de azúcares y harinas refinados poco saludables y que causan un incremento de los niveles de colesterol en sangre mucho mayor que el de los huevos.

Por otro lado, irónicamente, los huevos pueden ayudar a prevenir enfermedades cardíacas gracias a los beneficios de los nutrientes que contienen. Estos son algunos datos interesantes y poco conocidos sobre los huevos:

- La yema de huevo es muy rica en luteína y en zeaxantina, nutrientes que contribuyen a mantener los ojos sanos y a reducir el riesgo de que aparezcan enfermedades degenerativas asociadas con la edad. El cuerpo absorbe mejor la luteína y la zeaxantina que proviene de los huevos que la que proviene de las espinacas o de suplementos alimenticios. Un estudio publicado en el prestigioso *Journal of Nutrition* en 2006 puso de manifiesto que un grupo de mujeres que estuvieron tomando seis huevos semanales durante doce semanas habían registrado aumentos en la densidad del pigmento macular, el cual protege a la retina de los efectos dañinos de las radiaciones lumínicas de alta energía.
- Un huevo grande contiene 6 g de proteína de alta calidad (tanto en la yema como en la clara). Además, la yema es rica en vitamina A, en vitaminas del grupo B (incluyendo la riboflavina y el ácido fólico), en zinc y en otros nutrientes.
- La yema de huevo aporta colina —un nutriente esencial especialmente importante para el desarrollo del cerebro del feto—. Varios investigadores han identificado también en los huevos otra serie de compuestos que podrían tener propiedades anticancerígenas, antihipertensivas y de potenciación del sistema inmunitario.
- Las gallinas criadas en libertad convierten las grasas omega-3 presentes en la hierba de la que se alimentan en ADH —una forma biológicamente activa de dicha molécula—. Sus

huevos también tienen mayor contenido en luteína y de zeaxantina que los producidos con los procedimientos extensivos
tradicionales.

* Los huevos marrones no tienen mayor valor nutricional que
los blancos; simplemente las diferentes razas de gallinas ponen huevos con cáscaras de distintos colores –los hay incluso
verdes y azules–. El color de la yema del huevo depende de lo
que hayan comido las gallinas: el trigo y la cebada producen
un color pálido; el maíz, un amarillo de intensidad media y los
pétalos de caléndula, un amarillo intenso. Las yemas con color
amarillo oscuro o con un tono anaranjado indican la presencia de un alto contenido en luteína y en zeaxantina. Por este
motivo los huevos orgánicos suelen tener yemas más oscuras.

* Debido en parte a su contenido en grasas y proteínas, los huevos producen al ingerirlos sensación de saciedad, contribuyendo de este modo al control de peso. En un estudio realizado
en mujeres con sobrepeso y publicado en 2005 en el *Journal of
the American College of Nutrition*, aquellas mujeres que tomaban
dos huevos en el desayuno se sentían más llenas después, lo
que ocasionaba que ingiriesen una cantidad significativamente
menor de calorías en el almuerzo que aquellas que tomaban
un desayuno con el mismo número de calorías pero basado en
bollería en lugar de huevos.

El hecho de incluir huevos enteros –o al menos las yemas– como
parte de la dieta normal puede contribuir al control de la DMAE y de
otras enfermedades oculares degenerativas. Dos estudios publicados
en el *Journal of Nutrition* sugieren que tomar un huevo al día puede
incrementar los niveles de luteína y de zeaxantina tanto en la sangre
como en los ojos y reducir el riesgo de padecer DMAE.

En el primer estudio los investigadores midieron los niveles en
sangre de luteína y zeaxantina en voluntarios con más de sesenta años
después de haber estado tomando un huevo (el primer grupo) o un
sustituto del huevo (el segundo grupo) al día durante cinco semanas.

Los huevos son un alimento muy bueno para la vista.

En comparación con el grupo que tomó el sustituto, los que tomaron un huevo diario vieron incrementados sus niveles de luteína y de zeaxantina de un 26 a un 38%. Los investigadores también constataron que el hecho de añadir huevos a la alimentación del primer grupo no tenía ningún efecto sobre los niveles de colesterol ni de triglicéridos.[27]

En el segundo estudio también se examinó el efecto del consumo del huevo en los niveles sanguíneos de luteína y de zeaxantina, así como la densidad óptica del pigmento macular (DOPM), un pigmento de color amarillo presente en la mácula formado por ese tipo de carotenoides. La densidad del pigmento es un indicador de la cantidad de luteína y de zeaxantina que es absorbida del torrente sanguíneo e incorporada al ojo —donde estos carotenoides son necesarios para proteger de la DMAE—. Los voluntarios tomaron seis huevos semanales durante doce semanas. En comparación con el grupo placebo, que no tomó huevos, la DOPM aumentó significativamente en ellos. Curiosamente, los niveles de colesterol total y de triglicéridos de los individuos que tomaron huevos permanecieron invariables, mientras que aumentaron en el grupo placebo.[28]

8

EL MILAGRO DE LAS CETONAS

LA RESTRICCIÓN DE CALORÍAS

El 26 de septiembre de 1991 ocho científicos –cuatro hombres y cuatro mujeres– se embarcaron en una misión de dos años de duración cuyo objetivo era explorar las posibilidades de colonizar y vivir en lunas y planetas lejanos. La tripulación tenía que permanecer en Biosfera II durante esos dos años, manteniéndose únicamente con los alimentos que producían ellos mismos y respirando el aire generado por las plantas que habían traído consigo. Biosfera II no era ni una estación ni una nave espacial al uso, sino un recinto consistente en una estructura herméticamente cerrada construido en la base de las montañas de Santa Catalina, en Arizona.

Biosfera II abarcaba un área equivalente al tamaño de dos campos de fútbol y medio. Estaba dividida en varios ambientes, incluyendo una selva tropical, un miniocéano con arrecife de coral, zonas húmedas con manglares, una superficie dedicada a la agricultura de dos mil quinientos metros cuadrados para diversos cultivos, una zona residencial y una estación de investigación. Estaba equipada con sistemas de tuberías independientes para el calentamiento y la refrigeración y contaba con aportes de energía provenientes de los paneles solares que cubrían la mayor parte de las instalaciones

Tan pronto como los científicos entraron en la estructura, las puertas se sellaron; tenían que permanecer dentro durante los dos años que iba a durar el experimento. El primer problema grave no tardó en presentarse, pues los cultivos con los que tenían que alimentarse quedaron devastados a causa de las infecciones. Tuvieron que racionar la comida drásticamente durante la mayor parte del resto del experimento. El encargado de monitorizar y controlar la salud de los participantes era el doctor Roy Walford, profesor de Patología en la UCLA y miembro del equipo. Contra todo pronóstico, la falta de alimentos no produjo efectos negativos en el personal. De hecho, con esa restricción alimentaria sobrevenida su salud mejoró espectacularmente. En seis meses, la pérdida de peso que experimentaron fue, en promedio, de casi doce kilos para los hombres y de unos siete en el caso de las mujeres. Sus niveles de presión sanguínea bajaron de un promedio de 110/75 a 90/58, y factores como la memoria, el estado de ánimo y el nivel de energía también mejoraron apreciablemente. Todos los factores de riesgo asociados con enfermedades del corazón, diabetes, cáncer y otras patologías degenerativas disminuyeron hasta llegar a valores óptimos. Básicamente estaban más jóvenes y más sanos tanto física como mentalmente.

El doctor Walford quedó tan impresionado con la mejoría tan espectacular que se produjo en la salud de los participantes que comenzó a investigar los efectos de la restricción de calorías en la salud y en la longevidad. Desde entonces ha escrito muchos libros sobre esta materia que han sido éxito de ventas. Sin embargo, no fue el primero en percatarse de la relación existente entre la disminución del consumo de alimentos y la mejoría de la salud. Ya en el año 1915 se comprobó que la restricción de la ingesta de alimentos en roedores provocaba un aumento considerable de su longevidad. Este fenómeno fue analizado más pormenorizadamente en los años treinta por C. M. McCay y sus colegas de la Universidad de Cornell. McCay llegó a la conclusión de que los roedores subalimentados estaban más sanos en general y vivían hasta un 40% más que aquellos que habían recibido una buena alimentación. Desde entonces se han encontrado resultados análogos en experimentos llevados a cabo con la mosca de la fruta, gusanos, peces, monos y otros animales.

A la dieta de restricción de calorías se la denomina a menudo la «dieta antiedad», porque frena los procesos propios del envejecimiento y aumenta la longevidad. También tiene efectos positivos contra varias enfermedades degenerativas que tienden a acortar la vida de los que las padecen. Por ejemplo, en un estudio publicado se vio que la incidencia del cáncer de mama disminuyó de un 40% en animales bien alimentados a tan solo un 2% en ejemplares sometidos a una restricción calórica; el de pulmón pasó del 60 al 30%; el de hígado, del 64 al 0%; la leucemia del 65 al 10%, la enfermedad renal, del 100 al 36% y las enfermedades cardiovasculares, del 63 al 17%.[1]

Otras patologías cuya aparición se ve retrasada o que sencillamente no llegan a aparecer cuando se aplica una dieta con restricción calórica son la artritis, la diabetes, la arterioesclerosis, el alzhéimer, el párkinson, la enfermedad de Huntington y prácticamente todas las afecciones degenerativas asociadas al envejecimiento.[2-3]

En estudios llevados a cabo con animales se ha visto que una restricción del 40 o el 50% es la que produce el mayor aumento de la longevidad. Sin embargo, en los seres humanos, una restricción calórica tan intensa resulta bastante difícil de mantener; una del 25% es un valor más factible. De este modo, una dieta típica de 2.000 calorías se vería reducida a 1.500. Incluso así es necesaria una gran fuerza de voluntad para mantener este nivel de restricción de modo continuo durante toda la vida. En estudios llevados a cabo en humanos con este nivel de restricción del 25% también se han observado mejorías en la salud similares a las encontradas en los estudios realizados con animales. Dado que estas investigaciones no se han llevado a cabo aún durante un tiempo lo suficientemente largo, no se ha podido constatar un cambio en el máximo de longevidad.

Puesto que la cantidad total de alimento consumido disminuye, lo que se ingiere ha de ser rico en nutrientes y hay que evitar el consumo de «calorías vacías» —sin valor nutritivo—, muy abundantes en la comida basura; adoptar una dieta estricta y consumir simultáneamente calorías vacías solo puede desembocar en desnutrición. Esta es la razón por la que los individuos de poblaciones que sufren hambruna en ciertas partes del mundo no son más longevos; sufren a la vez de restricción calórica y de desnutrición.

La restricción calórica se puede lograr de varias maneras. La más obvia y sencilla consiste simplemente en reducir el número de calorías que se consumen diariamente. Otro método se basa en limitar el número de días en los que se come; se puede comer un día sí y otro no o tan solo tres o cuatro días a la semana. A esto se lo llama «ayuno intermitente». Esta dieta es beneficiosa para la salud incluso aunque no haya restricción calórica en la ingesta los días que se come. Otra modalidad de ayuno intermitente es limitar el consumo de alimentos a un periodo de ocho horas al día. Es decir, ayunar durante dieciséis horas diarias. En tal caso, se puede restringir la alimentación, por ejemplo, de 10 de la mañana a 6 de la tarde —sin limitaciones en la cantidad de comida que se puede ingerir durante ese tiempo.

Hay muchas razones por las que la reducción del total de calorías de la ingesta o ayunar periódicamente producen beneficios tan notables en la salud. Se sabe que la restricción calórica incrementa la tasa de reparación del ADN, reduce el daño causado por la oxidación, aumenta los sistemas de defensa antioxidante del propio organismo, disminuye la presión sanguínea y la inflamación, mejora el metabolismo de la glucosa y la sensibilidad a la insulina, retrasa el deterioro del sistema inmunitario asociado al envejecimiento y se relaciona con menores tasas de glicación; es indudable que todos estos factores contribuyen a mejorar la salud y la longevidad.

Uno de los efectos más importantes de la restricción calórica en lo que concierne al cerebro y al estado del sistema nervioso es la activación de un grupo especial de proteínas protectoras conocidas como «factores neurotróficos». Un tipo en particular, los factores neurotróficos derivados del cerebro (FNDC), juega un papel clave en la regulación de la supervivencia, el crecimiento y el mantenimiento de las neuronas, y es también muy importante para el aprendizaje y la memoria. Los FNDC regulan los neurotransmisores (por ejemplo, la dopamina o el glutamato), que se encargan de transmitir las señales químicas y hacen posible que las neuronas se comuniquen unas con otras. También protegen a las neuronas de los efectos perjudiciales de diversas toxinas y factores de estrés que pueden dañar al cerebro y al tejido nervioso.[4-5] Asimismo, contribuyen a la supervivencia de las neuronas ya presentes y potencian el crecimiento y la diferenciación de las nuevas. Aunque la gran mayoría de las neuronas cerebrales humanas se forman antes de nacer, algunas partes del cerebro adulto conservan la capacidad de producir nuevas neuronas a partir de células madre neurales en un proceso conocido como neurogénesis. Los factores neurotróficos colaboran en los procesos de estimulación y de control de la neurogénesis. Por otra parte, las FNDC también juegan un papel importante en el mantenimiento de las funciones propias de las células cerebrales a lo largo de toda la vida del individuo.

La restricción de calorías puede tener un profundo impacto a la hora de conservar la buena salud de nuestra vista. A medida que envejecemos se van produciendo cambios sutiles de forma gradual en el sistema visual. La permanente exposición a los radicales libres a la que estamos sometidos durante toda la vida se cobra su peaje en el cristalino, en la retina y en otros tejidos. Por lo general, donde más claramente se aprecian los efectos del estrés oxidativo causado por la exposición excesiva a los radicales libres es en el enturbiamiento lechoso que se produce en el cristalino —las cataratas—. La restricción calórica reduce la cantidad de radicales libres que se generan en el ojo a partir de los procesos metabólicos normales y varios estudios llevados a cabo en animales han demostrado los efectos beneficiosos que produce a la hora de retrasar la formación de las cataratas.[6-8] En dichos estudios, una reducción del 40% de las calorías da lugar a un apreciable retraso en la aparición, formación, evolución y acumulación de las cataratas; incluso una reducción del 20% de las calorías produce efectos favorables.

En lo que al deterioro relacionado con la edad se refiere, los foto-rreceptores de la retina son las células más vulnerables del ojo. Tanto la densidad de las células como el espesor de la retina interna y de la mácula disminuyen progresivamente a medida que nos vamos hacien-do mayores. En el transcurso de la vida se pierden hasta un 30% de los bastones. De los tres tipos de conos que existen, los sensibles a la luz azul son los menos abundantes y los más propensos a morir debido a la continua exposición a la luz. La restricción de calorías produce un efecto neuroprotector en la retina madura y reduce las tasas de mor-talidad relacionada con el envejecimiento de las células fotorrecepto-ras.[9] En animales de laboratorio una reducción del 40% de las calorías de la ingesta ha demostrado disminuir significativamente la pérdida de células de la retina.[10]

Las células pigmentarias de la retina también son altamente vul-nerables al deterioro que se produce con la edad. La acumulación en ellas de una sustancia llamada lipofucsina y a su alrededor, conduce a una pérdida funcional de la retina. La lipofucsina es un agregado de gránulos de color amarillo oscuro compuestos por proteínas y ácidos grasos insaturados. Se piensa que se crean cuando la membrana celu-lar se ve dañada. La lipofucsina —en sí misma un subproducto de los radicales libres— genera también a su vez nuevos radicales libres, por lo que debe eliminarse. Las células pigmentarias de la retina la absorben e intentan descomponerla en su interior y desecharla. Sin embargo, con el tiempo, la lipofucsina se va acumulando, produciendo así una aceleración en el deterioro de la retina. Tanto en la degeneración ma-cular como en la enfermedad de Stargardt (o degeneración macular juvenil) está implicada la acumulación de lipofucsina, lo que la con-vierte en un importante factor de riesgo. Este compuesto se produce también en otros tejidos; está presente en el cerebro de los pacientes de alzhéimer, párkinson, esclerosis lateral amiotrófica y otras enfer-medades degenerativas.

La acumulación de lipofucsina parece ser una característica uni-versal asociada al proceso de envejecimiento. En los mamíferos la concentración de esta sustancia en las células pigmentarias retinianas aumenta progresivamente con la edad. Una dieta restringida ha demostrado reducir de forma sustancial la tasa de acumulación de lipofucsina en la retina.[11]

El envejecimiento conlleva una pérdida natural de células ganglionares –que se unen para formar el nervio óptico (ver el diagrama de la página 26)– en la retina. Con la edad, estas células –al igual que todas las demás– se vuelven más vulnerables a las lesiones y se deterioran con mayor rapidez al verse expuestas a factores estresantes nocivos tales como los radicales libres, la luz solar, un aporte sanguíneo deficiente, una inflamación, un aumento de la presión intraocular, etc.

El aumento de la presión intraocular –provocada por fallos en los sistemas de drenaje del ojo– es el principal factor de riesgo para la patología del glaucoma; una presión elevada puede producir daños en el nervio óptico, con la correspondiente pérdida de visión que esto conlleva. La restricción calórica evita que surjan esos fallos en el sistema de drenaje ocular, contribuyendo así a mantener la presión intraocular dentro de valores óptimos y a conservar el nervio óptico.[12-13]

La disminución del flujo de sangre y oxígeno que llega a las células provoca su muerte. Cuando esto sucede en el cerebro, acaba derivando en un accidente cerebrovascular. En el laboratorio, los investigadores eliminan temporalmente el flujo de sangre de la retina para analizar los efectos que esto provoca en dicho órgano. Al aplicar este procedimiento en ratas de avanzada edad que han sido sometidas a una dieta con restricción calórica, se aprecia en ellas una pérdida de células ganglionares retinales significativamente menor que en aquellas alimentadas normalmente y con edades similares o incluso más jóvenes –las cuales, lógicamente, tienden a soportar el estrés mejor que las más mayores.[14]

La restricción calórica ha demostrado tener un efecto protector frente a una amplia gama de patologías neurológicas, muchas de las cuales afectan a la vista. También se sabe que aumenta el número de células neuronales nuevas que se generan en el cerebro adulto, lo que sugiere que esta manipulación de la dieta puede incrementar la plasticidad del cerebro y su capacidad de autorreparación.[15] Esto lleva a considerar la posibilidad de que ciertas enfermedades degenerativas oculares se puedan prevenir e incluso, al menos hasta cierto punto, revertir.

EL EJERCICIO FORTALECE EL CEREBRO Y LOS OJOS

Según el doctor Robert Butler, del Centro Internacional para la Longevidad perteneciente al hospital Monte Sinaí, de Manhattan: «Si el ejercicio se pudiera condensar en forma de pastillas, se convertiría inmediatamente en el medicamento antienvejecimiento número uno y en la píldora más recetada del mundo». El ejercicio mejora la presión arterial, equilibra los niveles de azúcar y de insulina en la sangre, protege contra enfermedades cardíacas, mejora la función nerviosa y cerebral y reduce el riesgo de padecer degeneración macular y otros trastornos oculares asociados al envejecimiento. De hecho, una gran parte de los beneficios que conlleva la restricción calórica se consiguen también mediante el ejercicio. Los beneficios adicionales que proporciona este son que tonifica los músculos, fortalece los huesos y aumenta nuestro estado energético general.

Del mismo modo que el ejercicio puede hacer crecer los músculos, también puede hacer crecer el cerebro, ¡literalmente! El ejercicio asiduo –al igual que ocurre con las células musculares– estimula el crecimiento y la reparación de las células cerebrales, tonifica el cerebro y retrasa los procesos del envejecimiento.

Con la edad las neuronas van muriendo, el tamaño del cerebro se reduce y la capacidad cognitiva disminuye. Normalmente asumimos que el cerebro comienza a encogerse únicamente cuando llegamos a los cincuenta años o incluso después, pero en realidad la reducción del tamaño cerebral empieza a los treinta y normalmente progresa a razón de aproximadamente un 0,5 o un 1% al año.

Según un estudio realizado por el doctor Arthur Kramer y sus colegas en la Universidad de Illinois-Urbana, la tasa a la cual el cerebro envejece –es decir, se reduce– puede disminuir drásticamente con tan solo tres horas de ejercicio aeróbico a la semana. Kramer tomó un grupo de estudio de 59 personas adultas con edades comprendidas entre los sesenta y los setenta y nueve años, los dividió en dos grupos y los supervisó durante seis meses. El primer grupo realizó una hora de ejercicios aeróbicos tres veces a la semana, alcanzando un valor de aproximadamente entre el 60 y el 70% de su correspondiente ritmo cardíaco máximo. El segundo grupo realizó estiramientos y ejercicios de tonificación muscular, igualmente durante una hora tres veces a la semana. Se tomaron imágenes tridimensionales de los cerebros de los participantes con un escáner de resonancia magnética tanto al inicio como al final del periodo de estudio. Esto permitió a los investigadores hacer una comparación visual del estado de los cerebros antes y después del experimento. Kramer descubrió que después de tan solo seis meses los participantes que habían practicado ejercicios aeróbicos tenían el volumen cerebral que correspondía a personas tres años más jóvenes. El ejercicio aeróbico no solo redujo la contracción cerebral sino que también estimuló el crecimiento neuronal, y de hecho los que practicaron ejercicio recuperaron parte de la masa cerebral perdida. La mayor parte del crecimiento se produjo en el lóbulo frontal, que está involucrado en los procesos de memorización y de razonamiento. En los cerebros de aquellos que únicamente hicieron ejercicios de tonificación y estiramientos no se apreció ninguna mejoría.[16]

¿Qué es lo que hizo que se produjera una mejoría tan notable? En parte, el ejercicio mejora la salud del cerebro porque incrementa la circulación, lo que hace que llegue más sangre con oxígeno y nutrientes a dicho órgano. Por otro lado, reduce la resistencia a la insulina y mejora el metabolismo de la glucosa, lo que permite un mejor funcionamiento cerebral. Además, estimula la activación de unas proteínas especiales con funciones neuroprotectoras, tales como los FNDC o el factor de crecimiento insulínico tipo 1 (IGF-1), los cuales protegen al cerebro del estrés oxidativo y estimulan el crecimiento y la reparación de las neuronas.

El ejercicio no solo ralentiza los procesos normales relacionados con el envejecimiento, sino que también protege contra enfermedades neurodegenerativas como el alzhéimer y el párkinson. El doctor E.

B. Larson y sus colegas del Centro de Estudios de la Salud de Seattle, en Washington, demostraron que la incidencia del alzhéimer en personas de sesenta y cinco años o más que hacían ejercicio tres o más veces por semana era mucho más baja que en aquellas que hacían menos ejercicio o que no hacían ninguno en absoluto.[17]

En otro estudio se vio que caminar a paso ligero mejoraba la memoria en ancianos con alto riesgo de desarrollar alzhéimer. En él participaron 138 hombres de cincuenta o más años, todos con problemas de memoria pero sin cumplir aún plenamente los criterios para que se les diagnosticase demencia senil. Los participantes fueron divididos en dos grupos; el primero comenzó un programa de ejercicio de veinticuatro semanas consistente en caminar durante cincuenta minutos tres días a la semana, mientras que el segundo grupo siguió con su nivel normal de actividad –sin realizar ejercicio–. Transcurridas las veinticuatro semanas, el grupo que practicó ejercicio obtuvo mejores puntuaciones en los test de memoria y en las pruebas cognitivas y calificaciones menores en las escalas utilizadas para valorar la demencia senil. Por su parte, en aquellos que formaban parte del grupo de control se apreció un claro deterioro –tal y como cabría esperar como parte del proceso normal del envejecimiento y la progresiva reducción cerebral–. Los efectos positivos del ejercicio seguían siendo apreciables incluso dieciocho meses más tarde.[18]

Los investigadores concluyeron que los efectos del ejercicio eran mucho mejores que los que se conseguían con los fármacos normalmente empleados para potenciar las funciones mentales en casos de alzhéimer. El ejercicio tiene efectos positivos sobre el volumen del cerebro incluso en pacientes de alzhéimer en los que la reducción cerebral ya es bastante drástica. El área más involucrada en el almacenamiento memorístico y en la recuperación de datos de la memoria –el hipocampo– está protegida y no sufre los procesos de reducción que afectan al resto del cerebro.[19]

Investigadores del hospital de investigación infantil St. Jude de Memphis, en Tennessee, han puesto de manifiesto que el ejercicio aumenta la capacidad de autorreparación del cerebro. Demostraron que algunas sustancias neurotóxicas que dañan las áreas cerebrales que controlan el movimiento y provocan la aparición de párkinson se vuelven completamente inocuas mediante la práctica asidua de ejercicio.[20]

Estudios como los descritos anteriormente parecen sugerir que el ejercicio no solo frena los procesos naturales del envejecimiento, sino que potencialmente también puede aportar una apreciable protección contra varias enfermedades neurodegenerativas. En esencia, el ejercicio actúa claramente como un antídoto contra la neurodegeneración.

La actividad física también protege a la retina del deterioro natural que se produce con la edad. En un estudio llevado a cabo con más de 40.000 corredores de fondo de mediana edad en el año 2009 se vio que aquellos que recorrían más kilómetros eran los que tenían menos probabilidades de desarrollar degeneración macular.[21] No obstante, el estudio no establecía ninguna comparación entre corredores y no corredores, ni trataba de explicar de qué manera el ejercicio ocasionaba un efecto protector sobre la retina.

Investigadores de la Universidad de Emory, en Atlanta, y del Centro de Administración Médica de los Veteranos de Atlanta intentaron dar respuesta a esas preguntas.[22] Su curiosidad se despertó por las investigaciones con animales que se estaban llevando a cabo en la segunda de estas entidades. Se dieron cuenta de que el ejercicio incrementaba la concentración de factores de crecimiento en el torrente sanguíneo y en el cerebro de los animales —y en particular de los FNDC, de los cuales se sabe que favorecen la regeneración y el buen estado de salud de las neuronas—. La retina también contiene neuronas, por lo que los investigadores se preguntaron si el ejercicio podría aumentar los niveles de FNDC también en ese órgano, lo que potencialmente afectaría de forma positiva al buen estado de la retina y, por lo tanto, de la vista.

Para comprobar esta hipótesis pusieron a un grupo de ratones en cintas para correr durante una hora al día. A los ratones de un segundo grupo —usado como grupo de control— se les permitió permanecer sedentarios durante todo el día. Al cabo de dos semanas, la mitad de los animales de cada grupo fueron expuestos a una intensa luz brillante durante cuatro horas, mientras que el resto permanecía en jaulas con iluminación tenue —esta exposición a la luz se emplea comúnmente y es ampliamente aceptada como medio para inducir una degeneración de la retina en animales—. Obviamente, este método no imita con precisión la lenta evolución de la enfermedad en los seres humanos, pero sí causa una comparable pérdida de neuronas retinianas condensada en poco tiempo. A continuación, los ratones volvieron a las rutinas habituales de sus correspondientes grupos —el de aquellos que corrían en la cinta y el de aquellos que no— durante otras dos semanas, tras las cuales se analizó el número de neuronas presente en los ojos de cada animal. Los ratones del grupo que no practicaba ejercicio expuestos a la luz brillante ya mostraban un grave deterioro de la retina: casi el 75% de las células fotorreceptoras habían muerto. Los que habían hecho ejercicio antes de ser expuestos a la luz conservaban más o menos el doble de células fotorreceptoras funcionales que los animales sedentarios; además, sus células eran más sensibles a la luz normal que las de las neuronas retinianas que habían conseguido sobrevivir en el grupo de los ratones que no hacían ejercicio. Por lo que parece, el ejercicio hizo que las retinas de los roedores fuesen más resistentes.

Además, los investigadores midieron también los niveles de FNDC en los ojos y en la sangre de otros ratones a los que también estuvieron sometiendo a ejercicio o a reposo durante dos semanas; los corredores presentaban niveles mucho más altos. Al inyectar en otros ratones una sustancia química que bloquea la absorción de los factores de crecimiento antes de ponerlos a correr o exponerlos a la luz intensa, se vio que sus ojos se deterioraban en la misma medida que los del grupo de los sedentarios. Es decir, cuando los ratones no podían utilizar los FNDC, el ejercicio no suponía ninguna protección adicional para los ojos. Estos experimentos demuestran que el ejercicio protege la visión aumentando los niveles de FNDC presentes en la retina.

Muchos estudios han confirmado que el ejercicio aeróbico —que consiste en movimientos continuos y vigorosos e incluye actividades como correr, nadar o practicar senderismo— aporta un claro beneficio para la salud del cerebro y de los ojos. Hacer pesas —un ejercicio anaeróbico— proporciona menos beneficios en lo que respecta a la salud ocular. Estudios llevados a cabo en humanos han demostrado de manera consistente que cuanto más larga sea la duración o más vigoroso sea el ejercicio aeróbico practicado, mayor es el aumento de los niveles de FNDC.[23-25]

Para producir un incremento significativo en los niveles de FNDC el ejercicio ha de ser moderado o intenso.[26] Dicho claramente, un paseo relajado de treinta minutos no va a afectar demasiado a los FNDC, pero sí una buena caminata de la misma duración a ritmo fuerte. Cuanto mayor sea la intensidad, mayor será el efecto producido. Un estudio llevado a cabo con corredores profesionales en activo demostró que el riesgo de deterioro retiniano relacionado con la edad se reducía en un 10% por cada kilómetro recorrido al día.[27]

LA DIETA CETOGÉNICA

Hace años se descubrió que el ayuno puede producir un notable efecto terapéutico en el organismo. Al contrario que en el ayuno intermitente —en el que se dan cortos periodos de ayuno separados por periodos en los que se come normalmente—, la denominada «terapia del ayuno» consiste en una total abstinencia de alimentos y bebidas —excepto agua— durante varios días o semanas cada vez. A principios del siglo xx, los médicos solían emplear esta terapia para tratar muchos problemas de salud crónicos como la artritis, la dermatitis, los trastornos digestivos o los desórdenes de índole psiquiátrica. Una de las patologías que respondían excepcionalmente bien a la terapia del ayuno era la epilepsia, un trastorno neurológico que se caracteriza por la presencia de una actividad eléctrica anormal en el cerebro que da lugar a convulsiones y ataques repentinos y recurrentes. Estos episodios pueden ir desde simplemente quedarse en blanco y con la vista fija en un punto durante unos pocos segundos hasta fuertes convulsiones con movimientos violentos e incontrolables de brazos y piernas y pérdida de conciencia. Lo epilépticos pueden llegar a sufrir hasta cien o más de estos ataques al día. Cuando pacientes de epilepsia fueron sometidos a un ayuno total –únicamente bebiendo agua– durante un periodo de entre catorce y treinta días, el número de ataques disminuyó notablemente y los resultados fueron duraderos. Con la terapia del ayuno la mayoría de los pacientes experimentan una drástica reducción en el número de ataques, y algunos incluso no vuelven a sufrir ataques ni convulsiones nunca más. Los efectos pueden durar meses, años o incluso de por vida.

Los médicos se dieron cuenta de que cuanto más tiempo se mantenía a dieta al paciente, mejor era el resultado. Sin embargo, como es obvio, hay un límite en cuanto al tiempo que una persona puede permanecer en ayuno sin ingerir nada más que agua. A principios de los años veinte los médicos comenzaron a poner su atención en el desarrollo de un tipo de dieta que pudiera imitar los efectos terapéuticos del ayuno pero permitiendo a la vez un aporte de nutrientes suficiente como para mantener un buen estado de salud. El resultado fue la dieta cetogénica.

La dieta cetogénica consiste en tomar una alta proporción de grasas, una cantidad moderada de proteínas, tan solo una pequeña cantidad de carbohidratos y absolutamente nada de azúcares. Normalmente alrededor de entre el 55 y el 60% de nuestro consumo diario de calorías proviene de los carbohidratos. En la dieta cetogénica clásica los carbohidratos se reducen hasta únicamente entre el 2 y el 3% del total de calorías consumidas. En los adultos, que típicamente consumen 2.000 calorías al día, esto equivale a unos 10-15 g diarios. Al reducir tan drásticamente el aporte calórico proveniente de los carbohidratos, se requiere otra fuente de calorías para contrarrestar la diferencia. En la dieta cetogénica estas calorías provienen de las grasas –que son las que proporcionan los constituyentes básicos de las cetonas–, las cuales pasan a aportar alrededor del 86-90% de las calorías diarias. El resto son proteínas –aproximadamente un 8% del total de calorías–. La dieta cetogénica no es una dieta rica en proteínas, sino que contiene la cantidad mínima necesaria para mantener una buena salud. Se puede describir como «rica en grasas, adecuada en proteínas y muy pobre en carbohidratos».

En condiciones normales nuestro cuerpo obtiene la energía de la combustión de glucosa —la cual se logra principalmente de los carbohidratos presentes en los alimentos—. En el ayuno, al no haber aporte de carbohidratos en la ingesta, el organismo utiliza las grasas almacenadas en el cuerpo y los ácidos grasos se liberan en el torrente sanguíneo para suministrar la energía necesaria. Parte de estas grasas son convertidas por el hígado en unos compuestos solubles en agua —betahidroxibutirato, acetoacetato y acetona— conocidos colectivamente con el nombre de «cuerpos cetónicos» o, simplemente, «cetonas», las cuales son utilizadas por las células como una fuente alternativa de energía. Durante el ayuno los niveles de cetonas en sangre aumentan; se dice que la persona presenta «cetosis». También se puede llegar a la cetosis mediante la limitación de la cantidad de carbohidratos en la dieta; una dieta baja en carbohidratos puede llevar a un estado de cetosis. En 1921 el doctor Russel Wilder, de la clínica Mayo, acuñó el término *dieta cetogénica* para designar una dieta que produce un alto nivel de cetonas en sangre caracterizada por ser muy rica en grasas y muy baja en carbohidratos. Fue el primero en utilizar esta dieta como tratamiento para la epilepsia.

La dieta cetogénica ha demostrado ser muy efectiva en el tratamiento de la epilepsia, incluso en sus variantes más graves; no solo reduce significativamente el número de ataques, sino que en muchos casos puede producir una curación completa. La dieta se emplea principalmente en niños y se les aplica este tratamiento durante aproximadamente un par de años. Después las restricciones dietéticas se van relajando progresivamente hasta que el paciente puede comer normalmente. Dado que la dieta cetogénica demostró ser tan útil en la corrección de los defectos cerebrales asociados con la epilepsia, los investigadores comenzaron a probarla en otras patologías de carácter cerebral y nervioso. La evidencia arrojada por los estudios clínicos llevados a cabo tanto en animales como en humanos muestra que la dieta cetogénica puede aportar mejorías en una amplia gama de enfermedades neurodegenerativas, incluyendo narcolepsia (un trastorno del sueño que se caracteriza por unas ganas repentinas e incontrolables de dormir), depresión, migrañas, alzhéimer, párkinson, enfermedad de Huntington, esclerosis lateral amiotrófica (ELA), autismo, derrames cerebrales y lesiones por traumatismos cerebrales. También se ha asociado a mejoras en las funciones cognitivas.[28-37]

En cultivos de tejidos los cuerpos cetónicos han demostrado aumentar la supervivencia de las neuronas motoras —las neuronas que controlan el movimiento—. Esto es importante para las personas con ELA, una enfermedad neurodegenerativa que afecta precisamente a ese tipo de neuronas y que se caracteriza por un progresivo debilitamiento muscular que acaba produciendo parálisis y, finalmente, la muerte.

En un experimento llevado a cabo con ratones con ELA, los investigadores aplicaron la dieta cetogénica a individuos modificados genéticamente para que desarrollasen dicha enfermedad. Estos ratones conservaron mejor su fuerza física y su rendimiento general en comparación con aquellos a los que se sometió a una dieta estándar. Al realizar la autopsia se vio que la cantidad de neuronas motoras supervivientes era significativamente mayor en los ratones de la dieta cetogénica que en los ratones de control.

La enfermedad de Huntington es una patología hereditaria que produce un deterioro progresivo en las neuronas cerebrales. Esta dolencia se traduce normalmente en trastornos en el movimiento y en desórdenes cognitivos y psiquiátricos. Para estudiarla se emplean ratones genéticamente modificados para que desarrollen esta patología. Se ha demostrado que una intervención dietética que aumente los niveles de las cetonas en sangre retrasa la aparición de la enfermedad y prolonga la vida de los ratones hasta en un 15%; en los seres humanos, eso equivaldría a entre 10 y 12 años más de vida.

En cultivos de tejidos de neuronas dopaminérgicas y del hipocampo —las zonas afectadas por el alzhéimer y el párkinson— también se ha comprobado que las cetonas tienen un efecto protector sobre dichas células.[38] Para imitar el párkinson, a los animales de laboratorio se les administra MPTP, un fármaco neurotóxico que provoca la destrucción de las neuronas dopamínicas. Sin embargo, en estos animales las cetonas protegen a las neuronas dopamínicas de los efectos nocivos del MPTP, permitiéndoles mantener su producción de energía y el resto de sus funciones.[39]

Las cetonas no se limitan a detener los procesos neurodegenerativos, sino que pueden incluso recuperar funciones que ya se habían perdido. Esto se demostró en un estudio clínico realizado en pacientes de párkinson por el doctor Theodore van Itallie y sus colegas en la Facultad de Médicos y Cirujanos de la Universidad de Columbia. Según el propio doctor Van Itallie: «Las cetonas constituyen una gran fuente de energía para el cerebro». El estudio se llevó a cabo con 5 pacientes de párkinson, los cuales debían seguir la dieta cetogénica durante un periodo de veintiocho días. Tanto los temblores como la rigidez, el equilibrio y la capacidad para andar mejoraron de media en un sorprendente 43%.[40]

Los participantes siguieron una dieta cetogénica clásica basada en la ingesta de alrededor de un 90% de grasas. Inicialmente fueron 7 los sujetos que se ofrecieron voluntarios para el estudio, pero uno de ellos abandonó la primera semana porque la dieta le resultó demasiado difícil de mantener y otro dejó el estudio por motivos personales. De los 5 restantes, 3 siguieron estrictamente el menú prescrito por los investigadores. Los otros 2 no respetaron la dieta de forma tan estricta, pero aun así consiguieron llegar a un estado de cetosis y mantenerla a lo largo de todo el estudio. Cada participante fue analizado utilizando la Escala de evaluación unificada de la enfermedad de párkinson tanto al inicio como al final del estudio. Al comparar los resultados se comprobó que en todos ellos se había producido una notable mejoría. Curiosamente, los 2 participantes que no siguieron la dieta de forma tan estricta y cuyos niveles de cetonas en sangre eran ligeramente menores fueron los que más mejoría experimentaron: un 46 y un 81%. Esto indica que puede que no sea necesario seguir rigurosamente la dieta cetogénica clásica, sino que una dieta menos restrictiva –por ejemplo, una dieta baja en carbohidratos ligeramente modificada– puede ser tanto o más efectiva.

En estudios de laboratorio llevados a cabo con animales se ha comprobado que las cetonas reducen significativamente la cantidad de placas amiloides que se desarrollan normalmente en el cerebro de los pacientes de alzhéimer.[41-42] Por ejemplo, en investigaciones realizadas con perros las cetonas han demostrado que mejoran la actividad diurna, aumentan el rendimiento en las tareas en las que está involucrada la memoria visual-espacial, elevan las probabilidades de éxito en el aprendizaje de nuevas tareas e incrementan el rendimiento de la memoria a corto plazo.[43] Varios estudios muestran que las cetonas contribuyen a la prevención de lesiones cerebrales y favorecen la curación una vez que estas se han producido.[44-46]

Las cetonas también estimulan la producción y la actividad de los factores neurotróficos –incluyendo los FNDC–, los cuales son de importancia crítica en lo que respecta al buen estado y a la supervivencia de las neuronas.[47] Casi todos los estudios clínicos en los que se han empleado fármacos para proteger la retina, el nervio óptico y otros componentes de los ojos han fracasado. Por el contrario, los FNDC resultan prometedores. Dado que las cetonas provocan un incremento de los FNDC presentes en la retina, se ha propuesto la dieta cetogénica como medio de protección frente al glaucoma y otras enfermedades degenerativas que afectan a este tejido ocular.[48]

Las cetonas pueden ser utilizadas por prácticamente la totalidad de las células y órganos del cuerpo.[49] Casi todas las enfermedades –afecten al cerebro o a cualquier otra parte del cuerpo– llevan aparejadas una inflamación descontrolada y una baja tasa de uso del oxígeno y de la glucosa; las cetonas aumentan la tasa de utilización del oxígeno y mitigan la inflamación, por lo que potencialmente pueden ser muy útiles como medio de protección en una gran cantidad de patologías de diversa índole.

Además de mejorar la salud cerebral, la dieta cetogénica también resulta beneficiosa para muchos otros aspectos relacionados con la salud en general. Se ha demostrado, entre otras cosas, que también reduce la presión arterial alta, facilita la pérdida del exceso de grasa corporal, mejora la concentración, estabiliza y modera los niveles de azúcar y de insulina en sangre, mejora los niveles sanguíneos de colesterol y de triglicéridos, reduce la inflamación y disminuye el riesgo de padecer cáncer. Resumiendo, una dieta cetogénica puede proporcionar las mismas mejoras metabólicas que la restricción calórica y el ejercicio.

EL DENOMINADOR COMÚN

Tanto la restricción de calorías en sus diversas formas como la práctica de ejercicio moderado o intenso y la dieta cetogénica producen efectos positivos similares en la salud general del organismo y más específicamente en su estado neurológico. Todos estos enfoques tienen en común algunos efectos metabólicos importantes como el aumento del consumo de grasas en lugar de glucosa, una mayor producción y utilización de cetonas y la reducción de los niveles de glucosa en sangre.

Las enfermedades degenerativas se asocian normalmente con niveles elevados de glucosa, insulina y triglicéridos. Las personas longevas que conservan un estado de salud relativamente bueno tienen menores concentraciones sanguíneas tanto de glucosa y de insulina como de triglicéridos séricos. Científicos de las Universidades Duke y de Arizona han demostrado que el mecanismo fundamental mediante el cual la restricción calórica y el ayuno intermitente mejoran la salud y prolongan la vida consiste en la alternancia de estos parámetros metabólicos. Mediante el uso de la dieta cetogénica los investigadores fueron capaces de duplicar los efectos metabólicos de la restricción calórica de forma totalmente independiente de la cantidad de calorías ingeridas. Esta dieta se basa en la asunción de que al sustituir la glucosa por las grasas como fuente para la mayor parte de las necesidades energéticas del organismo muchos de los mismos cambios fisiológicos observados en animales con la restricción calórica se producirían también en los individuos que siguieran esa dieta.[50]

A los pacientes que participaron en el estudio les indicaron que comieran siempre que sintiesen necesidad, y no se estableció explícitamente ninguna restricción en la cantidad de calorías —la ingesta vendría determinada únicamente por el apetito de los participantes—. El consumo de proteínas se limitó a aproximadamente 1 g/kg de masa corporal magra al día. Por lo tanto, a la mayoría de los pacientes se les pidió que comiesen entre 50 y 80 g de proteína al día. Únicamente se permitió el consumo de verduras fibrosas y sin almidón. Aunque no se estableció de forma explícita, los porcentajes de calorías diarias de la dieta acabaron siendo los siguientes para la mayoría de los participantes: alrededor de un 20% de carbohidratos, un 20% de proteínas y un 60% de grasas.

El estudio duró tres meses. Durante este tiempo los pacientes perdieron tres kilos de media —de exceso de peso corporal— a pesar de no estar estrictamente «a dieta» y de que comían tanto como querían. También se produjo una apreciable reducción en su presión sanguínea, con una caída media de unos 10 mmHg. Los niveles en sangre de insulina y de glucosa en ayunas también disminuyeron significativamente y se incrementó la sensibilidad a la insulina. Además, a pesar del aumento del consumo de grasas, los niveles de triglicéridos también se redujeron de forma apreciable. La relación triglicéridos/HDL de los participantes disminuyó de media de 5,1 a 2,6 —una reducción muy significativa—. La proporción triglicéridos/HDL se considera uno de los más precisos indicadores del riesgo de sufrir enfermedades cardíacas.[51] Una proporción de 4 o mayor es indicativa de alto riesgo. El valor medio de los participantes al inicio era de 5,1 —un valor excesivamente alto—, pero al final del estudio dicho parámetro bajó hasta un 2,6 —un valor mucho más seguro; 2 se considera lo ideal—. Por lo tanto, en tan solo tres meses de aplicación de una dieta rica en grasas y baja en carbohidratos los pacientes pasaron de pertenecer al grupo de alto riesgo de enfermedades cardíacas a situarse en el de bajo riesgo, disminuyendo también con ello el riesgo de padecer diabetes y muchos otros problemas de salud. De esa forma evitaron o retrasaron la aparición de enfermedades que de otro modo indudablemente hubiesen acortado sus vidas.

En los estudios de longevidad que emplean la restricción calórica se registran los mismos parámetros metabólicos medidos en este estudio. Este y otros estudios demuestran claramente que las dietas ricas en grasas y bajas en carbohidratos producen los mismos efectos fisiológicos que la restricción calórica, pero sin todos los inconvenientes asociados a esta última, como la sensación constante de hambre, los bajos niveles de energía, el descenso general de las funciones metabólicas y la alteración de los equilibrios hormonales.

Por decirlo claramente, la dieta cetogénica es más eficaz que las dietas basadas en la restricción de calorías. De hecho, algunos estudios demuestran que una dieta rica en grasas y baja en carbohidratos produce mejores resultados en los parámetros metabólicos que la restricción calórica. Existe un estudio en el que precisamente se realizó una comparación directa entre ambas dietas; se compararon los efectos de una dieta cetogénica rica en grasas y baja en carbohidratos con una dieta con restricción calórica durante un periodo de veinticuatro semanas en pacientes con obesidad y diabetes tipo 2. En la dieta baja en carbohidratos la cantidad de estos se redujo a 20 g o menos al día —sin establecer ninguna limitación explícita en la cantidad máxima de calorías que se podían ingerir—. En la dieta con restricción calórica se eliminaron 500 calorías al día, es decir, una reducción de aproximadamente el 25%. Ambas dietas produjeron mejoras en los parámetros metabólicos analizados: glucosa en ayunas, triglicéridos, colesterol HDL (bueno), proporción colesterol total/HDL, proporción triglicéridos/HDL, presión arterial, circunferencia de la cintura, peso corporal e índice de masa corporal. En todos los casos los registros de estos parámetros correspondientes a la dieta baja en carbohidratos fueron mejores. Es interesante señalar que los miembros del grupo que siguió la dieta baja en carbohidratos ingirieron más calorías que los del grupo que siguió la dieta con restricción calórica, pero, aun así, perdieron más peso y más centímetros en la cintura. Al parecer esto se debe a un mejor control metabólico y a una mejor sensibilidad a la insulina en el grupo de la dieta baja en carbohidratos. Los efectos fueron incluso más espectaculares en el caso de pacientes diabéticos que se administraban inyecciones de insulina. Por ejemplo, los participantes que antes del experimento necesitaban entre 40 y 90 unidades de insulina fueron capaces de eliminarlas por completo, a la par que vieron mejorado su control glucémico. Alrededor del 95% de los participantes con dieta baja en carbohidratos pudieron reducir o eliminar totalmente sus medicaciones —insulina, metformina, pioglitazona y glimiperida— al final del estudio. Los resultados de esta investigación están en consonancia con otra serie de estudios en los que se han analizado los efectos metabólicos producidos por dietas ricas en grasas y bajas en carbohidratos.[52-56]

La principal conclusión que se puede extraer de estos estudios es que la razón por la que la restricción de calorías protege contra las enfermedades degenerativas y prolonga la vida no es la reducción de calorías en sí, sino más bien la reducción de carbohidratos que lleva asociada. Una dieta baja en carbohidratos —que no conlleva ninguna restricción en la cantidad de calorías que se pueden ingerir— es capaz de producir mejorías más apreciables en los parámetros metabólicos —sin los efectos secundarios adversos que lleva asociados la restricción calórica—. Por lo tanto, la verdadera «dieta antienvejecimiento» es aquella que contiene suficiente cantidad de proteínas como para satisfacer las necesidades del organismo y en la que las grasas reemplazan a la mayor parte de los carbohidratos, de forma que se puede mantener un consumo calórico adecuado. En esencia se trata de una dieta baja en carbohidratos y sin restricción en el consumo de grasas. Este tipo de dieta ha demostrado mejorar la sensibilidad a la insulina y el metabolismo de la glucosa, así como reducir la inflamación, la glicación y la producción de radicales libres, protegiendo de este modo al cerebro y a los ojos de las enfermedades degenerativas.[57]

LOS EFECTOS TERAPÉUTICOS DE LAS CETONAS

Otra característica muy importante que tienen en común la restricción calórica —en sus muchas variantes— y la dieta cetogénica es el aumento de la producción de cetonas.

Al igual que los coches, nuestras células necesitan combustible para funcionar. La glucosa es el equivalente a la gasolina que ponemos en el coche; constituye la principal fuente de energía utilizada por todas las células del cuerpo. La glucosa que necesitamos proviene fundamentalmente de los carbohidratos presentes en los alimentos. Cuando no se ingiere ningún alimento durante un tiempo –por ejemplo entre comidas, mientras dormimos o cuando ayunamos–, los niveles de glucosa en sangre descienden. Sin embargo, nuestras células necesitan un suministro continuo de energía las veinticuatro horas del día. Para satisfacer esta demanda energética, se movilizan las grasas almacenadas en el organismo, lo que conlleva la liberación de ácidos grasos. Nuestras células utilizan estos ácidos grasos para producir energía del mismo modo que usan la glucosa. De esta manera las células siempre tienen acceso o bien a la glucosa o bien a los ácidos grasos.

Este proceso funciona sin problema en todo el organismo excepto en el cerebro, pues los ácidos grasos no pueden atravesar la barrera hematoencefálica, por lo que este órgano no puede utilizar dichas moléculas para satisfacer sus necesidades de energía. Por lo tanto, cuando los niveles de glucemia comienzan a descender, el cerebro necesita una fuente alternativa de energía distinta a los ácidos grasos. Esta fuente alternativa la constituyen, precisamente, las cetonas, un tipo especial de combustible de alta energía que se produce en el hígado con el propósito concreto de nutrir al cerebro. Aunque casi todas las células del organismo pueden utilizar cetonas para generar energía, este tipo de moléculas se produce específicamente para el cerebro. Entre comidas –cuando los niveles de glucosa en sangre disminuyen– el hígado comienza a producir cetonas, por lo que su concentración en sangre aumenta. Después de una comida se incrementan los niveles de glucosa y el hígado deja de producir cetonas, con lo que su concentración en sangre vuelve a bajar. De esta manera el cerebro logra tener un suministro constante de energía, ya sea a partir de la glucosa o de las cetonas.

La demanda metabólica de la retina es muy elevada. Aunque se cree que la glucosa es la fuente principal de energía en este tejido ocular, los cuerpos cetónicos también juegan un papel importante.[58] A las cetonas se las conoce como el «supercombustible» del cerebro, ya que proporcionan más energía de la que se deriva del uso de la glucosa.

Son algo así como la gasolina de alto rendimiento que le ponemos al coche, que proporciona más potencia y más kilometraje con menor desgaste del motor. Las cetonas producen un efecto similar en el cerebro y en los ojos: un mejor rendimiento con menor desgaste.

Estas moléculas son absolutamente esenciales para la buena salud y la supervivencia de las células cerebrales. El cerebro requiere de una gran cantidad de energía —de hecho, el sistema nervioso consume alrededor de dos tercios del total de glucosa que utilizamos normalmente al día—. Cuando el cuerpo está en reposo, el cerebro utiliza aproximadamente una quinta parte de la energía total del organismo. Como hemos visto, las concentraciones de glucosa en sangre fluctúan a lo largo del día y de la noche, por lo que las cetonas son necesarias cuando dichos niveles bajan; sin ellas, las células del cerebro se deteriorarían y acabarían muriendo de inanición.

Las células cerebrales que ya han muerto o que están moribundas provocan inflamación y un aumento en la generación de radicales libres, pero las cetonas mantienen los niveles de energía y evitan que esto ocurra.

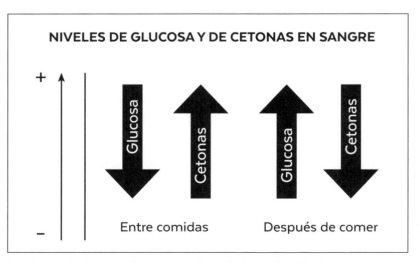

NIVELES DE GLUCOSA Y DE CETONAS EN SANGRE

Glucosa · Cetonas · Glucosa · Cetonas

Entre comidas · Después de comer

Los niveles de glucosa y de cetonas suben y bajan en función de nuestros patrones de alimentación y del tipo de alimentos que tomamos.

La mayor parte de los trastornos neurológicos (alzhéimer, párkinson, glaucoma, degeneración macular, retinopatía diabética, etc.) vienen acompañados casi siempre por un incremento del estrés oxidativo y de la inflamación crónica, la cual provoca resistencia a la insulina. Una inflamación crónica en el cerebro conduce a una aparición de resistencia a la insulina también crónica en dicho órgano. Cuando el cerebro se vuelve resistente a la insulina, es incapaz de absorber eficazmente la glucosa. En esta situación las células cerebrales comienzan a morir, provocando más inflamación, liberando más radicales libres e intensificando la resistencia a la insulina. A diferencia de la glucosa, las cetonas no se ven afectadas por la resistencia a la insulina; consiguen sortear esa deficiencia del metabolismo de la glucosa y proporcionan a las células cerebrales la energía que necesitan para seguir funcionando correctamente.

El cerebro humano es uno de los órganos metabólicamente más activos del cuerpo y por lo tanto necesita una gran cantidad de oxígeno; en un adulto representa tan solo el 2% del total de la masa corporal y, sin embargo, consume aproximadamente el 20% del oxígeno inhalado. Esta cantidad de oxígeno ha de ser suministrada al cerebro sin interrupción. Si no podemos respirar, incluso aunque sea únicamente durante unos minutos, morimos por asfixia. Análogamente, si el suministro de oxígeno al cerebro se corta o se reduce, este órgano muere de asfixia en cuestión de minutos. Esto es exactamente lo que sucede cuando se produce un derrame cerebral: si un vaso sanguíneo que nutre al cerebro queda obstruido o se rompe —interrumpiendo así el flujo normal de sangre—, las células cerebrales dejan de recibir el oxígeno que necesitan, por lo que comienzan a asfixiarse y a morir.

Las cetonas hacen disminuir los requerimientos de oxígeno del cerebro, reduciendo de esta forma el consumo de oxígeno y mejorando su utilización. Se ha visto que las cetonas protegen el cerebro de animales de laboratorio sometidos a hemorragias cerebrales o a interrupciones en el suministro de oxígeno.[59] Estos animales sufren menor daño y se recuperan más rápido que aquellos que no pueden beneficiarse de la acción de las cetonas. Dado que muchos trastornos neurológicos conllevan una disminución del metabolismo cerebral, las cetonas pueden mejorar la utilización del oxígeno y evitar así que las células cerebrales tengan falta de él. Es por esta razón por lo que en los líquidos para uso intravenoso que se emplean en las operaciones quirúrgicas de derivación cardíaca (*bypass*) se estén desarrollando fórmulas que contienen cetonas en un intento de prevenir los déficits cognitivos provocados por la disminución del flujo sanguíneo en el cerebro que se produce durante la operación.[60]

Nuestras células utilizan el oxígeno para convertir la glucosa en energía. Cuando la glucosa se oxida para producir energía, se forman radicales libres como un subproducto de este proceso químico. Volviendo a la analogía automovilística, esto es similar a cuando el coche quema oxígeno y gasolina para generar energía: en el proceso se expulsan sustancias tóxicas por el tubo de escape. Los radicales libres son, básicamente, las sustancias tóxicas que producen las células.

La mayor parte del oxígeno que llega al cerebro se utiliza para convertir glucosa en energía. Puesto que en este proceso el cerebro emplea una parte extraordinariamente grande del oxígeno del organismo, se origina también una cantidad extraordinariamente grande de radicales libres en dicho órgano; el cerebro se convierte así en un hervidero de radicales libres. En los ojos, la actividad de estas moléculas se ve intensificada por la exposición a la luz solar; la luz —especialmente los rayos UV y la luz azul— es un potente generador de radicales libres. Consecuentemente, los ojos están sometidos a una cantidad excepcionalmente alta de radicales libres y de su actividad nociva. Es por este motivo por lo que los antioxidantes resultan tan importantes para la buena salud ocular y por lo que las enfermedades oculares degenerativas conllevan un nivel tan elevado de lesiones causadas por radicales libres.

Las cetonas son como la «energía limpia» del cuerpo. Cuando las células queman cetonas en lugar de glucosa, se requiere mucho menos oxígeno, por lo que la producción de radicales libres se reduce drásticamente y se conserva una cantidad mucho mayor de antioxidantes.[61] Aunque las cetonas producen más energía, lo hacen liberando muchísimos menos contaminantes —radicales libres— que la glucosa. Muchos de los efectos terapéuticos que provocan la restricción calórica, el ayuno y la dieta cetogénica se atribuyen a la considerable reducción de la generación de radicales libres que conllevan.

Además, cuando el cuerpo está en cetosis, el nivel de glucosa en sangre es relativamente bajo. Esto significa que hay menos glucosa en el torrente sanguíneo que pueda ser glicada y que dé lugar a la consiguiente formación de los perjudiciales productos de la glicación avanzada (PGA). A su vez, esto también reduce la cantidad de radicales libres que se pueden formar como resultado de la actividad de dichos PGA.

Uno de los efectos más significativos de las cetonas en el cerebro es la activación de los factores neurotróficos —y de los FNDC en particular—, los cuales juegan un papel crítico en el correcto funcionamiento y en la supervivencia de las neuronas.[62] Cuando el nivel de glucosa en sangre disminuye, el hígado comienza automáticamente a producir cetonas como alternativa para mantener los niveles de energía que requiere el cerebro. Como hemos visto, tanto la dieta cetogénica como el ayuno limitado al agua, el ayuno intermitente, la restricción calórica y el ejercicio moderado o intenso reducen todos ellos los niveles de glucosa en sangre, estimulando así la producción de cetonas. Estas, a su vez, disparan la producción y activación de los FNDC. Según esta correlación, los procedimientos que disminuyan más el nivel de glucosa en sangre —y por lo tanto eleven más la concentración de cetonas— serán los que den lugar a los mayores niveles de producción de FNDC. El ejercicio moderado no estimula normalmente la producción de estos factores, ya que tendría que ser lo suficientemente intenso y prolongado como para quemar todo el glucógeno almacenado en el organismo y conseguir que el cuerpo comience a quemar grasas —es decir, los niveles de glucosa tendrían que reducirse lo suficiente como para empezar a producir cetonas—.[63-65] Por la misma razón, el ayuno en el que tan solo se toma agua y la dieta cetogénica tienen un efecto más notable en el aumento de FNDC que la simple restricción calórica. Los niveles de FNDC de los diabéticos tipo 2, que son resistentes a la insulina y presentan niveles de glucemia elevados de forma crónica, son más bajos de lo normal.[66] De hecho, cualquiera que tenga resistencia a la insulina en mayor o menor grado –incluso los prediabéticos– tendrá también bajas concentraciones de FNDC. Afortunadamente, estos niveles se pueden incrementar aumentando la cantidad de cetonas en sangre.

También parece que las cetonas ejercen directamente y por sí mismas una función de protección en el cerebro. En estudios realizados con ratas se ha demostrado que las cetonas aumentan la supervivencia de las neuronas neocorticales gravemente dañadas de cultivos celulares expuestos a glutamato o a peróxido de hidrógeno durante diez minutos o más. La toxicidad del glutamato contribuye a la degeneración neuronal en muchas enfermedades del sistema nervioso central, incluyendo derrames cerebrales, epilepsia, traumatismos craneoencefálicos y alzhéimer.[67]

El 60% del cerebro se compone de lípidos (grasas y colesterol). Las grasas son esenciales para que el cerebro funcione adecuadamente. Las cetonas proporcionan las unidades básicas de construcción de lípidos en las células cerebrales nuevas[68-69]; aunque resulte sorprendente, una gran parte de nuestro cerebro está compuesto de derivados de las cetonas. Al tercer trimestre del embarazo y a los primeros meses de vida se los conoce como la etapa del «crecimiento cerebral acelerado». En este periodo el cerebro experimenta su mayor crecimiento y desarrollo y el feto (o el bebé) se halla en un estado permanente de cetosis –con niveles sanguíneos de cetonas elevados–.[70] Las cetonas no se limitan a cubrir las altas demandas energéticas cerebrales, sino que también proporcionan los materiales de construcción fundamentales para el cerebro en crecimiento. El cerebro de los adultos también necesita cetonas para llevar a cabo la síntesis de células cerebrales. Al igual que en el resto del cuerpo, estas células están siendo continuamente reparadas y reemplazadas. Las neuronas dañadas se recuperan más fácilmente cuando se les suministra la cantidad adecuada de cetonas.

En resumen, las cetonas juegan un papel muy importante en la salud de los ojos y del cerebro y aportan muchos beneficios, entre los que se incluyen los siguientes:

- Son esenciales para la supervivencia de las neuronas.
- Constituyen un combustible de alta energía alternativo a la glucosa.
- Mejoran la utilización del oxígeno.
- Reducen la formación de radicales libres y contribuyen a la conservación de antioxidantes.
- No les afectan los defectos en el metabolismo de la glucosa o la resistencia a la insulina.
- Reducen la formación de los PGA.
- Activan los FNDC, los cuales regulan el crecimiento, la reparación y las funciones celulares.
- Protegen de las toxinas y del estrés.
- Proporcionan los elementos básicos para la construcción de los lípidos que intervienen en la reparación de los tejidos cerebrales dañados y en la generación de nuevas células cerebrales.

¡No es de extrañar que los que siguen una dieta cetogénica experimenten tantas mejoras en su salud! Por todas estas razones, las cetonas pueden tener un efecto muy pronunciado en el estado del cerebro y por tanto utilizarse terapéuticamente para tratar trastornos cerebrales y oculares.

Antes se pensaba que el cerebro no podía regenerarse y que, por lo tanto, las neuronas —o células cerebrales— con las que nacíamos eran las únicas que íbamos a tener durante toda la vida. Según esta idea, al envejecer se iban perdiendo más y más neuronas sin ninguna posibilidad de que se crearan otras nuevas. Hace ya mucho tiempo que esta idea ha sido refutada, pues ahora sabemos que el cerebro puede producir células nuevas y, de hecho, así lo hace. Del mismo modo, durante muchos años se pensó que los ojos no podían regenerarse pero descubrimientos recientes han demostrado que bajo las condiciones adecuadas la retina, el nervio óptico e incluso las células fotorreceptoras se pueden regenerar.[71-75]

La clave para que esta regeneración tenga lugar está en que haya cetonas disponibles; aumentando los niveles sanguíneos de cetonas hasta valores terapéuticos y manteniendo estos niveles durante cierto tiempo pondremos en marcha los procesos que pueden contrarrestar las lesiones sufridas por las neuronas del cerebro y de los ojos, así como estimular el crecimiento de nuevas células en dichos órganos. Todo esto supone una gran esperanza, pues significa que es muy probable que la vista perdida debido a enfermedades asociadas a la edad pueda —al menos en cierta medida— recuperarse.

9

LAS CETONAS DEL COCO

UN CEREBRO MÁS SANO

En una mañana de diciembre de 2012, Vrajlal Parmar se levantó, se lavó, se vistió y a las 10 de la mañana cogió el autobús para dirigirse a un centro recreativo cercano. Ya por la tarde, el hombre, de sesenta y siete años, londinense y antiguo trabajador de una línea de producción, cogió de nuevo el autobús para regresar a casa.

Nada de todo lo que sucedió ese día habría sido especialmente notorio de no ser porque casi un año antes a Parmar le habían diagnosticado alzhéimer en fase avanzada. Se le hizo la «miniprueba del estado mental» (MMSE, por sus siglas en inglés), un test que los médicos utilizan para diagnosticar y medir la progresión de esta enfermedad. Una persona sana debería ser capaz de responder correctamente a las treinta preguntas que incluye; una puntuación entre 20 y 25 es indicativa de demencia leve, de 11 a 19 se considera demencia moderada y cualquier valor por debajo de 10 denota la presencia de demencia grave. Parmar estaba tan afectado por la enfermedad que no fue capaz de contestar a ninguna de las preguntas. Su estado era tan grave que los medicamentos que se emplean normalmente para esta dolencia ya no tendrían ningún efecto en su caso.

Tal y como lo expresa su hijo Kal Parmar, quien cuida de él en su casa de Londres junto con Taramati, la esposa de Vrajlal:

> Papá estaba tan afectado que ya no podía hacer nada por sí mismo. Era incapaz de lavarse, vestirse o ir al baño sin ayuda. Había que estar todo el tiempo pendiente de él. La idea de que cogiera un autobús por sí mismo —incluso aunque fuese un autobús especial para ir al centro de atención a la demencia— estaba absolutamente descartada. Por las noches muchas veces se mostraba hiperactivo; nos despertaba a menudo porque empezaba a tirar las cazuelas y las sartenes de las estanterías o a vaciar los armarios.

Según Kal lo que ha marcado la diferencia ha sido la cucharada de aceite de coco que le han estado dando al anciano Parmar dos veces al día mezclada con la comida durante aproximadamente los seis últimos meses:

> Antes de empezar a darle aceite de coco papá había dejado de hablar y no podía recordar su nombre ni su fecha de nacimiento. Ahora se puede tener una conversación sencilla con él. Vamos a pasear. Incluso recuerda su número de la Seguridad Social. La verdad es que estamos muy contentos.

Kal Parmar oyó hablar por primera sobre el uso del aceite de coco en el tratamiento del alzhéimer en un vídeo de YouTube; se trataba de un vídeo de una doctora de Florida que consiguió curar el alzhéimer de su marido utilizando ese aceite.

Kal cuenta que probablemente habría pensado que se trataba simplemente de otro caso de exageración propagandística de internet y lo habría descartado de no ser por un comentario favorable sobre el aceite de la doctora Kieran Clarke, profesora de Bioquímica fisiológica en la Universidad de Oxford y jefa del Grupo de Investigación del Metabolismo Cardíaco. Eso fue lo que le hizo pensar que debía de haber algo de cierto en todo ello, así que se puso en contacto con ella.

La doctora Clarke —experta en todo lo relacionado con cómo el cuerpo crea y utiliza la energía— le explicó a Kal de qué modo los triglicéridos de cadena media (TCM) del aceite de coco son transformados en cetonas en el organismo. Según ella, son algo así como el «alimento del cerebro».

El aceite de coco es cetogénico; al consumirlo, una parte de los TCM que contiene se convierten automáticamente en cetonas, con independencia de los niveles de azúcar en sangre o de cuáles sean los otros alimentos presentes en la alimentación. De esta manera, se pueden elevar los niveles de cetonas hasta valores terapéuticos simplemente tomando aceite de coco.[1] En cierto sentido, si se toma suficiente aceite de coco, cualquier dieta puede ser cetogénica.

Tras hablar con la doctora Clarke, Kal comenzó a darle aceite de coco a su padre y los resultados fueron increíbles.

La doctora de Florida que aparecía en el vídeo de YouTube era la pediatra Mary Newport, que ha estado usando el aceite de coco con bastante éxito para tratar a su marido, Steve. Normalmente el alzhéimer no aparece hasta después de los sesenta años, pero a Steve se lo diagnosticaron a los cincuenta y tres; tiene lo que se denomina «alzhéimer precoz».

Antes de que le diagnosticasen esta enfermedad, Steve trabajaba como contable. En tan solo unos años perdió la capacidad de realizar operaciones matemáticas sencillas, así como de leer o escribir palabras simples de tres letras como *out* (fuera) o *put* (poner). Ya no podía escribir con el teclado del ordenador, tenía dificultades para vestirse y estaba olvidando los nombres de los miembros de su familia. Además de los problemas de memoria, también sufría temblores incontrolables en las manos y en la cara. Para caminar tenía que ir dando pasos lentos y mecánicos con mucho esfuerzo.

La doctora Newport le administró todos los medicamentos estándar que se usan comúnmente para tratar el alzhéimer pero no produjeron ninguna mejoría y la enfermedad siguió avanzando rápidamente. Desesperada por encontrar algo que pudiera ayudar, comenzó a investigar fármacos que aún se encontraban en fase de desarrollo. Su intención era inscribir a Steve en un estudio piloto cuyo objetivo era probar los fármacos nuevos más prometedores. En su búsqueda se topó con uno en concreto que era tremendamente prometedor; en los estudios preliminares que se habían llevado a cabo en pacientes mayores con demencia, produjo una mejora claramente constatable en las habilidades cognitivas. Esto resultaba de enorme interés, ya que no se habían conseguido mejoras reales con ningún fármaco anteriormente; ninguno de los medicamentos disponibles en la actualidad en el mercado pueden detener la progresión de esta enfermedad degenerativa —ni mucho menos revertirla—; en el mejor de los casos lo único que consiguen es frenar su evolución.

Con todas sus esperanzas puestas en este nuevo fármaco, la doctora Newport consiguió una cita para que examinaran a su marido y lo incluyeran como participante en ese estudio. Como parte de la evaluación, a Steve le pidieron que realizase la MMSE; de las treinta preguntas, respondió correctamente doce, muy por debajo del mínimo de dieciséis establecido para poder participar en el estudio. De hecho, su puntuación fue tan baja que indicaba que se estaba acercando ya a las fases más graves y agudas de la enfermedad. Se consideró que en Steve el alzhéimer estaba demasiado avanzado y que no había ninguna esperanza de mejoría, por lo que lo rechazaron como participante en el estudio. Sin más, se les dijo que volviesen a casa.

La doctora Newport había estado indagando mucho sobre este medicamento y en su investigación descubrió en internet la página de la patente en cuestión, en la que se detallaban tanto la teoría como la bioquímica en la que se basaba e incluso mostraba la lista de los ingredientes de los que estaba compuesto. Descubrió que el medicamento contenía tan solo un ingrediente activo: triglicéridos de cadena media derivados del aceite de coco. Pensó que aunque no pudieran participar en el estudio, sí podían poner en marcha su propia investigación usando el aceite de coco. Tan pronto como tomó esta decisión se acercó a la tienda naturista más cercana y compró una botella de aceite de coco virgen. Calculó la cantidad que tendría que darle a Steve para igualar los TCM que se iban a usar en el estudio y resultó que era suficiente con algo menos de dos cucharadas y media al día.

Tan solo dos semanas después de que lo hubieran rechazado para el estudio comenzó a añadir esta cantidad de aceite de coco en los copos de avena que su marido solía tomar para desayunar. Esa misma tarde tenían sesión con el neurólogo. En esa visita a Steve se le pidió de nuevo que realizase la MMSE. ¡Y en esta ocasión contestó adecuadamente a dieciocho de las treinta preguntas! La mejoría que había experimentado era más que notable. El médico que atendía a Steve no había visto nunca mejorar a un paciente de alzhéimer de esa manera, pues se trata de una enfermedad progresiva que siempre va a peor, nunca a mejor. La doctora Newport era consciente de que habían descubierto algo increíble.

Continuó dándole aceite de coco a Steve diariamente durante todo el año siguiente. De hecho, aumentó la dosis, pues pensaba que así mejoraría su evolución. Durante ese tiempo Steve recuperó la capacidad de leer, escribir y teclear en el ordenador. Era capaz de encender el ordenador y navegar por internet sin ningún tipo de ayuda, algo que le había resultado absolutamente imposible de hacer en los últimos años. Los temblores de la mano y de la cara desaparecieron y fue capaz de volver a practicar *jogging* de nuevo por primera vez en los dos últimos años. Posteriormente volvió a realizar la MMSE y contestó correctamente veinte preguntas, lo que le situaba claramente en el rango del alzhéimer de intensidad moderada. Mejoró tanto que comenzó a prestar servicios como voluntario en el hospital en el que trabajaba su esposa, realizando tareas en el departamento de recepción y envío de documentos.

El propio Steve nos cuenta que antes de comenzar a tomar el aceite de coco se sentía como si estuviera encerrado en una habitación oscura. No podía pensar con claridad ni expresarse como quería. Cuando empezó a tomarlo, fue como si alguien encendiese la luz y pudiera volver a ver nuevamente con claridad. En sus propias palabras: «¡El aceite de coco me ha devuelto la vida!».

Alentada por la sorprendente mejoría de su marido, la doctora Newport llevó a cabo un estudio informal basado en 60 pacientes con demencia. El propósito del estudio consistía en identificar mejoras específicas en este tipo de pacientes después de añadir aceite de coco/TCM en su alimentación diaria. Los cuidadores de los pacientes se encargaron de realizar los controles, apuntar los datos e informar de los resultados. Las mejorías más comunes se daban en la memoria, el comportamiento social, el habla y la conversación y en actividades cotidianas como leer y hacer las tareas del hogar. Otras mejoras fueron la reducción de los temblores, la capacidad de caminar sin ayuda, una mayor fuerza y equilibrio, un aumento de la energía, un mejor sueño, la reducción de las molestias visuales y la capacidad de ver con más claridad.[2]

En la actualidad la doctora Newport viaja por todos los Estados Unidos contando la historia de Steve y fomentando la investigación relacionada con el uso terapéutico de los TCM como alternativa para tratar trastornos neurológicos. Muchas personas con diversas formas de demencia, párkinson, ELA y otras enfermedades neurodegenerativas están incorporando el aceite de coco en su alimentación con un éxito notable. Por muy increíbles que puedan resultar estas historias, no nos hace falta basarnos en los testimonios e informes de los cuidadores para saber que el aceite de coco puede curar los daños causados por diversas enfermedades neurológicas; los TCM se llevan utilizando con éxito para tratar —y en muchos casos incluso curar completamente— la epilepsia desde los años setenta. La literatura médica está repleta de estudios clínicos que demuestran lo adecuado que resulta su uso para este fin.[3-5] Los TCM son mucho más fáciles de convertir en cetonas que los mucho más comunes y abundantes triglicéridos de cadena larga. Esto llevó al desarrollo de una variante de la dieta cetogénica que se basa en el consumo de TCM como principal fuente de grasas. En esta dieta cetogénica modificada la cantidad total de grasas necesarias para inducir un estado de cetosis es menor, lo cual permite al paciente ingerir una mayor cantidad de carbohidratos y de proteínas, consiguiendo así ampliar en gran medida el tipo de alimentos que se pueden tomar y mejorando también la palatabilidad y el contenido nutricional de la dieta. Se ha comprobado que la dieta cetogénica modificada es igual de efectiva a la hora de tratar la epilepsia que la dieta cetogénica clásica; tanto es así que actualmente la que más se emplea para este fin es una versión de la primera.

En estudios llevados a cabo con perros de edad avanzada los suplementos alimenticios con aceites basados en TCM han demostrado su capacidad para mejorar la memoria.[6] Investigadores del Nestlé Purina Research de St. Louis, en Missouri, compararon a dos grupos de perros mayores de la raza beagle. Las pruebas cognitivas realizadas al inicio del estudio no mostraron diferencias entre ambos grupos. Durante ocho meses se añadieron TCM a la alimentación de uno de los grupos. Finalmente, una vez transcurrido ese periodo, se sometió a ambos grupos a una serie de pruebas cognitivas para evaluar la capacidad de aprendizaje, la función visual-espacial y la atención. El que había recibido los TCM tuvo un rendimiento significativamente mejor en comparación con el grupo de control. Debido a los resultados obtenidos en este y otros estudios llevados a cabo tanto por esta empresa de alimentación animal como por otras entidades, Purina ha puesto a la venta un tipo de comida para perros especialmente formulada para individuos de edad avanzada que contiene aceite de coco. Según la propia empresa, los dueños de los perros que utilizan este producto están notando mejorías en la capacidad de atención y de entrenamiento, en los procesos de toma de decisiones y en las funciones cognitivas generales de sus mascotas.

En estudios realizados con humanos, los TCM del aceite de coco han producido mejores resultados en pacientes de alzhéimer que cualquiera de los demás tratamientos empleados actualmente. Por ejemplo, en un estudio se invitaba a pacientes de esta enfermedad a tomar dos bebidas distintas, una que contenía TCM y otra que no. En distintos días, cada uno de los participantes tomaba una de las bebidas y realizaba un test de memoria noventa minutos después. Los resultados mostraron que obtenían unas puntuaciones apreciablemente mejores después de haber tomado la bebida que contenía TCM que después de haber tomado la bebida que no los contenía.[7]

Este estudio es importante principalmente por tres razones. En primer lugar, demuestra que los TCM pueden verdaderamente mejorar las funciones cognitivas de los pacientes de alzhéimer. Ningún medicamento ha producido jamás efectos tan positivos; lo máximo que han conseguido es frenar ligeramente la progresión de la enfermedad, pero eso es todo. En segundo lugar, los efectos aparecen casi inmediatamente; en tan solo noventa minutos los pacientes ya lograban mejores puntuaciones en los test de memoria. Y en tercer lugar, la mejora se conseguía tras haber tomado una única dosis de TCM; no hizo falta esperar seis meses ni administrar cien dosis para poder ver los beneficios. Ningún fármaco o tratamiento empleado en la enfermedad del alzhéimer se ha acercado siquiera a resultados como estos.

Por lo que parece, el aceite de coco tomado regularmente proporciona protección al cerebro a largo plazo. Una de las características del alzhéimer es la formación de depósitos en el tejido cerebral, las denominadas «placas amiloides». Con la edad, todos desarrollamos una cierta cantidad de estas placas amiloides en el cerebro. Sin embargo, las personas que padecen de alzhéimer acumulan entre cinco y diez veces más de lo normal. Estas placas se forman inicialmente en áreas del cerebro importantes para el aprendizaje y para la memoria y, con el tiempo, se extienden a otras regiones cerebrales. Se cree que son un factor importante en el deterioro mental que se produce en los pacientes de alzhéimer. El aceite de coco ha demostrado ser útil para prevenir la formación de depósitos de placas amiloides en el tejido cerebral. En cultivos de tejido realizados en el laboratorio, cuando se combinan las placas amiloides con tejido cerebral sano, las placas se extienden y acaban afectando a todo el cultivo. No obstante, cuando se añade aceite de coco a estos cultivos, el crecimiento de las placas amiloides se detiene en seco.[8] Esto sugiere que el aceite de coco no solo contribuye a eliminar las placas que están presentes en grandes cantidades en el cerebro de los pacientes de alzhéimer, sino que también puede ser capaz de reducir las que se forman durante el proceso natural de envejecimiento, contribuyendo de esta forma a mantener el normal funcionamiento cerebral a medida que nos vamos haciendo mayores.

Los TCM también han demostrado ser útiles para mitigar los síntomas de la esclerosis lateral amiotrófica, una enfermedad neuro-degenerativa que afecta a las neuronas motoras. Investigadores de la Facultad de Medicina Monte Sinaí de Nueva York estudiaron el efecto de los TCM en ratones genéticamente modificados para desarrollar ELA. Alimentando a los ratones con estos triglicéridos se vio que estaban más protegidos contra la pérdida de neuronas motoras —uno de los síntomas clínicos típicos de la ELA— y que sobrevivían durante más tiempo.[9]

Los pacientes de ELA que incluyen actualmente el aceite de coco como parte de su tratamiento también están experimentando beneficios. A Butch Matchlin le diagnosticaron oficialmente la enfermedad en septiembre de 2008. Comenzó a escribir un diario para llevar un registro de sus síntomas y para controlar su avance. Su madre murió de ELA en 1986, después de haber pasado los últimos ocho años con todas sus funciones musculares perdidas, incluyendo la capacidad de hablar. Durante más de un año tuvo que depender de un respirador artificial y en los últimos dos o tres meses la práctica totalidad de los músculos de su cuerpo estaban inmóviles. Tristemente, el único método que tenía para comunicarse consistía en parpadear y en mover los ojos. Lo que lo motivó inicialmente a llevar un diario fue poder comparar sus propios síntomas con los de su madre, a fin de prepararse de este modo para cada paso del proceso.

A finales de 2009 Butch empezó a tomar tres cucharadas de aceite de coco a diario, cantidad que iría aumentando gradualmente durante los dos años siguientes. Para asombro de sus médicos, durante ese tiempo la progresión de la enfermedad se detuvo repentinamente y muchos de sus síntomas comenzaron a remitir. Los detalles de su diario dan cuenta de sus síntomas antes y después de comenzar a tomar aceite de coco. Butch relata, dos años y medio después de haber empezado a tomarlo, que ha visto cómo la fuerza de sus músculos ha mejorado; ha notado un aumento tanto en el tamaño como en la fuerza de los músculos de las piernas, una mejor movilidad de los pies y de los dedos de los pies y una mayor facilidad que antes para realizar diversas tareas cotidianas como darse la vuelta en la cama o ponerse los zapatos. Ha dejado de sufrir calambres musculares, espasmos e insomnio. Aún tiene dificultades para moverse, pero su estado ha mejorado muchísimo en comparación con cómo estaba anteriormente —este tipo de resultados tan positivos son completamente desconocidos en casos de ELA, una enfermedad que nunca deja de progresar y que, en última instancia, causa la muerte—. El aceite de coco no ha curado a Butch, pero sin duda ha hecho su vida mucho más fácil.

Los TCM tienen un efecto curativo global en el cerebro. En los hospitales a los pacientes que por una u otra razón no pueden comer se les suele administrar distintas fórmulas nutricionales por vía intravenosa (IV). Cuando se les administran emulsiones nutricionales IV que contienen TCM a pacientes que han sufrido un traumatismo craneoencefálico grave, la recuperación mejora significativamente.[10-11]

Dado que los ojos son extensiones del cerebro, las enfermedades cerebrales pueden tener repercusión en la visión; las personas que sufren trastornos neurológicos suelen experimentar a menudo también problemas visuales. Por ejemplo, una de las primeras cosas de las que suelen quejarse los pacientes de alzhéimer es de problemas en la vista.[12] La apreciable reducción del metabolismo energético —es decir, la resistencia a la insulina— que se aprecia en la mayoría de las enfermedades neurodegenerativas afecta a la retina y al nervio óptico. En los pacientes de alzhéimer se produce un notable estrechamiento de los vasos sanguíneos de la retina y una reducción del flujo sanguíneo, lo que provoca el deterioro de la retina y el nervio óptico.[13] El nivel de gravedad de la enfermedad y la disminución del volumen de la retina y de la mácula están directamente relacionados,[14] aunque los problemas de visión que aparecen son distintos en cada paciente.

Dado que, de un modo muy similar a la dieta cetogénica, el aceite de coco aumenta los niveles sanguíneos de cetonas, tomar este aceite puede proporcionar gran parte de los mismos beneficios para el buen funcionamiento del cerebro y del sistema nervioso. Muchas personas que han añadido aceite de coco a su alimentación diaria dan cuenta de mejorías en una serie de enfermedades neurológicas tales como la epilepsia, el alzhéimer, la ELA, el párkinson, la esclerosis múltiple, la depresión, el autismo, el glaucoma o la retinopatía.

Debido a que el aceite de coco es cetogénico, simplemente añadiéndolo a la dieta normal se pueden lograr mejoras apreciables en el cerebro y en la salud general de todo el organismo. Sin embargo, para llegar a obtener el mismo nivel de beneficios que con la dieta cetogénica, debe consumirse junto con una dieta baja en carbohidratos, pues el consumo excesivo de carbohidratos hace que suban los niveles de glucosa en sangre, favoreciendo así la resistencia a la insulina e incrementando la formación de los PGA y la actividad de los radicales libres, todo lo cual resulta perjudicial para la salud del cerebro y de los ojos.

PON ACEITE DE COCO EN TU VIDA

Ya conoces los muchos beneficios del aceite de coco, y con todo lo visto hasta ahora es obvio que debido a los extraordinarios efectos que produce en el cerebro este alimento puede jugar un papel crucial en la lucha contra las enfermedades neurodegenerativas. Por lo tanto, es importante saber cómo puedes incorporarlo a tu vida diaria. La forma más sencilla de hacer esto es preparar las comidas con él: el aceite de coco es muy estable a altas temperaturas, por lo que resulta excelente para su uso en cualquier plato frito o al horno que preparemos. En recetas en las que haya que utilizar margarina, mantequilla, manteca o aceite vegetal, podemos usar aceite de coco en su lugar. Hay que emplear al menos la misma cantidad —o más— para asegurarnos de que nuestra dieta incluye la cantidad recomendada.

Aunque no todos los platos se preparan utilizando aceite, aun así lo podemos añadir; el aceite de coco se puede incorporar a cualquier plato, incluso a los que no llevan aceite normalmente. Por ejemplo, se puede añadir una cucharada a las bebidas calientes, a un tazón de leche con cereales, a sopas, a salsas y a guisos, o usarlo como aderezo en verduras cocidas.

Aunque recomiendo tomar el aceite de coco junto con otros alimentos, no es estrictamente necesario preparar la comida con él o añadirlo posteriormente; si lo prefieres, puedes tomarlo a cucharadas, como cualquier otro suplemento alimenticio. Hay mucha gente que prefiere tomar su dosis diaria de esta forma –el aceite de coco de buena calidad tiene buen sabor–. Por otro lado, es posible que necesitemos un tiempo para acostumbrarnos a la sensación de ponernos toda una cucharada de aceite en la boca.

En las tiendas se pueden encontrar principalmente dos tipos de aceite de coco. Uno de ellos es el aceite de coco «virgen», que se elabora directamente a partir del prensado en frío de cocos frescos y conlleva un procesado mínimo, y el otro es el aceite de coco «refinado», que está hecho a partir de copra (médula de coco secada al aire) y al que se ha sometido a un procesamiento mucho más intensivo (refinado, blanqueado y desodorización). El aceite de coco virgen, debido a que lleva muy poco tratamiento, conserva un delicado sabor y aroma a coco y es delicioso.

Por el contrario, en el procesamiento del aceite refinado se eliminan todos los aromas, por lo que es una buena opción para aquellos a los que no les guste especialmente el sabor del coco. El aceite refinado se procesa empleando medios mecánicos a altas temperaturas, pero normalmente no se utilizan productos químicos para su extracción. En los comercios podemos saber de qué tipo se trata por la etiqueta, pues las de los aceites de coco virgen siempre muestran claramente que se trata de ese tipo de aceite. Los refinados, por el contrario, no siempre tienen etiquetas que informen claramente de que lo son. A veces indican que han sido «prensados con expulsor», lo que significa que el prensado inicial de la pulpa del coco se ha realizado mecánicamente sin emplear calor. Sin embargo, se suele usar calor en alguna fase posterior del proceso de refinado.

Mucha gente prefiere el aceite de coco virgen porque ha sido sometido a menor procesamiento y conserva más nutrientes naturales, así como su sabor original. Dado que la producción de aceite de coco virgen requiere más cuidados, es más caro que el refinado.

El aceite de coco refinado de la mayor parte de las marcas que lo comercializan no tiene por lo general sabor ni olor y no suele haber demasiadas diferencias entre unas y otras. Sin embargo, la calidad del aceite de coco virgen puede variar enormemente dependiendo de las marcas. Existen muchos métodos diferentes para producirlo y, lógicamente, algunos son mejores que otros. El cuidado que se pone en su elaboración también afecta a la calidad del producto final. Algunas empresas producen un excelente aceite de coco que tiene tan buen sabor que se puede comer directamente a cucharadas. Otras marcas tienen un sabor tan fuerte que son desagradables al gusto. Por lo general, esta diferencia no se puede inferir a priori con la información del recipiente, sino que no queda más remedio que abrirlo y probarlo. Si el aceite tiene un leve sabor y olor a coco y es agradable al gusto, es una marca que puedes usar, pero si el sabor es demasiado intenso y tiene un cierto olor a humo, es mejor que pruebes con otras marcas.

El aceite de coco está disponible en todas las tiendas naturistas y en muchas tiendas de alimentación y también se puede comprar por internet. Hay muchas marcas diferentes para elegir y por lo general las más caras son las de mejor calidad, aunque esto no siempre es así. Sin embargo, todas las marcas tienen básicamente el mismo valor culinario y los mismos efectos terapéuticos y todas son válidas.

Al comprar el aceite de coco en la tienda puede que este parezca manteca, con aspecto sólido y un color blanquecino. Al llevarlo a casa y ponerlo en la estantería, es posible que en unos pocos días se transforme en un líquido incoloro. Esto es completamente normal y no hay razón para alarmarse. Una de las características distintivas del aceite de coco es su elevado punto de fusión. A una temperatura de 24 °C o superior el aceite está en forma líquida —como cualquier otro aceite vegetal— pero a temperaturas más bajas se solidifica. Su comportamiento es muy parecido al de la mantequilla: si se guarda en el frigorífico, se solidifica pero si se deja en la encimera en un día caluroso, se derrite. El aceite es seguro independientemente de cómo elijamos guardarlo y se puede usar en cualquiera de las dos formas.

El aceite de coco es muy estable, por lo que no necesita refrigeración; se puede guardar perfectamente en la estantería de un armario. La vida útil de un aceite de coco de buena calidad es de entre uno y tres años, aunque con un poco de suerte ya lo habremos terminado mucho antes de eso.

EL ACEITE DE TCM

La mayor parte de los beneficios para la salud asociados al aceite de coco derivan de sus triglicéridos de cadena media. Si los TCM son tan buenos, es lógico pensar que los productos que contengan más cantidad de estas moléculas que el aceite de coco pueden ser incluso mejores. El aceite de coco es la fuente natural más rica de TCM, pero existe otro producto que contiene más: el aceite de TCM. El aceite de coco se compone en un 63% de TCM, mientras que –como es lógico– el aceite de TCM está compuesto en un 100% por TCM. Este último, denominado en ocasiones «aceite de coco fraccionado», se elabora a partir el aceite de coco; primero se separan los diez tipos de ácidos grasos diferentes que componen el aceite de coco y posteriormente se recombinan dos de sus ácidos grasos de cadena media –el ácido caprílico y el ácido cáprico– para formar el aceite de TCM.

La ventaja de este aceite es que proporciona más TCM por misma unidad de volumen que el de coco. No tiene sabor y como es líquido a temperatura ambiente, se puede utilizar fácilmente como aliño en las ensaladas o mezclado en bebidas frías. Su desventaja es que únicamente se puede utilizar para cocinar a bajas temperaturas, ya que se inflama fácilmente. Además, tiene más probabilidades que el aceite de coco de causar náuseas y diarrea, por lo que hay que usarlo en cantidades limitadas si se quieren evitar estos indeseables efectos secundarios.

El aceite de TCM no contiene ácido láurico –el más importante de todos los ácidos grasos de cadena media–. Por el contrario, cerca del 50% del aceite de coco está formado por este compuesto. El ácido láurico es el que posee más poder antimicrobiano. Al mezclarse con el resto de los ácidos grasos en el aceite de coco, esta capacidad antimicrobiana, ya elevada de por sí, no hace sino verse reforzada. Por lo tanto, el potencial antigermicida del aceite de coco es muchísimo más alto que el del aceite de TCM.

Los ácidos grasos de cadena media presentes en el aceite de TCM son rápidamente convertidos en cetonas. El máximo de concentración de cetonas en sangre se alcanza aproximadamente a la hora y media después de su consumo y desaparecen a las tres horas. El proceso de conversión del ácido láurico en cetonas es más lento; en este caso, la concentración de cetonas alcanza su máximo a las tres horas después de haber consumido aceite de coco, pero estas cetonas permanecen en la sangre durante unas ocho horas. Por lo tanto, puede que el aceite de TCM produzca un máximo de cetosis mayor y más rápidamente, pero se desvanece mucho antes. Es importante considerar este factor, ya que para conseguir los mejores efectos terapéuticos las neuronas del cerebro y de los ojos necesitan un suministro continuo de cetonas a lo largo de todo el día y de toda la noche.

Para mantener los niveles terapéuticos adecuados de cetonas en sangre, habría que tomar aceite de TCM más o menos cada dos horas, día y noche. Durante el sueño, la función del cerebro sigue plenamente activa y sus necesidades energéticas son las mismas que cuando estamos despiertos y activos, por lo que tendríamos que despertarnos constantemente durante la noche para tomar las dosis necesarias de aceite de TCM. Por otra parte, esta cantidad simplemente no es realista debido a los indeseables trastornos digestivos que causaría.

Por el contrario, el aceite de coco tan solo hay que tomarlo dos o tres veces al día y sus efectos duran toda la noche. Algunas personas que han estado utilizando aceite de coco para tratar el alzhéimer pero se pasaron al de TCM hablan de un menor beneficio y de una disminución en la evolución de su curación. La evidente conclusión a la que llegamos es que el aceite de TCM puede añadirse en un programa de tratamiento pero no debe sustituir completamente al de coco. Aunque el aceite de TCM puede producir un aumento más rápido de la cetosis, en realidad no hay ninguna necesidad de ello. El aceite de coco dura más, tiene menos efectos secundarios y es más eficaz en el tratamiento de infecciones.

Otro tipo de aceite de coco que se puede encontrar en el mercado es el llamado «líquido» o «acondicionado» (*winterized* en inglés).

En este tipo de aceite se han eliminado los ácidos grasos de cadena más larga. En cuanto a su contenido en ácidos grasos, es muy similar al aceite de TCM pero tiene un poco más de mezcla de ácidos grasos diferentes. Análogamente, también presenta un punto de fusión más bajo que el del aceite de coco ordinario y puede utilizarse con alimentos fríos sin que se endurezca. Al igual que el aceite de TCM, no es la mejor opción para cocinar.

10

LA TERAPIA DEL COCO

TRASTORNOS OCULARES RELACIONADOS CON EL ENVEJECIMIENTO

Las cataratas, el glaucoma, la degeneración macular, la retinopatía diabética y otros trastornos oculares relacionados con el envejecimiento tienen muchas características en común. Entre ellas se encuentran el estrés oxidativo y los daños causados por los radicales libres, una baja concentración de nutrientes y enzimas antioxidantes protectores, altos niveles de ácidos grasos poliinsaturados en los tejidos, niveles constantemente elevados de glucemia o de resistencia a la insulina y el deterioro de los tejidos.

Solemos pensar que las enfermedades oculares relacionadas con la edad están causadas simplemente por el envejecimiento, pero esto no es así; más bien son el resultado de años de exposición a factores nocivos que hacen que los ojos se dañen y envejezcan prematuramente; se puede tener una vida larga y saludable sin la más mínima necesidad de experimentar las llamadas enfermedades relacionadas con la edad. Los ojos de personas mayores sanas que han envejecido normalmente son muy diferentes de los de las personas de cualquier edad que padecen de cataratas, degeneración macular u otras patologías oculares degenerativas.

Las enfermedades oculares relacionadas con la edad son principalmente el resultado de la dieta y del estilo de vida que se adopten. Por lo tanto, se pueden evitar, detener —e incluso curar en cierta medida— simplemente llevando a cabo los cambios apropiados en el presente, sea cual sea la etapa de la vida en la que nos encontremos. Estos cambios se basan fundamentalmente en evitar los factores que fomentan el envejecimiento y la pérdida de visión y en comenzar a aplicar aquellos que la conservan y la recuperan.

Una dieta nutritiva

Para que nuestros ojos estén sanos y funcionen correctamente durante toda la vida, tenemos que suministrarles los nutrientes adecuados que necesitan. Esto significa que debemos tomar alimentos ricos en nutrientes y evitar los considerados «de relleno» o de baja calidad, como los dulces, los carbohidratos refinados —pan, dónuts, patatas fritas, galletas, galletitas saladas, etc.— y otras comidas basura. Los alimentos ricos en nutrientes son aquellos productos naturales de los que no se ha eliminado ninguna parte —en ocasiones llamados «integrales»—, como frutas y verduras frescas, frutos secos, carnes, huevos y lácteos. Estas opciones más saludables proporcionan a los ojos las vitaminas, minerales y antioxidantes esenciales para mantenerlos sanos y en buen estado.

Resulta curioso que los alimentos que contienen menor cantidad de nutrientes son por lo general precisamente los más ricos en carbohidratos simples. Se trata de productos que elevan rápidamente los niveles de glucemia y que propician la resistencia a la insulina. Estos y otros alimentos altamente procesados son también los que suelen incluir mayores cantidades de aditivos perjudiciales, como el aspartamo y el glutamato monosódico.

Uno de los factores que más contribuyen en todas las enfermedades oculares degenerativas es un excesivo estrés oxidativo. Una dieta baja en nutrientes antioxidantes no puede proporcionar la protección que los ojos necesitan. Los ojos están expuestos a un nivel mucho más alto de oxidación que otras partes del cuerpo, por lo que el efecto negativo que provoca una alimentación pobre los afecta mucho más que a otros tejidos que no requieren tantos antioxidantes.

Las verduras frescas suelen recomendarse como una fuente excelente de aquellos nutrientes que resultan vitales para la salud ocular. Sin embargo, tal y como vimos en el capítulo 7, si no las ingerimos junto con una buena fuente de grasas, no seremos capaces de absorber los nutrientes, especialmente los liposolubles como el beta-caroteno, la luteína y la zeaxantina. Si bien cualquier tipo de grasa va a mejorar la absorción de los nutrientes, el aceite de coco ha demostrado ser el más efectivo. Con la simple adición de aceite de coco a una comida podemos duplicar, triplicar o incluso cuadruplicar el valor nutricional de las verduras, proporcionando a los ojos una protección mucho mayor.

Los estudios muestran consistentemente que las dietas ricas en vitaminas y minerales esenciales y en antioxidantes retrasan la aparición y el desarrollo de enfermedades oculares degenerativas. No obstante, en ningún caso se ha demostrado que sean efectivas para detener o revertir estas enfermedades. Para lograr esto, tenemos que controlar los niveles de glucemia y estimular los procesos celulares de reparación mediante las cetonas. Los suplementos multivitamínicos —incluso los que contienen luteína y zeaxantina— no van a tener ni el más mínimo efecto en nuestro organismo si los alimentos que tomamos están llenos de azúcares y de carbohidratos refinados.

Controlar los niveles de azúcar en sangre

Las dietas con altos contenidos en azúcar y en carbohidratos refinados fomentan el deterioro de la vista. Un elevado consumo de carbohidratos hace que se tengan niveles altos de glucemia de forma crónica, lo que a su vez provoca resistencia a la insulina.

La resistencia a la insulina se presenta en personas cuyas dietas tienen muchos carbohidratos, principalmente en forma de dulces y de cereales refinados. Una vez ingeridos, los carbohidratos son convertidos en glucosa y enviados al torrente sanguíneo; si se toma una gran cantidad de ellos a lo largo del día, los niveles de glucosa en sangre se mantendrán altos la mayor parte del tiempo. La exposición constante a estos altos niveles de glucemia durante muchos años hace que las células se desensibilicen a la acción de la insulina, dando lugar a la consabida resistencia a la insulina.

Esta patología hace que la tasa de entrada de la glucosa en las células disminuya. En consecuencia, los niveles de glucemia suben hasta valores anormalmente altos y se mantienen elevados durante prolongados periodos de tiempo. Uno de los problemas que esto presenta es que la glucosa tiende a glicarse —es decir, tiende a adherirse a proteínas y grasas del torrente sanguíneo—, dando lugar a los nocivos PGA, que a su vez estimulan la producción de radicales libres. Una de las características de la diabetes —y un serio problema en aquellos que sufren de enfermedades relacionadas con la edad— es la actividad destructiva descontrolada que los radicales libres causan por todo el cuerpo —ojos incluidos.

Otro problema más grave es la incapacidad de las células para absorber apropiadamente la glucosa, el combustible que necesitan para poder funcionar correctamente. Sin ella, las células mueren, pues necesitan un suministro continuo para mantenerse en buen estado. Cuando el aporte de glucosa se ve frenado por la resistencia a la insulina, la actividad celular también se ralentiza. Si las células no consiguen suficiente glucosa, comienzan a degradarse y acaban muriendo de inanición. Donde más apreciable es este proceso de muerte celular es en los vasos sanguíneos y en los capilares. A medida que las células del sistema circulatorio se van deteriorando, se comienzan a producir pérdidas, con lo que el suministro de sangre y oxígeno de los tejidos periféricos disminuye. Privados de sangre y de oxígeno, estos tejidos también comienzan a morir, y esto es lo que produce muchas de las complicaciones asociadas con la diabetes, como neuropatía periférica (entumecimiento en piernas y pies), retinopatía (ceguera) o nefropatía (insuficiencia renal). La mala circulación y los coágulos de sangre suelen ir asociados a la diabetes, lo que hace que las personas diabéticas tengan un riesgo muy alto de sufrir ataques cardíacos y derrames cerebrales.

Cuando la resistencia a la insulina es grave, provoca diabetes. Esta enfermedad se diagnostica cuando el nivel de azúcar en sangre en ayunas —es decir, la glucemia después de ocho horas de ayuno— llega a los 126 mg/dl (7 mmol/l) o más. En un individuo sano la glucemia en ayunas generalmente no supera los 90 mg/dl (5,0 mmol/l); cualquier valor por encima de este indica un cierto grado de resistencia a la insulina y de todos los problemas que esto lleva consigo. Cuanto mayor sea la glucemia, mayor será el daño producido. Si se tiene constantemente —de forma crónica— un nivel de glucemia en ayunas por encima de los 90 mg/dl, aumenta el riesgo de padecer enfermedades oculares degenerativas, no solo por el deterioro de los diminutos vasos sanguíneos y de los capilares de los ojos sino también porque esto aumenta en gran medida la exposición a los radicales libres, los PGA y la inflamación.

Los diabéticos e incluso los prediabéticos corren un riesgo muy alto de desarrollar demencia senil, pues la resistencia a la insulina afecta al funcionamiento y al buen estado del cerebro. Como ya he mencionado, el alzhéimer es considerado actualmente como una forma de diabetes. El párkinson también está asociado a la resistencia a la insulina. Fundamentalmente, todas las enfermedades degenerativas del cerebro implican en menor o mayor medida un cierto grado de resistencia a la insulina y, por lo que parece, esto también es cierto para las enfermedades oculares degenerativas.[1-4] Las personas que consumen grandes cantidades de carbohidratos corren un riesgo significativamente mayor de desarrollar patologías como la degeneración macular, las cataratas, la retinopatía y otros trastornos relacionados con la edad.

Como ejemplo de esto, un estudio realizado en la Universidad de Tufts, en Boston, mostró que el consumo de alimentos con un índice glucémico superior a la media estaba asociado con un aumento del 49% de padecer degeneración macular avanzada.[5] El índice glucémico mide la rapidez con la que los alimentos elevan los niveles de azúcar en sangre; aquellos que hacen subir más los niveles de glucemia

–como el pan y el azúcar– son los más perjudiciales. Según el doctor Allen Taylor –el principal investigador del estudio–, los resultados obtenidos indican que al menos 1 de cada 5 casos de DMAE avanzada (la única enfermedad ocular analizada en el estudio) podría haberse evitado completamente consumiendo menos carbohidratos. Del mismo modo, hay investigaciones que demuestran que niveles muy elevados de azúcar en sangre conducen a la aparición de cataratas y que, por el contrario, cuando los niveles de glucemia se mantienen en valores óptimos, las cataratas se pueden prevenir.[6]

Por lo tanto, uno de los primeros pasos que hay que dar para prevenir o detener las enfermedades oculares relacionadas con la edad es controlar los niveles de glucemia en ayunas con el objetivo de mantenerlos por debajo de los 91 mg/dl –o al menos lo más cercanos a este valor que sea posible–. Esto se puede conseguir, incluso si se padece diabetes, adoptando una dieta baja en carbohidratos o una dieta cetogénica –las cuales se describen en detalle en el capítulo siguiente.

Otro valor que se utiliza para medir la resistencia a la insulina es la hemoglobina glicada, también denominada prueba A1C. Este test mide la cantidad de hemoglobina que ha sido glicada –una medida de la cantidad de PGA en sangre–. Da una idea de cuáles han sido los niveles de glucemia en los últimos tres meses. Cuanto mayores sean los niveles de azúcar en sangre, más hemoglobina glicada hay. Un valor de A1C del 6,5% o más, tomado en dos pruebas separadas, indica la presencia de diabetes. Niveles de A1C comprendidos entre el 5,7 y el 6,4% son indicadores de prediabetes. Los valores por debajo del 5,7% se consideran normales o típicos, pero esto no significa necesariamente que sean saludables; lo mejor sería intentar llegar a unas lecturas del 5% o inferiores.

El aceite de coco y la resistencia a la insulina

Cuando se trata de aliviar los síntomas que normalmente van asociados a la diabetes y la resistencia a la insulina, el aceite de coco hace maravillas. Los estudios que se han llevado a cabo a este respecto demuestran que los TCM mejoran la secreción de insulina y la sensibilidad a ella.[7] Las grasas que tomamos —y el aceite de coco en particular— junto con el resto de los alimentos retardan la absorción de los azúcares del torrente sanguíneo, consiguiendo de esta forma moderar los niveles de glucemia. El aceite de coco puede ser muy eficaz para mantener los niveles de glucemia bajo control cuando se añade en las comidas. Incluso si se toma después de una comida o entre dos comidas contribuye también a disminuir los niveles de glucemia.

Este efecto hace que la necesidad de ponerse inyecciones de insulina sea menor; algunos diabéticos han podido incluso eliminar por completo su dependencia de la insulina adicional tomando aceite de coco. Ed nos cuenta su caso:

El aceite de coco virgen tiene un efecto sustancial sobre los niveles de azúcar en sangre. Tanto mi mujer como mi hija tienen diabetes tipo 2 y comprueban sus niveles de azúcar al menos tres veces al día. Cuando toman alimentos poco adecuados y sus niveles de glucemia suben hasta entre 80 y 100 puntos por encima de lo normal, no recurren a ningún medicamento, sino que toman entre dos y tres cucharadas de aceite de coco directamente de la botella y en media hora sus niveles vuelven a valores normales.

Este es el testimonio de Sharon:

Me diagnosticaron diabetes tipo 2 en julio de 2001 y de inmediato me recetaron Amaryl RX. Desde el primer momento he estado tratando de encontrar un modo de curarme. He encontrado muchísima información sobre varias dietas y suplementos que pueden resultar provechosos para contrarrestar la diabetes, pero a mi médico no le he oído ni una sola palabra de todo esto; tan solo me dijo: «Bienvenida al club» y se limitó a explicarme que me tenía que tomar la medicación. ¡Yo me puse a llorar pero él parecía tan feliz...! El fondo del asunto es que he conseguido paulatinamente dejar de tomar el Amaryl RX y ahora controlo mis niveles de azúcar en sangre mediante la alimentación, suplementos y ¡con aceite de coco! Estupendo, ¿verdad? Aún compruebo mis niveles de azúcar una o dos veces al día y son al menos igual de buenos —y casi siempre mejores— que cuando estaba tomando Amaryl RX.

El aceite de coco no solo equilibra la concentración de azúcar en sangre sino que de hecho puede también reparar los daños causados por la resistencia a la insulina. La neuropatía diabética es una enfermedad en la que los nervios están dañados debido al deterioro de los diminutos vasos sanguíneos y de los capilares, especialmente en los tejidos periféricos. Los efectos se dejan sentir como un dolor sordo o un entumecimiento en los pies y en las piernas. Otros síntomas de esta patología son problemas digestivos, debilidad muscular, calambres, pérdida de control de la vejiga, mareos, deficiencias en el habla y trastornos en la vista. Alrededor del 50% de los diabéticos acaban desarrollando algún tipo de deterioro en los nervios.

La mala circulación en las extremidades relacionada con la diabetes causa comúnmente úlceras en el pie que pueden desembocar en gangrena e incluso requerir amputación. Debido a la mala circulación sanguínea que se produce en los diabéticos, los pequeños cortes o lesiones relativamente leves en los pies o en las piernas pueden persistir durante meses y gangrenarse. Si la extremidad afectada presenta también entumecimiento, puede quedarse como anestesiada, por lo que la lesión y la subsecuente infección y descomposición pueden resultar indoloras.

Esta mala circulación es el resultado del deterioro de los vasos sanguíneos y de los capilares, causado a su vez por la incapacidad de las células de absorber glucosa apropiadamente. La resistencia a la insulina impide el transporte de las moléculas de glucosa al interior de las células, haciendo que se vayan degradando poco a poco hasta que mueren. El aceite de coco puede estimular la regeneración de los tejidos muertos o dañados mediante el aumento de la concentración sanguínea de cetonas —las cuales no necesitan de insulina para penetrar en las células, por lo que no se ven afectadas por la resistencia a la insulina—. Cuando hay cetonas disponibles en el torrente sanguíneo, estas penetran fácilmente en las células de los vasos sanguíneos y de los capilares, evitando de este modo su muerte y favoreciendo la curación y el crecimiento de nuevo tejido, mejorando así la circulación, devolviendo la vida a los nervios y contrarrestando las complicaciones que suelen ir asociadas a la diabetes. De hecho, se ha demostrado que la dieta cetogénica —que, como hemos visto, aumenta los niveles de cetonas en sangre— es capaz de revertir la nefropatía diabética (una enfermedad del riñón). Los estudios también han puesto de manifiesto que aunque la reducción del azúcar en sangre detiene la progresión de la nefropatía, no puede por sí sola revertir la enfermedad; para que se produzca la curación de esta dolencia es necesario aumentar la concentración de cetonas en sangre.[8]

Muchos diabéticos han visto cómo recuperaban la sensibilidad en extremidades que estaban prácticamente muertas al añadir aceite de coco a su alimentación. Según Edward K.:

Me hice un pequeño rasguño en la pantorrilla de la pierna derecha hace un par de meses y aún no ha cicatrizado. Mi esposa decía que tenía mal aspecto. Hace seis años se me empezaron a entumecer los pies, primero fue el dedo gordo y luego, con los años, tenía los pies cada vez más y más entumecidos. Comencé a tomar unas tres o cuatro cucharadas al día de aceite de coco. En diez días la herida de la pierna se curó completamente. Y estoy muy contento porque ahora también estoy comenzando a recuperar la sensibilidad. Cada vez tengo los pies menos entumecidos y ahora experimento mucha más sensibilidad.

Edward corría un grave riesgo de que se le infectara la herida y quizá con el tiempo hubiese necesitado cirugía o incluso la amputación de parte de la extremidad. En tan solo diez días el aceite de coco fue capaz de sanar los vasos sanguíneos de los pies y las piernas, mejorando con ello la circulación y permitiendo así que el corte se curase totalmente. También consiguió devolver la sensibilidad a sus anestesiados pies y piernas. La historia de Edward no es inusual; muchos diabéticos experimentan las mismas respuestas cuando comienzan a tomar aceite de coco con regularidad.

Los ojos también pueden beneficiarse. Según nos cuenta Kim:

> Hace ya tres años que la retinopatía que tenía ha desaparecido por completo. He añadido más grasas a mi dieta del estilo del aceite de coco y otras grasas saludables y esto ha sido de gran ayuda a la hora de controlar los niveles de azúcar; aunque antes tampoco estaban tan mal, ahora son mejores.

El aceite de coco mejora la circulación y cura los daños causados en los vasos sanguíneos y en los nervios de las extremidades. Puede tener el mismo efecto en el cerebro y en los ojos. Tomar aceite de coco con regularidad puede resultar beneficioso para todos los diabéticos y también para cualquier persona que tenga algún grado de resistencia a la insulina.

La energía de las cetonas

Controlar la concentración de azúcar en sangre es vital para prevenir o detener el progreso de cualquier enfermedad ocular degenerativa, pero eso por sí solo no va a conseguir reparar el daño causado o revertir la enfermedad. El estrés oxidativo y la inflamación son factores que contribuyen al desarrollo de las enfermedades oculares degenerativas y que impiden la curación, incluso después de que se haya restablecido un buen control glucémico. Aquí es donde las cetonas entran en juego.

Las cetonas reducen el estrés oxidativo y la inflamación y activan los FNDC que estimulan los procesos de curación y reparación de los tejidos existentes, así como el crecimiento de nuevas neuronas en el cerebro y en los ojos. También han demostrado ser útiles en la curación de varios tipos de trastornos cerebrales que van desde la epilepsia hasta el alzhéimer.

Lo cierto es que la importancia de las cetonas en la salud del cerebro y de los ojos es vital. La glucosa es la principal fuente de combustible del cerebro, básicamente porque sus niveles en sangre aumentan después de haber comido. Sin embargo, si no comemos durante varias horas, los niveles de glucemia pueden bajar lo suficiente como para que el hígado comience a convertir las grasas almacenadas en cetonas. Durante estos periodos el cerebro depende en gran medida de las cetonas para satisfacer sus necesidades de energía. Estas alivian el estrés causado por los radicales libres, fomentan la producción de FNDC y ponen en marcha muchos de los procesos de mantenimiento, curación y reparación necesarios para mantener un buen funcionamiento cerebral y ocular. Es como comprar un coche nuevo: cuando lo sacamos por primera vez del concesionario, podemos confiar en que funcione perfectamente durante muchos años. Sin embargo, para que funcione a su máximo rendimiento, es necesario realizar algunas pequeñas tareas de mantenimiento como cambiar el aceite, sustituir los filtros del aire y del combustible o cambiar la posición de los neumáticos con regularidad. Si llevamos a cabo estos ajustes rutinarios, nuestro coche podrá recorrer fácilmente más de ciento cincuenta mil kilómetros sin mayores problemas. Por el contrario, si somos negligentes en estas tareas, tendremos suerte si llega a los treinta mil antes de que el motor deje de funcionar, el coche se estropee y se termine su vida útil.

El cerebro y los ojos funcionan de un modo similar: al nacer, estos órganos tienen el potencial de funcionar perfectamente durante más de cien años, pero para ello tenemos que cuidarlos apropiadamente. Las cetonas serían en este caso el equivalente a los mecánicos que cambian el aceite y los neumáticos de nuestro coche: mantienen el cerebro en buen estado de funcionamiento durante toda la vida. Pero para que esto suceda la concentración de las cetonas en sangre tiene que ser alta de forma habitual.

Tanto el tipo de alimentos que consumimos como la frecuencia de las comidas son factores que afectan en gran medida a la cantidad de cetonas que producimos y a cuántas veces las producimos, así como al efecto que tienen en la salud del cerebro y de los ojos. Algunas personas producen pocas o ninguna, privándose de este modo de sus potenciales efectos terapéuticos.

¿Cuáles son los tipos de alimentos que tomas diariamente? ¿Te suena familiar la siguiente lista?: para el desayuno, cereales con leche caliente o fría, magdalenas, tostadas, tortitas, gofres, fruta o zumo; para almorzar, un sándwich, un burrito, una hamburguesa, aros de cebolla y patatas fritas de sartén o de bolsa; para merendar, una barrita de cereales, un dónut y un café con azúcar; para cenar pizza, pasta, pan, patatas, y de postre un pastel, una porción de tarta o un helado. Todos estos productos tienen un alto contenido en carbohidratos, que son fácilmente transformados en glucosa por el organismo. Si comemos así, básicamente vamos a tener altos niveles de glucemia durante todo el día, por lo que el cuerpo nunca tendrá ocasión de producir una cantidad significativa de cetonas.

Si además ya hemos desarrollado resistencia a la insulina, eso significa que vamos a tener la glucosa alta incluso cuando no comamos —incluso al despertarnos por la mañana después de no haber ingerido nada durante doce horas—. Todo esto supone que la maquinaria productora de cetonas del organismo nunca se pone en funcionamiento. Si nuestra dieta está siempre basada en los productos antes mencionados, día tras día, año tras año, esto provocará que el cerebro y los ojos envejezcan a un ritmo acelerado, produciendo en mayor o menor grado algún tipo de enfermedad neurodegenerativa. Este es el motivo por el cual los niveles de FNDC son comparativamente bastante más bajos en los diabéticos que en los no diabéticos.[9] La mejor medicina para la prevención y el tratamiento de cualquier enfermedad ocular relacionada con el envejecimiento consiste en hacer que el propio organismo aumente sus niveles de cetonas de forma asidua. Cuanto más altos sean estos niveles y cuanto más tiempo podamos mantenerlos, mejor. Podemos lograr esto mediante el ayuno, adoptando una dieta cetogénica o añadiendo una cantidad adecuada de aceite de coco a nuestra alimentación diaria.

Factores neurotróficos derivados del cerebro

Durante muchos años se creyó que los valores anormalmente altos de presión intraocular eran la principal causa del glaucoma. Sin embargo, actualmente algunos investigadores están poniendo en tela de juicio dicha creencia. Aunque no cabe duda de que un exceso de presión intraocular es una de las características presentes en esta enfermedad, puede que en realidad no sea la causa del deterioro de las células ganglionares de la retina y del nervio óptico; de hecho, tal vez se trate tan solo de un síntoma en lugar de un causante inicial.

Los tratamientos para el glaucoma se han centrado exclusivamente en reducir la presión intraocular. Por desgracia, este enfoque a menudo resulta infructuoso, lo que sugiere que hay otros factores u otros mecanismos involucrados como desencadenantes de la enfermedad.[10] Incluso en casos en los que la cirugía o los medicamentos tienen éxito a la hora de reducir la presión intraocular, en algunos pacientes la pérdida de la visión continúa evolucionando posteriormente.

Muchos investigadores consideran actualmente al glaucoma como un trastorno neurológico que provoca que las células nerviosas del cerebro degeneren y mueran, de forma similar a lo que ocurre en el párkinson o en el alzhéimer.[11] Por otro lado, la inflamación crónica —característica de todos los trastornos de tipo neurodegenerativo— está empezando a ser reconocida como un factor de riesgo importante en el glaucoma. La zona del cerebro llamada «sustancia negra», que controla el movimiento, es la que se ve más afectada en pacientes de párkinson. En el caso del alzhéimer, las zonas más afectadas son el hipocampo y los lóbulos frontales —las áreas que están relacionadas con la memoria—. En el glaucoma, son los ojos.

El deterioro y la muerte final de las células de la retina son muy similares a los procesos de degeneración de las células cerebrales. De hecho, el mismo tipo de placas que se forman en el cerebro de los pacientes de alzhéimer se forman también en la retina en casos de glaucoma. Existen estudios que demuestran que los enfermos de alzhéimer tienen un mayor riesgo de desarrollar glaucoma. Un estudio alemán llevado a cabo con pacientes de alzhéimer internados mostró una prevalencia del glaucoma del 24,5% en ellos, frente a tan solo un 6,5% en pacientes de edad similar sin dicha enfermedad.[12] Un estudio japonés arrojó resultados similares: los pacientes de alzhéimer tenían una prevalencia de glaucoma del 23,8%, mientras que el valor para los pacientes de control era del 9,9%.[13] Y no es tan solo que los enfermos de alzhéimer sean más propensos a desarrollar glaucoma, sino que lo contrario también es cierto: aquellos que sufren glaucoma presentan también un mayor riesgo de desarrollar alzhéimer. En un estudio realizado con 812 pacientes de glaucoma de setenta y dos o más años de edad, se vio que tenían cuatro veces más probabilidades de desarrollar demencia.[14]

Si bien la presión intraocular constituye una importante herramienta de diagnóstico y el tratamiento estándar normal está enfocado precisamente en la reducción de dicha presión, los investigadores están actualmente tratando de enfocar la enfermedad de un modo distinto. Uno de estos nuevos enfoques consiste en aprovechar los propios mecanismos de curación del organismo: los factores neurotróficos. Los FNDC son conocidos por su capacidad para proteger y revitalizar las células ganglionares de la retina, propiciando incluso el crecimiento de nuevas células para reparar el nervio óptico. Algunos estudios iniciales realizados con ratas con glaucoma han demostrado que cuando se inyectan FNDC en el humor vítreo de los ojos de los animales, la pérdida de células y su deterioro descienden abruptamente.[15] No obstante, este efecto resultó ser solo temporal; hicieron falta múltiples inyecciones para conseguir un efecto beneficioso apreciable, lo que hace que las posibilidades de uso clínico de este método sean mucho menores. Para producir beneficios apreciables es necesario un suministro continuo de FNDC. Aunque inyectarlo no resulte práctico, se pueden elevar y mantener los niveles de FNDC en sangre de forma natural mediante la dieta cetogénica y la dieta basada en el uso del aceite de coco, y además estas dos dietas han dado resultados asombrosos en pacientes de alzhéimer y de otras enfermedades neurodegenerativas.

Desde que lo utilizó para curar el alzhéimer de su marido, la doctora Newport ha defendido el uso del aceite de coco y de los TCM como tratamiento para curar enfermedades neurodegenerativas. Aunque ha centrado su atención principalmente en el alzhéimer, se ha dado cuenta de que varias enfermedades neurodegenerativas –incluyendo trastornos oculares como el glaucoma– responden bien al aceite de coco. En sus propias palabras:

> Los ojos son una extensión del cerebro y en enfermedades como el glaucoma o la degeneración macular hay neuronas implicadas. Conocí a una señora que tenía glaucoma que me contó que cuando tomó aceite de TCM por primera vez, estaba usando el ordenador. Ella siempre había pensado que la pantalla de su ordenador era en blanco y negro; por lo visto creía que las pantallas normales eran así. Pero en esa ocasión la pantalla se volvió de color rosa. Comenzó a ver el color de la pantalla y para ella fue toda una novedad descubrir que era en realidad en color y no en blanco y negro. Pensó que aquello era algo bastante extraño, así que decidió repetir el experimento durante varios días seguidos: siempre que tomaba el aceite de TCM, entre media hora y cuarenta y cinco minutos después volvían los colores a la pantalla. Me pareció una historia muy interesante. Hemos seguido en contacto y ya hace más o menos un año y medio que su glaucoma sigue estable y no ha empeorado.

Marlene G. descubrió el aceite de coco cuando estaba buscando información sobre la DMAE: «Me diagnosticaron degeneración macular a los cincuenta y un años. Le pregunté al oftalmólogo si había algo que pudiera hacer para curarme y él simplemente me contestó con un rotundo: "¡No!"». Sorprendida por esta respuesta, Marlene comenzó a buscar y a investigar por su cuenta, lo que la llevó al aceite de coco: «Comencé a tomar dos cucharadas de aceite de coco con el desayuno todas las mañanas y también empecé a usarlo para cocinar. Al año siguiente, cuando volví a la consulta del mismo oftalmólogo, este se dio cuenta de que ¡ya no tenía degeneración macular! Se quedó atónito y sin poder encontrarle ninguna explicación».

El aceite de coco puede ser útil incluso cuando se utiliza por vía tópica (sobre la piel) o como gotas para los ojos. Según Robert P.:

El aceite de coco que le hemos aplicado en los ojos a mi esposa ha conseguido eliminar la visión de túnel que tenía debido al glaucoma; la formación de esta visión de túnel requirió treinta años, pero la curación del nervio dañado ha llevado tan solo un par de semanas. Qué duda cabe de que está contentísima con esto. Ya no tengo que guiarla y puede moverse por ella misma.

La mejor alternativa natural para el tratamiento del glaucoma y de otras enfermedades oculares puede consistir en combinar la ingesta del aceite de coco con su uso como colirio para los ojos y con una dieta baja en carbohidratos.

Cinco pasos para vencer los trastornos oculares relacionados con el envejecimiento

Los conceptos más importantes que hay que conocer y entender para prevenir o tratar enfermedades oculares relacionadas con el envejecimiento pueden sintetizarse en tan solo cinco puntos básicos, los cuales se resumen a continuación:

1. Controlar los niveles de azúcar en sangre. Los niveles altos de glucemia afectan negativamente en todos los trastornos oculares degenerativos. Tener altas concentraciones de azúcar en sangre contribuye a un envejecimiento prematuro de los ojos, ya sea como causa principal o como factor que contribuye a la enfermedad en cuestión. Intenta mantener tus niveles de glucemia en ayunas al menos por debajo de los 101 mg/dl (5,6 mmol/l), aunque lo ideal sería llegar a valores inferiores a 91 mg/dl (5,1 mmol/l). Lo mejor para controlar los niveles de glucemia es seguir una dieta baja en carbohidratos o una dieta cetogénica –tal y como se explica en el siguiente capítulo.

2. Tomar alimentos que sean ricos en vitaminas esenciales y en antioxidantes. Una buena alimentación debería incluir gran cantidad de frutas y verduras rojas, amarillas, naranjas y verde oscuro, así como huevos frescos, carne y productos lácteos. Evita los

alimentos empaquetados que conlleven mucho procesado y los aditivos alimentarios como el aspartamo, el glutamato monosódico, así como los aceites vegetales hidrogenados y los aceites vegetales poliinsaturados.

3. Elevar los niveles de cetonas en sangre. Existen varias maneras de lograr esto: ayunos periódicos en los que solo se toma agua, ayunos intermitentes, ejercicios aeróbicos moderados o intensos, seguir una dieta cetogénica o tomar aceite de coco. Podemos hacer estos tratamientos por separado o combinarlos para conseguir un mayor efecto; por ejemplo, adoptar una dieta cetogénica y a la vez hacer ejercicio regularmente.

4. Ingerir grasas adecuadas. Por ejemplo, aceite de coco, de palma, de TCM y de nueces de macadamia, así como mantequilla, nata y grasas animales. De todos ellos, los únicos capaces de elevar la concentración de cetonas en sangre son el aceite de coco y el de TCM. Los mejores para cocinar son el de coco y el de palma. Hay que evitar los aceites vegetales con alto contenido en grasas poliinsaturadas tales como el de maíz, de soja, de cártamo, de girasol, de cacahuetes, de nueces y de colza, y también todos los aceites hidrogenados o parcialmente hidrogenados.

5. Evitar tomar medicamentos. Muchos fármacos –tanto los que requieren receta como los de venta libre– afectan negativamente a la salud ocular, así que tenemos que –hasta donde nos sea posible– dejar de tomar medicamentos innecesarios. Tanto la dieta basada en el aceite de coco como la baja en carbohidratos o la cetogénica pueden por sí mismas hacer que deje de ser necesario tomar la mayoría de los medicamentos. Estas dietas también equilibran los niveles de glucemia y mejoran los de colesterol y triglicéridos, hacen disminuir la presión arterial alta hasta valores normales, reducen la inflamación (proteína C reactiva), mejoran el sueño, reducen el riesgo de padecer enfermedades cardíacas y ayudan a perder el exceso de peso. La gran mayoría de los medicamentos están pensados y diseñados para tratar precisamente este tipo de dolencias. Simplemente

comiendo de forma adecuada podemos eliminar la necesidad de estos fármacos.

LAS ENFERMEDADES NEURODEGENERATIVAS

Las enfermedades neurodegenerativas como el alzhéimer, el párkinson, la esclerosis múltiple y los derrames cerebrales pueden afectar negativamente a la visión. Aunque puede haber un área específica del sistema nervioso central que se vea más perjudicada que las demás, la inflamación crónica y el estrés oxidativo asociado con estas patologías pueden afectar a todo el cerebro.

Los cinco pasos básicos para vencer las dolencias oculares relacionadas con la edad que acabamos de ver también son aplicables para las enfermedades neurodegenerativas. Tanto el aceite de coco como las cetonas o una dieta baja en carbohidratos han demostrado todos ellos ser muy eficaces a la hora de contrarrestar los síntomas asociados con la neurodegeneración. Si deseas saber más sobre cómo el aceite de coco y la dieta pueden vencer estas enfermedades, te recomiendo mi libro *¡Alto al alzhéimer!*

EL AGUA DE COCO Y LAS CATARATAS

Al pasar por el pasillo de productos frescos de un supermercado o de una tienda de comestibles, es muy probable que encontremos una pila de cocos marrones y peludos. Si cogemos uno, lo agitamos y escuchamos atentamente, oiremos un sonido sibilante; dentro de la cámara hueca del coco hay un líquido al que se suele denominar simplemente «agua de coco». Algunas personas lo llaman «leche de coco», pero en realidad este nombre no es apropiado, ya que la leche de coco es un producto totalmente diferente que se prepara triturando la carne del coco y extrayendo su jugo. La leche de coco es un líquido blanco, espeso y cremoso similar a la nata de la leche, mientras que el agua de coco es un líquido prácticamente transparente que se parece mucho más al agua.

En los últimos años el agua de coco se ha hecho muy popular; los atletas y los aficionados al *fitness* la utilizan mucho como bebida rehidratante natural. Por varias razones, el agua de coco es mejor que las bebidas deportivas comerciales: no contiene azúcares añadidos, conservantes, emulsionantes ni ningún otro tipo de productos químicos y además incluye todo el espectro completo de electrolitos (iones minerales) que están presentes en el plasma sanguíneo humano. También contiene una gran variedad de vitaminas, antioxidantes y fitonutrientes.

Dentro del grupo de los fitonutrientes existe un tipo de fitohormonas conocidas como citoquininas que regulan el crecimiento y la diferenciación de las plantas. Las citoquininas han despertado un gran interés entre los investigadores por sus efectos antienvejecimiento tanto en plantas como en animales –incluyendo a los seres humanos.

Uno de los mecanismos mediante los cuales las citoquininas retardan los efectos de la edad es a través del bloqueo de uno de los principales factores que intervienen en el proceso de envejecimiento: los radicales libres. Las citoquininas son potentes antioxidantes. Sin embargo, aunque sus propiedades antioxidantes son útiles e importantes, no es ese el principal mecanismo mediante el cual consiguen contrarrestar los efectos del envejecimiento; una de sus funciones principales es regular la división celular y la velocidad a la que las plantas envejecen. Dependiendo de la cantidad de citoquininas presentes, el proceso de envejecimiento de las plantas se puede ver acelerado o retardado. Una de las partes en las que se produce citoquinina es en las raíces. Desde ellas, la hormona se distribuye por toda la planta mediante la savia. Las partes que se ven privadas de un suministro continuo de citoquininas envejecen más rápido de lo normal. Y al contrario: si se añaden citoquininas a una planta, el envejecimiento es más lento de lo normal.

La conservación de los tejidos vivos es un factor muy importante para médicos e investigadores tanto en la elaboración de cultivos para estudio como en los trasplantes. Con el fin de garantizar la calidad de los tejidos en un momento posterior, se almacenan en disoluciones especiales que los mantienen vivos y consiguen que sigan siendo viables. El agua de coco ha demostrado ser eficaz a la hora de prolongar la vida de tejidos humanos y animales.[16] De hecho, es incluso más eficaz que la disolución de Braun-Collins y que otros medios de almacenamiento comunes que se han formulado específicamente para este propósito.[17-18]

A medida que envejecen, las células humanas normales van acumulando cambios de forma progresiva e irreversible hasta que finalmente acaban muriendo. Las células jóvenes son gruesas, redondeadas y lisas. Según envejecen, van adoptando formas más irregulares, se aplanan, se alargan y se van llenando de sustancias de desecho; además, la división celular se ralentiza y, finalmente, se detiene, lo que en última instancia conlleva la muerte celular. Cuando se añaden citoquininas al medio de cultivo, las células no se comportan de acuerdo con la edad que tienen, sino que la secuencia normal de envejecimiento se ve considerablemente ralentizada y las células no sufren los intensos cambios degenerativos que se producen normalmente.[19-20] Aunque la vida útil total de las células humanas no varía demasiado, se mantienen significativamente más jóvenes y funcionales a lo largo de su ciclo vital. Por ejemplo, después de haber llegado a la etapa final de su vida útil y haber dejado de dividirse, las células tratadas presentan un aspecto y una funcionalidad que corresponden a células con la mitad de su edad. Las células tratadas no pasan en ningún caso por las intensas modificaciones degenerativas que experimentan las no tratadas. En todos los aspectos, su juventud se extiende hasta la edad adulta.

Actualmente los investigadores están sugiriendo que debido a las propiedades antioxidantes y de antienvejecimiento que presentan las citoquininas, puede que sean útiles en la prevención y el tratamiento de enfermedades como el cáncer, las cardiopatías, las cataratas, la degeneración macular o el alzhéimer. Por esta razón, el uso de agua de coco puede resultar beneficioso en la prevención de algunas de estas patologías. Hay estudios que demuestran que tanto en tejidos de cultivo como en animales de laboratorio el agua de coco evita los efectos neurotóxicos derivados de la formación de placas amiloides que se da en el alzhéimer.[21-22]

Dentro de las citoquininas con propiedades antienvejecimiento, la más estudiada es la quinetina. Dado el notable efecto antienvejecimiento de esta sustancia en células vegetales, animales y humanas, se ha ensayado su aplicación como pomada de uso tópico para el tratamiento de las manchas cutáneas que aparecen con la edad, así como para las arrugas, flacidez, sequedad y rugosidad de la piel. Uno de los factores que causan las arrugas y la flacidez es el envejecimiento y la descomposición de los tejidos conectivos cutáneos, los cuales aportan firmeza y elasticidad. Al aplicar quinetina sobre la piel, estimula la división celular del tejido conectivo, con lo que los tejidos viejos y dañados se ven reemplazados por otros funcionalmente más jóvenes.[23] El resultado final es que la piel arrugada y flácida tiende a estirarse y a ponerse más firme; la piel seca y envejecida queda reemplazada por una más tersa y suave.

Las fórmulas de uso tópico que contienen quinetina también han demostrado ser útiles para reducir la pigmentación anormal de la piel, como las manchas que aparecen con la edad.[24] No se han encontrado efectos adversos en estudios llevados a cabo con seres humanos durante cien días, por lo que se considera que el uso a largo plazo de la quinetina es seguro. Actualmente, dados los resultados positivos de estos estudios, algunas cremas y lociones faciales disponibles en el mercado contienen quinetina como uno de sus ingredientes activos.

Aunque la gran mayoría de este tipo de estudios se centran en la quinetina, por lo que parece todas las citoquininas que están presentes de forma natural en el agua de coco funcionan conjuntamente de forma sinérgica a la hora de producir efectos antienvejecimiento.[25] La concentración de citoquininas del agua de coco se encuentra entre las mayores que se pueden hallar en el reino vegetal. Estas citoquininas han demostrado ser eficaces a la hora de retrasar los procesos que conducen al envejecimiento prematuro y a la rotura celular en la piel, pero no hay evidencia de que puedan tener el mismo efecto en los ojos.

No existe ningún tratamiento médico para las cataratas; como ya he mencionado, el único remedio que aplica la medicina tradicional

consiste en extirpar el cristalino del ojo y reemplazarlo por uno sinté-
tico. Un enfoque mucho más natural podría estar basado en modificar
la dieta y aumentar el consumo de nutrientes antioxidantes; aunque
esto no cura las cataratas, se ha demostrado que puede retrasar el avance de la enfermedad e incluso ser útil para prevenirla si se comienza
con ella cuando aún somos jóvenes, antes de que aparezca. Otro factor
que puede potenciar los efectos de una dieta nutritiva es aumentar los
niveles de cetonas en sangre, ya sea mediante una dieta cetogénica, una
baja en carbohidratos o una basada en el aceite de coco. La presencia
de las cetonas reduce en gran medida la exposición del cristalino a los
radicales libres y ayuda a conservar las defensas antioxidantes. Otro
posible tratamiento natural —quizá la mejor solución de todas— consiste en aplicar el agua de coco directamente en los ojos.

Hace algunos años, una paciente mía me habló de un tratamiento
para las cataratas que había leído en un libro del experto en hierbas
John Heinerman. En él aconsejaba a los pacientes que se tumbasen y
se colocasen unas cuantas gotas de agua de coco natural en los ojos,
aplicando después un paño húmedo y caliente sobre los ojos durante
unos diez minutos. Según Heinerman, basta con una sola aplicación
para que se produzca una mejoría apreciable. Mi paciente tenía cataratas, así que probó este tratamiento consigo misma y me contó llena
de alegría que había funcionado. ¡Adiós a las cataratas! Yo estaba muy
sorprendido y lo cierto es que era un poco escéptico al principio, pues
nunca antes había oído hablar del uso del agua de coco para algo así.
De modo que empecé a investigar el asunto por mi cuenta para conocer más a fondo los efectos del agua de coco en las cataratas y en
la salud en general. En mi investigación me topé con una interesante
historia que ilustra sensacionalmente bien el potencial que el agua de
coco puede tener para el tratamiento de las cataratas. Esta es la historia de Marjie, contada por ella misma:

> Todo esto lo descubrimos hace años cuando estábamos en un crucero.
> Algunos hicimos un viaje de ida y vuelta en el día a una isla y nos apete-
> cía escapar un poco de las típicas rutas para turistas, así que alquilamos

un autobús con chófer para que nos llevase al otro lado de la isla —¡tan solo diez pasajeros en un autobús tan enorme!—. Un hombre y su esposa estaban haciendo el crucero como una especie de último homenaje antes de que ella se sometiera a la operación de cataratas que tenía programada. Así que ahí estábamos en esa preciosa playa llena de cocos por todas partes. Nos entró sed, pero no teníamos agua a mano para beber, así que decidimos abrir algunos cocos para refrescar nuestras secas gargantas. Encontramos a un nativo con un gran machete y, mediante signos, conseguimos convencerle para que nos abriera unos cuantos cocos. A la mujer de las cataratas le salpicó agua de coco en un ojo y, por lo que parece, le produjo una cierta sensación de quemazón. Nos pusimos a rebuscar entre nuestras cosas para encontrar algo con lo que aliviar su «lesión», pero lo único que pudimos encontrar fue un trozo de tela humedecida. Su marido le limpió el ojo, se lo cubrió con la tela y unos diez minutos después la mujer nos dijo que era mejor que regresáramos al barco, y así lo hicimos.

A la mañana siguiente, durante el desayuno, nos anunció que tenía el ojo mucho mejor y que podía ver muy bien. Se lo examinamos con cuidado y lo cierto es que no pudimos ver ni rastro de las cataratas —que eran bastante obvias el día anterior—. Nos dijo que ojalá que el agua del coco le hubiese salpicado en los dos ojos. Así que no tardamos en tener la idea de «salpicar» también el otro ojo, cosa que hicimos ese mismo día tan pronto como llegamos a la costa —no solo en ese ojo sino también en el que ya había recibido las salpicaduras el día anterior—. No obstante, esta vez estábamos más preparados: compramos un coco en el mercado local, lo abrimos y lo filtramos con un paño en un vaso de plástico, le echamos unas gotas en los dos ojos y después se los cubrimos durante diez minutos con un paño caliente. El resto, como suele decirse, es historia. Una vez que terminó el crucero y volvió a la consulta del médico que la trataba, ni tenía cataratas ni le hacía falta cirugía alguna.

Este tipo de historias no demuestran que el agua de coco pueda curar las cataratas, pero sin duda alguna sugieren que existe esa posibilidad. Hasta donde yo sé, no hay actualmente ningún estudio que pruebe que el agua de coco sea útil para el tratamiento de las cataratas, pero —por la misma razón— tampoco existe ningún estudio que niegue esa posibilidad. Lo que esto significa es únicamente que, hasta la fecha, no existe ninguna prueba científica documentada al respecto.

A pesar de que en la actualidad haya poca evidencia científica que apoye el uso del agua de coco como tratamiento para las cataratas, existen sin embargo multitud de estudios que corroboran los potentes efectos antioxidantes y antienvejecimiento del agua de coco.[26-34] El hecho de poner agua de coco en el ojo no causa ninguna molestia ni ningún daño, por lo que no implica ningún riesgo.

Desde que supe de este posible uso del agua de coco se lo he mencionado a mucha gente que padecía de cataratas. Curiosamente, muchos de ellos lo han probado y, por lo que cuentan, con resultados positivos, lo cual constituye un fuerte apoyo a la tesis de que realmente funciona —al menos en algunas personas—. Por ejemplo, Sandy H. consiguió erradicarlas con éxito de ambos ojos utilizando agua de coco en dos ocasiones diferentes. Primero probó en un ojo, y después aplicó el tratamiento en el otro. Se puso unas cuantas gotas de agua de coco en el ojo derecho con un cuentagotas, lo dejó reposar entre tres y cinco minutos y después se puso una compresa húmeda y caliente durante unos diez minutos. Según ella misma cuenta, en un par de horas las cataratas habían desaparecido. Consiguió este sorprendente resultado aplicando el agua de coco tan solo una vez. Tras eso, decidió esperar un par de semanas para ver si la catarata volvía a aparecer, pero no lo hizo. Al ver que su ojo seguía claro y limpio y que estaba bien, repitió el procedimiento en el ojo izquierdo, con el mismo resultado.

Al hacerse un examen médico tres años después, el doctor le dijo que sus ojos estaban comenzando a desarrollar cataratas de nuevo; de inmediato supo lo que tenía que hacer. Repitió el procedimiento que ya había realizado tres años atrás, comenzando con el ojo derecho. No obstante, en esta ocasión puso el agua de coco en una copa ocular y dejó que el ojo se empapara bien en el líquido durante un minuto aproximadamente. Después se puso nuevamente una compresa húmeda y caliente en el ojo durante unos diez minutos. En cuestión de dos horas la catarata había desaparecido. Esperó unos días y después repitió el procedimiento en el otro ojo, nuevamente, con idéntico resultado.

A estas alturas ya he escuchado demasiados relatos de personas que se han curado ellas mismas las cataratas usando este método como para decir que es mera coincidencia; las coincidencias no siguen produciéndose una y otra vez, especialmente en una enfermedad que por lo común se considera irreversible.

Sandy consiguió erradicar en dos ocasiones las cataratas de sus ojos. La razón por la que volvieron a aparecer a los tres años fue probablemente que durante ese tiempo no hizo ningún cambio significativo ni en su dieta ni en su estilo de vida; los mismos factores que originaron las cataratas en un primer momento persistieron y siguieron afectando a sus ojos después del tratamiento inicial. Si hubiese mejorado su alimentación —incluyendo la inclusión de aceite de coco— y hubiese hecho algún esfuerzo para evitar los factores que se sabe que son perjudiciales para la buena salud ocular —como ciertos medicamentos o aditivos alimentarios—, es probable que sus ojos se hubiesen mantenido claros y sanos durante el resto de su vida.

Sospecho que para que este procedimiento funcione tan bien como cuentan los que lo han probado es necesario utilizar agua de coco fresca y natural extraída directamente de un coco. Casi todas las marcas comerciales de agua de coco disponibles en el mercado que se venden en tetrabrick, en lata o en botellas han sido pasteurizadas a altas temperaturas. Algunas son incluso líquidos reconstituidos a partir de sirope o polvo de coco preparado inicialmente a partir de agua de coco. Desconozco si este tipo de agua de coco tendría los mismos efectos curativos. Con este panorama, la única agua de coco producida comercialmente que me atrevería a recomendar es una marca llamada Invo Coconut Water, la cual no utiliza procesos de pasteurización a altas temperaturas, sino que emplea un procedimiento de pasteurización en frío en el que se somete al agua a muy altas presiones a temperatura ambiente. Este proceso garantiza que el producto está libre de gérmenes y que esencialmente mantiene las mismas propiedades que el agua de coco natural. Se puede apreciar la diferencia con otras marcas porque sabe igual que el agua de un coco recién abierto.

El agua de coco se puede aplicar en los ojos con un cuentagotas o con una copa ocular. Yo prefiero la copa ocular porque permite que el ojo esté bañado por una mayor cantidad de líquido. La copa ocular tiene un volumen de unos 15 ml. Una vez llena, hay que colocarla en el ojo, echar la cabeza hacia atrás y abrir el ojo para conseguir así que quede bañado por el líquido. Luego se repite el mismo proceso con el otro ojo. Una vez hecho esto, lo más recomendable es acostarse y aplicar una compresa húmeda y tibia sobre el ojo cerrado durante unos diez minutos. Las copas oculares se pueden comprar en la mayoría de las farmacias.

Una vez que se abre el coco y se saca el agua, esta se estropea rápidamente. Se puede conservar en la nevera en un recipiente cerrado herméticamente durante un par de días. Dado que solo se necesita una pequeña cantidad para el lavado ocular, lo mejor es beberse el resto o congelarlo para usarlo en otro momento.

Puesto que el agua de coco tiene un enorme potencial para eliminar las cataratas, puede que también aporte otros beneficios que no sean tan evidentes en las partes más profundas del ojo. Es evidente que el agua —o al menos algunos de los componentes antioxidantes que contiene— es absorbida por los tejidos. Si puede contrarrestar la oxidación descontrolada que provocan las cataratas en el cristalino, tal vez pueda producir también el mismo efecto en otras partes del ojo; es posible que el lavado con agua de coco sea un método simple y efectivo de eliminar el exceso de estrés oxidativo de la retina y de otras zonas del ojo.

En muchas enfermedades oculares relacionadas con la edad está presente la degeneración de los tejidos causada por el estrés oxidativo. La elevada presión intraocular —un rasgo característico del glaucoma— puede estar provocada por el taponamiento de los canales de drenaje de los líquidos oculares. Gran parte del daño causado en estos canales puede atribuirse al estrés oxidativo. Por lo tanto, cualquier tratamiento que pueda evitar el daño oxidativo producido en los canales de drenaje puede también ser potencialmente eficaz para prevenir y tratar el glaucoma.[35] Es posible que el agua de coco sea capaz de proporcionar ese tipo de protección.

Para aumentar los efectos, es recomendable combinar el uso de agua de coco con una dieta nutritiva baja en carbohidratos que incluya gran cantidad de verduras frescas, huevos, aceite de coco y otros alimentos saludables. El cristalino necesita antioxidantes para protegerse de la oxidación y de los PGA. De todos los antioxidantes presentes en el cristalino, la luteína y la zeaxantina son dos de los más importantes, por lo que nuestra dieta debe también incluir estos nutrientes. Además, el cristalino contiene receptores para el neurotransmisor glutamato, lo que significa que es altamente susceptible al GMS que se ingiere. El GMS daña los tejidos nerviosos y genera mucho estrés oxidativo perjudicial para el cristalino y que puede acabar produciendo cataratas.[36] Asimismo, hay que tener cuidado con los medicamentos, pues muchos de ellos pueden también provocar cataratas. Los antihistamínicos —muy usados para tratar alergias y resfriados— aumentan la sensibilidad a la luz y, en consecuencia, incrementan el riesgo de oxidación del cristalino. El tipo de medicamentos más recetado en el mundo, las estatinas, también pueden producir cataratas. Quizá no sirva de nada usar agua de coco para curar las cataratas si al mismo tiempo estamos causándolas tomando medicamentos que las provocan. Los niveles de glucemia también afectan al buen funcionamiento del cristalino, por lo que si queremos evitar tener cataratas tendremos que mantenerlos bajo control.

Como con cualquier otro, el éxito y la efectividad del tratamiento varían según la persona dependiendo de una serie de factores tales como la cantidad de antioxidantes disponibles en el organismo, los niveles de glucemia y la gravedad de la enfermedad —los casos leves o moderados de cataratas responderán mejor que los casos graves y avanzados—. Si después de llevar a cabo el lavado con agua de coco no se produce la mejoría esperada, puede que el problema esté en un alto nivel de glucemia —debido a una alimentación con exceso de carbohidratos—, niveles bajos de antioxidantes, tabaco u otras drogas, la ingesta de grasas poco recomendables, etc.

Siempre es mejor prevenir la enfermedad que tener que tratarla. Una simple medida preventiva contra las cataratas —y posiblemente útil también contra otras dolencias oculares relacionadas con el envejecimiento— consiste en hacerse un lavado de ojos con agua de coco periódicamente; yo recomiendo que sea más o menos entre cada dos y cuatro semanas. Si quieres saber más sobre los efectos del agua de coco en la salud ocular, su acción antienvejecimiento y sus muchas otras propiedades beneficiosas, te recomiendo la lectura de mi libro *Coconut Water for Health and Healing* [El agua de coco para la salud y la curación].

EL SÍNDROME DE OJO SECO

El síndrome de ojo seco es probablemente el problema ocular más frecuente. Hasta un 48% de los adultos de los Estados Unidos lo han padecido —al menos en cierto grado—. En algunos casos es tan solo un problema ocasional, mientras que en otros puede perdurar como una dolencia crónica. Algunos síntomas comunes son sequedad, picor, ardor, enrojecimiento y la sensación de que un objeto extraño se nos ha metido en el ojo. El 42% de las mujeres de mediana edad que presentan los síntomas del ojo seco refieren que tienen también visión borrosa y el 43% de los adultos afirman que tienen dificultades para leer debido a los síntomas.

El ojo seco es causado por falta de lágrimas y afecta a la córnea y a la conjuntiva. Las lágrimas son esenciales para la buena salud ocular; son las responsables de lavar los ojos, eliminando todo el polvo y la suciedad y manteniéndolos húmedos y lubricados. También contienen enzimas que contribuyen en la prevención de infecciones.

Las lágrimas constan básicamente de tres componentes: agua, aceite y mucosidad, cada uno de los cuales sirve a un propósito diferenciado e importante: la parte acuosa mantiene la humedad de los ojos, el aceite evita la evaporación y aumenta la lubricación y la mucosa ayuda a fijar las lágrimas a la superficie del ojo. Cada uno de estos componentes es producido por una glándula diferente: la parte acuosa se genera en las glándulas que hay sobre la comisura externa de los ojos, la parte oleosa se secreta en unas glándulas situadas en los párpados y la parte mucosa es producida por unas células que hay en la conjuntiva.

El ojo seco puede estar causado por muchos motivos. Algunos factores que provocan esta enfermedad son la deficiencia de vitamina A, la deshidratación crónica, una dieta baja en grasas o un taponamiento de los conductos lagrimales. Puede ser también un efecto secundario de algunos medicamentos (antihistamínicos, antidepresivos, determinados fármacos para la presión arterial o para el párkinson, pastillas anticonceptivas y antitranspirantes) o un síntoma de alguna enfermedad sistémica como el lupus, la artritis reumatoide, la rosácea ocular o el síndrome de Sjögren.

En muchos casos la solución al problema es relativamente simple: asegurarse de tomar suficiente vitamina A, de estar bien hidratado —bebiendo entre seis o ocho vasos de agua al día—, de incluir gran cantidad de grasas adecuadas en la alimentación y de evitar fármacos que puedan dar lugar a complicaciones. Los medicamentos son una de las principales causas del síndrome de ojo seco; muchos de los que se expiden sin receta pueden causar esta dolencia. El hecho de usar regularmente medicamentos para la alergia o antitranspirantes puede acabar provocando sequedad crónica en los ojos.

Muchas personas tienen los ojos secos simplemente porque no beben suficiente agua. La principal fuente de líquidos de estas personas suelen ser el café o los refrescos, pero nuestro organismo necesita agua. La deshidratación crónica es un problema muy común. Un estudio realizado por investigadores del hospital Johns Hopkins de Baltimore puso de manifiesto que hasta un 41% de los individuos analizados —hombres y mujeres de entre veintitrés y cuarenta y cuatro años— tenían deshidratación crónica. A medida que envejecemos, nuestra sensación de sed disminuye, lo que hace que los mayores sean más vulnerables a la deshidratación. Los estudios basados en encuestas sobre la alimentación sugieren que hasta un 75% de la población, independientemente de su edad, sufre deshidratación moderada crónica.

El agua de coco es una excelente bebida rehidratante y se absorbe en el torrente sanguíneo más rápidamente y con más eficiencia que el agua. Muchas personas que padecen de sequedad ocular han visto cómo el agua de coco ha contribuido a aliviar los síntomas. Estos son algunos comentarios de individuos que sufren de síndrome de ojo seco:

He empezado a beber un vaso de agua de coco al día y cada vez que lo tomo ¡tengo muchísima menos necesidad de usar las gotas para los ojos! De verdad, me encuentro mucho más a gusto y tengo los ojos mil veces mejor. Hace más o menos un mes que sigo este tratamiento y la diferencia es sorprendente. Bebo un vaso por la mañana nada más levantarme y ¡me ayuda muchísimo!

GAIL

Hoy me he despertado con los ojos llorosos. ¡Es sorprendente! Ya había intentado hidratarlos con agua y no ocurrió nada parecido a esto.

DEBORAH

He probado distintas formas para combatir la sequedad en los ojos y en la boca y para poder dormir del tirón por las noches. Probé con aceite de pescado durante varios meses pero no funcionó. He estado tomando vitamina A pero igualmente sin resultados. Y también probé a beber toneladas de agua, pero tal y como entraba, salía de mi cuerpo. Después empecé a beber un buen vaso de agua de coco por las noches justo antes de irme a dormir, y esto me ha ayudado muchísimo. No es que haya hecho que el problema desaparezca por completo, pero ahora no me molesta desde que me acuesto hasta que me levanto la mañana siguiente, con lo que puedo dormir bien.

JENNY

He estado tomando uno o dos vasos de agua de coco al día durante una semana y he notado una clara mejoría en la sequedad. De hecho, las dos últimas noches no he sentido necesidad de ponerme el gel de los ojos antes de irme a dormir, y al levantarme a la mañana siguiente tenía los ojos prácticamente normales. Para mí esto ha supuesto una enorme diferencia, pues normalmente al despertarme lo primero que hacía era echarme unas gotas de Restasis para intentar sentirme así de bien.

SHARI

Estos dos últimos días he probado a beber agua de coco directamente del propio coco fresco y, tienes razón, ¡es muy bueno para los ojos secos! Se lo he comentado a mis médicos, pues actualmente estoy hospitalizado, y me han dicho que el agua de coco es incluso mejor que la hidratación IV, que equilibra los electrolitos y restablece la humedad en las partes del cuerpo que lo necesitan. ¡Estoy tan contento de haberlo descubierto...!

DANI

Beber agua de coco puede resultar muy beneficioso en casos de deshidratación. No obstante, si la deshidratación no es la causa de la sequedad ocular, el agua de coco no va a ser la solución.

El tratamiento más común para el síndrome de ojo seco es un medicamento conocido como «lubricante ocular» o «lágrimas artificiales», que ayuda a aliviar la sensación de sequedad y aspereza. Estas gotas se usan varias veces al día —dependiendo de la gravedad de la dolencia— para mantener la humedad de los ojos. Sin embargo, los lubricantes oculares proporcionan tan solo un alivio temporal e incompleto, pues tratan únicamente los síntomas en lugar de la posible causa subyacente.

En la actualidad está ampliamente reconocido que la causa primordial del síndrome de ojo seco es una deficiencia en la cantidad de aceite secretado en las lágrimas. Muchas personas con sequedad ocular pueden producir lágrimas y llorar normalmente, pero esas lágrimas carecen de aceite. Al no tener una cantidad adecuada de aceite, se evaporan rápidamente, produciendo así sequedad en los ojos. Dado que la causa principal es una falta de aceites, una posible solución sencilla consiste en añadir más grasas a la alimentación, preferentemente en forma de aceite de coco. Para muchas personas que sufren de sequedad ocular, la simple adición de entre dos y tres cucharadas (30 o 45 ml) de aceite de coco en la alimentación diaria supone una gran ayuda. Llevamos oyendo tanto y desde hace tantos años que tenemos que reducir el consumo de grasas que algunas personas han eliminado por completo las grasas de su dieta, pero estos nutrientes son una parte absolutamente esencial en una buena alimentación. Una deficiencia de grasas puede provocar sequedad en la piel y en los ojos. Simplemente añadiendo grasas —y en particular aceite de coco— a nuestra alimentación se pueden hacer maravillas. Lidia nos cuenta su caso:

> Le estuve hablando a una amiga de todos los suplementos que tengo que tomar para combatir la sequedad ocular y se quedó perpleja. Me sugirió que dejase todos esos suplementos y que probase con el aceite de coco, tomando dos o tres cucharadas al día junto con las comidas. La verdad es que no me hace ninguna gracia tener que tomar tantos suplementos, así que decidí probarlo. Me quedé sorprendida. Funcionó de maravilla, y mi piel nunca había estado tan suave.

Charmian tuvo una experiencia similar. Durante dos años había sufrido picores e irritación en los ojos, y esto le suponía un problema tan grave para la vista que a menudo ni siquiera podía conducir. Su oftalmólogo le dijo que no tenía ningún problema para producir lágrimas, pero que dichas lágrimas no contenían suficiente aceite para lubricar correctamente los ojos. Le recetó unas gotas oculares con una solución especial que consiguieron aliviarla en cierta medida. Este es su testimonio:

> Casi al mismo tiempo que empecé con estas gotas comencé a tomar también aceite de coco a diario. Antes solía usar unos dos o tres tubos de gotas para los ojos pero pronto me di cuenta de que ya no los necesitaba, así que dejé de utilizarlos durante unas seis semanas. No me

di cuenta de la conexión que esto podía tener con el aceite de coco hasta que se me acabó el aceite; al quinto día sin aceite de coco tuve que usar las gotas de nuevo. Sin embargo, una vez que volví a tomar mi dosis diaria, no he vuelto a necesitar las gotas para nada, y de esto hace ya tres meses.

Estos cambios son reales; no suceden simplemente porque alguien crea que le va a aliviar la sequedad en los ojos. Hay personas que han añadido el aceite de coco a su alimentación por otros motivos, totalmente inconscientes de que podría tener este efecto. Esto es precisamente lo que le sucedió a Katherine:

Me he dado cuenta de que desde que tomo dos o tres cucharadas de aceite de coco al día ¡la sequedad en los ojos ha desaparecido por completo! Comencé a tomarlo por otros motivos y más o menos diez días después empecé a notar varios cambios, entre ellos que mi claridad mental era mucho mayor y que no tenía los ojos tan secos ni tan cansados como antes.

Otro uso del aceite de coco es en forma de colirio para los ojos –una alternativa natural a las lágrimas artificiales–. En el Caribe la gente lo usa de este modo para aliviar la irritación y la sequedad ocular. El aceite de coco puede proporcionarle al ojo la capa de aceite que le falta y que es necesaria para que las lágrimas no se evaporen con demasiada facilidad. Además, puede contribuir a disminuir la inflamación –la cual se ha identificado como uno de los factores importantes asociados al síndrome de ojo seco–.[37] El aceite de coco puede también contribuir a paliar este problema gracias a sus propiedades antiinflamatorias.[38]

Simplemente aplicando el aceite alrededor de los ojos ya se pueden notar los beneficios, tal y como nos cuenta Elaine:

Mi madre tiene sequedad en los ojos y ha descubierto que poniéndose aceite de coco alrededor de ellos por la noche consigue un gran alivio.

Al principio comenzó a usarlo simplemente como una crema hidratante nocturna, pero en unos días se dio cuenta de que sus ojos también estaban mucho mejor.

Aplicar el aceite directamente en los ojos es incluso mejor; es completamente inocuo y no causa ningún tipo de picor ni de daño en ellos, aunque sí puede provocar un aumento temporal en la producción de lágrimas. Derrite un poco de aceite de coco y ponlo en un cuentagotas. Siempre que vayas a utilizarlo, asegúrate de que está en forma líquida; si no lo está, calienta el frasco suavemente en agua caliente o poniéndolo sobre una estufa. Una vez que esté derretido, asegúrate de que no esté demasiado caliente y aplica un par de gotas en cada ojo. También es bueno para limpiar los ojos de residuos y sustancias irritantes.

Las gotas de aceite de coco se pueden usar a la vez que los medicamentos normales. De hecho, añadir este tratamiento contribuye a aliviar los molestos efectos secundarios que a menudo provocan los lubricantes oculares, como en el caso de Taran:

> He estado experimentando con el aceite de coco virgen durante unos meses y he notado que ayuda bastante a contrarrestar los efectos secundarios de las gotas. Cuando lo uso no tengo los ojos tan rojos e irritados como cuando dejo de usarlo. He probado a aplicarlo tan solo en un ojo y para mí la diferencia es muy evidente: irritación, picor y enrojecimiento en un ojo, pero no en el otro.

Las gotas de aceite de coco son también beneficiosas para limpiar el polvo y las sustancias irritantes de los ojos o cuando se siente picor o quemazón en ellos, sea cual sea la causa. Jason lo explica de este modo:

> A veces se me irritan los ojos y tengo sensación de ardor. No sé cuál es la causa, pero el aceite de coco me alivia mucho. Lo descubrí después de estar varios días seguidos con esta irritación. Pensé que tal vez ponerme aceite de coco en los ojos me ayudaría. Me había ido muy bien

usándolo para la piel y había oído de otros que lo habían usado para los ojos, así que decidí probar. Quería que los ojos estuviesen en contacto con el aceite durante el mayor tiempo posible, así que me puse un par de gotas en cada ojo antes de irme a la cama. Al día siguiente los tenía mucho mejor. La noche siguiente seguí el mismo tratamiento, solamente para asegurarme de eliminar por completo lo que fuese que me estaba provocando la irritación. Y funcionó. Algunos meses después se me volvieron a irritar los ojos como antes, así que me eché de nuevo unas cuantas gotas de aceite de coco y, una vez más, esto resolvió el problema. No sé qué es lo que hace el aceite, pero funciona.

Según Carol:

He utilizado aceite de coco para tratar la sequedad que tengo en los ojos y para mí es la mejor solución para los ojos secos y también para la blefaritis (inflamación de los párpados). Ahora, antes de irme a dormir, siempre caliento un poco de aceite y me lo pongo en los ojos. Al despertarme la sensación de sequedad y acartonamiento ha desaparecido y no tengo los ojos secos como cuando usaba gotas convencionales.

La mejor fórmula para tratar el síndrome de ojo seco consiste en combinar el aceite de coco en la alimentación con su uso en forma de gotas para los ojos, según las necesidades.

Muchos medicamentos que se venden sin receta pueden provocar sequedad en los ojos; en concreto la mayoría de los antihistamínicos y de los descongestivos, como Benadryl, Contac, Nyquil, Sinutab, Dimetapp, Dristan y otros. Estos fármacos se utilizan específicamente para desecar los senos nasales —y conseguir así descongestionarlos—, pero también resecan los ojos y pueden causar deshidratación. Se sabe que el edulcorante artificial aspartamo (NutriSweet), utilizado en cientos de productos, también causa sequedad en los ojos. Si sueles ingerir bebidas carbonatadas sin azúcar (*light*), lo más probable es que los productos que tomas hayan sido edulcorados con aspartamo.

El agua de coco se puede aplicar en los ojos mediante una copa ocular o con un cuentagotas. Para el aceite de coco es mejor utilizar un cuentagotas.

Otros productos que suelen provocar sequedad ocular son los desodorantes para las axilas, pues no se limitan a desecar las glándulas sudoríparas, sino que también resecan los ojos y la boca, como bien sabe Jim:

> Por lo general no uso desodorante pero aquel día tenía que hacer una presentación importante y estaba nervioso, así que me rocié una buena cantidad porque cuando me pongo nervioso sudo mucho. Y, en realidad, me funcionó incluso demasiado bien. Esa tarde no sudé nada... Pero tampoco durante todo el día siguiente. Me afectó en otras partes del cuerpo de forma lamentable. Tenía los ojos y la boca extremadamente secos y los efectos duraron más o menos un par de días.

INFECCIONES OCULARES (CONJUNTIVITIS, BLEFARITIS Y ORZUELOS)

El aceite de coco posee propiedades antimicrobianas que pueden ayudar a prevenir y a tratar infecciones moderadas en los ojos y a reducir la inflamación. Los ácidos grasos de cadena media que contiene han demostrado ser efectivos en la eliminación de muchos tipos de bacterias, virus y hongos, como el género *Candida* —un habitante común de la piel y de las membranas mucosas y causa potencial de infecciones—. El aceite de coco hace maravillas cuando se aplica directamente sobre la piel, pues ayuda a mitigar la irritación y a disminuir la inflamación. Ha demostrado ser un tratamiento efectivo para muchas infecciones de piel comunes, incluyendo la tiña, el pie de atleta, los hongos de las uñas y los sarpullidos provocados por los pañales en los bebés. Curiosamente, los ácidos grasos del aceite de coco resultan letales para los microorganismos potencialmente dañinos pero son completamente inocuos para las células de nuestro organismo. De hecho, nuestras células absorben estos ácidos grasos de cadena media y los usan como nutrientes; para los gérmenes son mortales pero para nosotros son alimento.

El aceite de coco puede tener este mismo efecto en los ojos. Tanto este aceite como el de TCM se utilizan en varias formulaciones comerciales de gotas para los ojos para el tratamiento de infecciones y de la inflamación.[39-40] En estos productos comerciales los TCM se combinan con otros fármacos para potenciar los efectos. Sin embargo, para tratar infecciones oculares leves o moderadas se puede usar el aceite de coco solo.

Diversos tipos de bacterias pueden causar una infección en la conjuntiva —provocando conjuntivitis—. La conjuntivitis hace que la esclerótica se ponga roja o rosada, se irrite y cause lagrimeo. La blefaritis puede estar causada por una infección bacteriana o fúngica de los diminutos folículos y glándulas de la superficie de los párpados; causa inflamación y enrojecimiento en ellos. Un orzuelo es una infección bacteriana en una de las pequeñas glándulas de las comisuras de los párpados o justo debajo de ellos; básicamente es un pequeño grano en el párpado. Los orzuelos pueden llegar a ser algo dolorosos y aparecen tanto en niños como en adultos por frotarse los ojos con las manos sucias.

CÓMO APLICAR LAS GOTAS PARA LOS OJOS

Para aplicar correctamente las gotas en los ojos, sigue estos pasos:

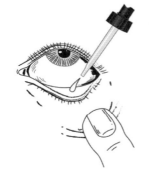

- Lávate las manos.
- Inclina la cabeza hacia atrás.
- Sujeta el cuentagotas con una mano y ponlo lo más cerca posible del ojo.
- Con la mano libre, tira hacia abajo del párpado inferior para que forme una cavidad.
- Para no parpadear, mira hacia arriba y lejos de la punta del cuentagotas justo antes de aplicar la gota.
- Pon una o dos gotas en la cavidad formada por el párpado inferior. Un par de gotas ya constituyen un volumen mayor que el que puede acomodar la superficie del ojo, por lo que no es necesario usar más.
- Suelta el párpado, cierra el ojo y mantenlo cerrado entre uno y dos minutos. Esto mantiene la gota en el ojo y evita que caiga por el conducto lagrimal. No te aprietes ni te frotes el ojo cerrado. Puedes presionar con el dedo en la esquina interna del ojo, en el conducto lagrimal, para evitar que se derrame el aceite.

Una solución simple y rápida para la mayoría de las infecciones puede consistir en aplicar en los ojos unas gotas de aceite de coco dos o tres veces al día. No obstante, si a pesar de usar aceite de coco la infección persiste durante más de un par de días, es posible que sea necesario un antibiótico más fuerte. En este caso consulta a tu médico, ya que las infecciones graves pueden llegar a causar daños permanentes.

EL SÍNDROME DE SJÖGREN

Después de ganar el partido de primera ronda del Abierto de los Estados Unidos de 2011, Venus Williams, tenista de treinta y un años, se retiró inesperadamente de la competición. Williams —que había sido campeona de Wimbledon y siete veces medalla de oro en los juegos olímpicos— estaba teniendo problemas físicos debido al síndrome de Sjögren que le habían diagnosticado recientemente. Su caso puso esta enfermedad, relativamente desconocida hasta entonces, en el foco de la atención pública.

El síndrome de Sjögren es una enfermedad autoinmune que afecta en los Estados Unidos a nada menos que a 4 millones de personas. La mayoría de los que desarrollan esta dolencia tienen más de cuarenta años cuando se les diagnostica. Las mujeres presentan nueve veces más probabilidades de desarrollar esta patología que los hombres. Los síntomas principales son una sequedad excesiva en los ojos y en la boca. Otros síntomas comunes son fatiga, caries dentales (causadas por la falta de saliva), dificultad al tragar o al masticar, carraspera, cambios en el sentido del gusto, visión borrosa, hipersensibilidad a la luz, úlceras corneales, erupciones cutáneas, piel seca, tos seca, sequedad vaginal, candidiasis (aftas) y dolores musculares o en las articulaciones. La artritis también es una dolencia común en los pacientes con el síndrome de Sjögren, al igual que otros trastornos autoinmunes, ya que suele aparecer inflamación crónica.

Los médicos no saben bien cuál es la causa de esta dolencia y no existe cura. El tratamiento consiste en aliviar los síntomas de la sequedad mediante el uso de lágrimas y saliva artificiales junto con medicamentos antiinflamatorios no esteroides y otros fármacos.

Sin embargo, muchas personas que padecen el síndrome de Sjögren están descubriendo que el aceite de coco consigue también mitigar los síntomas. Es el caso de CJ:

Me diagnosticaron síndrome de Sjögren hace tres años. Estaba tomando medicación para una serie de efectos secundarios asociados con esta enfermedad. Después de mucho investigar y mucho experimentar decidí cambiar mi alimentación; ahora mi dieta es principalmente baja en carbohidratos, sin nada de cereales, y tomo mucha agua para mantenerme hidratado. Estoy tomando coco y lo cocino todo con aceite de coco. Para mí esta nueva dieta y el aceite de coco han sido como un salvavidas. He podido dejar de tomar completamente las medicinas. Ahora me siento mucho mejor.

El doctor Conrado Dayrit cuenta el caso de un colega al que le diagnosticaron síndrome de Sjögren siendo ya mayor:

Éramos compañeros de clase en la facultad de medicina y siempre venía a las celebraciones de antiguos alumnos. Fuimos celebrando los aniversarios de plata, de oro y de diamante, pero entonces él dejó de asistir; estaba enfermo. Su boca producía muy poca saliva; no podía tragar sin beber agua. Tenía molestias en los ojos y necesitaba aplicarse lágrimas artificiales cada una o dos horas para humedecer la conjuntiva reseca. Su piel también estaba seca y quebradiza. Pero lo peor de todo era la sequedad del conducto anorrectal, que hacía que ir al baño fuese una verdadera tortura para él. Perdió mucho peso. Consultó a varios especialistas y dado que él mismo era médico no tuvo duda a la hora de aceptar el diagnóstico que establecía el síndrome de Sjögren como la causa de su dolencia. Leyó libros médicos específicos sobre esta enfermedad, buscó en internet y se informó muy a fondo sobre el tema, tratando de encontrar nuevas terapias para esta patología. El pronóstico no era nada alentador, y el tratamiento recomendado no parecía demasiado efectivo. Afortunadamente no tenía ninguna complicación como artritis, lupus, nefritis o tromboangitis, pero no por ello dejaba de encontrarse en un estado lamentable. Supimos de su enfermedad cuando hizo un esfuerzo por acudir a una de nuestras celebraciones de aniversario. Le recomendé que tomase cuatro cucharadas al día de aceite de coco virgen y él siguió mi consejo. Me llamó por teléfono un par de meses más tarde para informarme de que ¡había mejorado entre un 70 y un 80%! Ahora ya podía comer e ir al baño con normalidad, su piel había recuperado la elasticidad y no necesitaba más de dos o tres gotas al día en los ojos. Había recuperado la fuerza, la energía y el bienestar. Todo esto tan solo con el aceite de coco virgen y sin ningún medicamento [...] Hasta ahora el aceite de coco virgen es el único tratamiento que ha sido capaz de producir unos efectos tan espectaculares.[41]

Aún está por aclarar el mecanismo por el cual el aceite de coco es capaz de mejorar los síntomas de los pacientes con síndrome de Sjögren, pero probablemente se deba a una combinación de sus efectos antiinflamatorios, antimicrobianos y de regulación del sistema inmunitario, así como a sus propiedades nutricionales.

Es evidente que el consumo de aceite de coco puede tener un efecto muy positivo en casos de síndrome de Sjögren. Algunas personas cuentan que han experimentado notables beneficios simplemente enjuagándose la boca con él —una técnica conocida como *oil pulling*—. Velta M. nos cuenta su caso de esta manera:

He estado haciendo enjuagues bucales con aceite de coco durante un mes y ya he notado mucha mejoría en mi salud. Padezco de síndrome de Sjögren, por lo que tengo fatiga y sequedad en los ojos y en la boca. Las llagas bucales han desaparecido, el oculista me ha dicho que mi vista está mejor de lo que ha estado en los últimos tres años, tengo los senos nasales más despejados, duermo mejor y tengo mucha más energía. Ahora incluso puedo bostezar, algo que hace años que no podía hacer debido a la alteración de la articulación temporomandibular que sufro. ¡Es verdaderamente milagroso!

La evidencia que demuestra que el aceite de coco tomado oralmente o usado en enjuagues puede contribuir a tratar el síndrome de Sjögren no proviene únicamente de testimonios particulares de médicos y pacientes; un estudio piloto llevado a cabo por la doctora Leslie Laing, especialista en cirugía dental y profesora auxiliar de Odontología en la Universidad de Toronto, produjo resultados similares en pacientes con síndrome de Sjögren que realizaban enjuagues bucales con aceite de coco. Según asegura:

Dado que mi principal interés es investigar los trastornos del sistema inmunitario en casos de síndrome de Sjögren, estoy buscando métodos que consigan o bien aumentar el flujo salival o bien humedecer la boca en pacientes de esta enfermedad, la cual afecta en Canadá a más de 430.000 mujeres de edad posmenopáusica. Esta sequedad puede llegar a ser tan acusada que incluso hay personas que al despertarse tienen que despegarse las mejillas de los dientes. Pensé que los enjuagues con aceite podrían al menos aportar algo de lubricación a la boca. Las evidencias cada vez mayores que aparecen en la literatura científica de que un producto tan seguro como este puede también eliminar las bacterias asociadas con las caries me hizo pensar que podría merecer la pena investigarlo.

Antes de embarcarse en el estudio piloto, la doctora Laing puso a prueba el procedimiento consigo misma y con sus dos hijos durante varias semanas:

> Me di cuenta de que este aceite no solo tiene un sabor agradable sino que también aporta una lubricación muy buena a la boca. ¡Hasta a mis perros les gusta el aceite de coco virgen!

A la mayoría de los perros les encanta el sabor del aceite de coco, que limpia y blanquea sus dientes a la vez que elimina también su típico mal aliento. La doctora continúa diciendo:

> La técnica en sí provocaba la estimulación de la producción de saliva, al menos en mi caso, con lo que acababa con mucho más líquido en la boca después de quince minutos de enjuagarme que al comienzo. Pensé que el mismo mecanismo podría también estimular la producción de saliva en pacientes de síndrome de Sjögren.

Alentada por estos primeros resultados, seleccionó a doce pacientes de síndrome de Sjögren junto con otros que tenían xerostomía (boca seca) debido a otras causas para que probasen el tratamiento del enjuague. Los participantes se enjuagaron la boca con aceite de coco virgen veinte minutos cada día durante tres semanas. Midió sus cargas bacterianas y fúngicas antes y después del estudio y al ver los resultados se quedó sorprendida: los participantes parecían estar encantados

con los efectos y contaban que tras el enjuague bucal con aceite tenían la boca mucho mejor y que ya no se despertaban y se levantaban
en medio de la noche para tomar un vaso de agua. Según la doctora:

> No solo notaron que tenían la boca mucho más humedecida, sino que
> también vieron que los dientes que les quedaban —muchos los habían
> perdido por las caries— estaban ahora mucho más brillantes. Parecían
> tener como un lustre especial que no tenían con la boca seca.

Sorprendentemente, en algunos casos el recuento de bacterias
fue hasta diez veces menor. La doctora Laing comprobó que las concentraciones de las dos principales especies de bacterias que causan
las caries se habían reducido, así como los niveles del género *Candida* —causante de candidiasis oral—. La eliminación de estas bacterias
puede ayudar a aliviar la inflamación estomacal, los gases, la diarrea y
el estreñimiento, así como la fatiga, los dolores de cabeza e incluso la
depresión. Para ella, estos resultados fueron muy alentadores.[42]

Tanto es así que está planeando repetir el estudio piloto con un
mayor número de pacientes para confirmar los resultados, pero por
el momento afirma que el enjuague bucal con aceite aporta claros beneficios antibacterianos y puede ser una esperanza para los pacientes
de síndrome de Sjögren:

> No digo que esta vaya a ser la solución para todo. Estos aún no son
> más que resultados provisionales, pero me gusta mucho lo que estoy
> viendo.

También hay evidencias de que un mejor control de los niveles de
azúcar y de cetonas en sangre puede ayudar a prevenir el síndrome de
Sjögren y posiblemente también a reducir sus síntomas. La restricción
calórica —que ha demostrado su capacidad para moderar los niveles
de glucemia y para aumentar la concentración sanguínea de cetonas—
también es efectiva a la hora de disminuir la gravedad de los síntomas
asociados con esta enfermedad.[43]

El aceite de coco es inocuo incluso en dosis relativamente altas. Si padeces de síndrome de Sjögren, probarlo no te va a hacer ningún daño y es posible que pueda beneficiarte mucho. El enfoque más efectivo para tratar esta dolencia es añadir aceite de coco a una dieta baja en carbohidratos pero si además se aplica en los ojos o se usa como enjuague bucal como parte de la rutina diaria de higiene personal, los efectos positivos pueden ser aún mayores.

¿CUÁL ES TU NIVEL DE RIESGO?

Por lo general las enfermedades oculares degenerativas se presentan sin previo aviso; evolucionan de una forma tan gradual que antes de notar que algo va mal ya se ha producido un daño sustancial. Una vez que el daño está hecho puede ser muy difícil, si no imposible, corregirlo por completo. Hacerse exámenes oculares regularmente ayuda a identificar posibles problemas. Sin embargo, se da la posibilidad de que el oculista tampoco detecte los problemas cuando se encuentran en sus primeras fases. Actualmente no existe ninguna prueba o procedimiento clínico que permita identificar claramente quién tiene alto riesgo de padecer algún trastorno visual; es tan solo después de que ya se ha producido cierto daño y cierta pérdida de visión cuando los médicos pueden identificar la existencia del problema y hacer un diagnóstico.

Afortunadamente, tú mismo puedes determinar en este momento tu nivel de riesgo, mucho antes de que surjan signos o síntomas evidentes. Para hacer esto no se necesita prácticamente de ninguna técnica clínica invasiva; básicamente podemos hacer la evaluación por nosotros mismos. En primer lugar, analiza tu dieta; si en tu alimentación abundan los azúcares, los carbohidratos refinados, los aceites vegetales procesados y los aditivos alimentarios (aspartamo, glutamato monosódico, etc.), tu nivel de riesgo es alto. En segundo lugar, haz que te midan en un centro médico la glucemia en ayuno; si tu nivel es de 101 mg/dl (5,6 mmol/l) o superior, tu riesgo es alto, y si es de 126 mg/dl (7 mmol/l) o superior, tu riesgo es muy alto. Otra forma de medir el azúcar en la sangre es la prueba A1C; si tu medida de este parámetro es de 5,7 o mayor, tu riesgo también es elevado. En tercer lugar, si estás tomando medicamentos, comprueba si estos pueden afectar a la visión. Cuanto más tiempo llevemos tomando fármacos sospechosos de provocar problemas en la vista, mayor será el riesgo. El consumo de tabaco aumenta también el riesgo para todos los trastornos oculares más comunes.

La solución es obvia: modifica tu dieta, disminuye tus niveles de azúcar en sangre y deja de tomar todas las medicinas que no sean absolutamente necesarias. En el siguiente capítulo se describe cómo se puede conseguir todo esto; simplemente mejorando tu dieta puedes reducir tus niveles de glucemia y mejorar tu salud general, eliminando así la necesidad de tener que tomar la mayoría de los medicamentos. Tu riesgo de padecer trastornos oculares disminuirá, pero también mejorarán todos los demás aspectos relacionados con tu salud.

11

LA DIETA BAJA EN CARBOHIDRATOS

MEJORAR LA SALUD DE LOS OJOS CON UNA ALIMENTACIÓN BAJA EN CARBOHIDRATOS

Por lo que parece, la resistencia a la insulina es un problema común a todas las distintas formas de neurodegeneración, y controlar los niveles de glucemia hace que este tipo de enfermedades mejoren. Por lo tanto, el control del azúcar en sangre es vital en el tratamiento de las enfermedades oculares degenerativas.

La única manera de compensar la resistencia a la insulina es el control de los niveles de glucosa en sangre, lo cual se consigue restringiendo la cantidad de carbohidratos consumidos. Antes de que se descubriera la insulina en los años veinte, para tratar la diabetes se empleaba con éxito una dieta baja en carbohidratos compuesta por un 75% de grasas, un 17% de proteínas y un 8% de carbohidratos. El problema de esta dieta —así como de la dieta cetogénica clásica (90% de grasas, 8% de proteínas y 2% de carbohidratos)— es que para la mayoría de la gente resulta demasiado difícil mantenerla de modo continuado. Afortunadamente, para limitar el consumo de hidratos de carbono o aumentar los niveles de cetonas no es necesario seguir una dieta tan restrictiva; se ha demostrado que una dieta menos estricta rica en grasas y baja en carbohidratos puede aportar un grado similar de protección, permitiendo a la vez mucha más variedad de alimentos e incluso una ingesta mayor –aunque aún reducida– de carbohidratos.

El método dietético propuesto en este libro combina una dieta baja en carbohidratos con los TCM –productores de cetonas y con una gran capacidad de protección del cerebro– provenientes del aceite de coco. Este programa dietético produce suficiente cantidad de cetonas como para suministrar al cerebro y a los ojos el combustible que necesitan para funcionar correctamente. Además, mejora la sensibilidad a la insulina, normaliza los parámetros metabólicos, reduce la inflamación y controla los procesos perjudiciales causados por el estrés oxidativo y la glicación. En otras palabras, elimina muchos de los factores subyacentes que conducen a la neurodegeneración y proporciona la energía y los materiales de construcción necesarios para revitalizar los ojos.

Este libro está escrito tanto para aquellos que simplemente se preocupan por el futuro de la salud de sus ojos como para aquellos que ya tienen algún tipo de trastorno ocular. La mejor forma de asegurarse de conservar una buena vista en la vejez es comenzar a cuidar nuestros ojos ahora, antes de que aparezcan los síntomas.

En estas páginas se presentan dos enfoques o métodos distintos para esta dieta. El primero está diseñado para la prevención y es adecuado para quienes presentan unos valores de glucemia en ayunas normales o cercanos a lo normal (por debajo de los 91 mg/dl) y no tienen síntomas de ninguna enfermedad ocular relacionada con la edad. Esta dieta está diseñada para ser muy simple y fácil de seguir y deja una gran libertad de elección de alimentos, por lo que puede mantenerse fácilmente de por vida.

El segundo método es para aquellos que ya tienen algún problema ocular relacionado con el envejecimiento y necesitan un programa más intenso para detener la evolución de la enfermedad y para darle al cuerpo la oportunidad de curarse a sí mismo. Para esta segunda dieta

hay dos niveles de tratamiento: uno para aquellos que tienen resistencia a la insulina grave y pueden ser clasificados como diabéticos y otro
para aquellos con una resistencia a la insulina más moderada y que
encajarían en la definición de prediabéticos.

La dieta baja en carbohidratos preventiva

La dieta preventiva está diseñada deliberadamente para que se-
guirla resulte lo más sencillo posible y para que permita elegir entre
una amplia variedad de alimentos, aunque manteniendo aún una restricción en la ingesta de carbohidratos y produciendo una mejora en
la sensibilidad a la insulina. En esta dieta no hay que preocuparse de
contar calorías, gramos o carbohidratos ni andar midiendo o pesando
la comida. El factor principal consiste en limitar el consumo de los alimentos que contienen las mayores cantidades de hidratos de carbono,
ya que son los que causan la mayoría de los problemas.

Los alimentos con mayor concentración de carbohidratos son
los cereales, las legumbres y las patatas. De todos ellos, los cereales
constituyen el mayor problema, principalmente porque están muy
presentes en nuestra alimentación. El mero hecho de eliminarlos puede tener un gran impacto en el control de los niveles de azúcar en
sangre. Francamente, deberíamos desterrar todos los cereales de la
dieta. También han de excluirse las harinas elaboradas a partir de estos cereales, incluyendo sus productos derivados, tales como el pan,
las tortitas y la pasta. Las legumbres y las patatas deberían limitarse
únicamente a pequeñas porciones, más o menos media taza de vez en
cuando, o mejor nada en absoluto.

Otra fuente importante de hidratos de carbono que suele tomarse junto con los cereales es el azúcar. Todos los azúcares contienen básicamente la misma cantidad de hidratos de carbono independientemente de su origen o del método de procesamiento
que se haya empleado en su extracción. Los llamados edulcorantes
«naturales» como el jugo de caña deshidratado, el azúcar de dátil,
la melaza, el jarabe de arce y la miel son tan ricos en carbohidratos
como el azúcar blanco de mesa, por lo que también deben evitarse,

al igual que los caramelos, dulces, postres, bebidas carbonatadas y zumos de frutas.

Las frutas también pueden ser una gran fuente de hidratos de carbono. Aunque no es necesario eliminarlas totalmente, deben consumirse con moderación. Hay que evitar las frutas desecadas, ya que al eliminar el agua se concentra el azúcar y se intensifica tanto el contenido en carbohidratos como su sabor dulce.

¿Significa todo esto que no vamos a poder comer un trozo de pastel o una rebanada de pan de vez en cuando? Es mejor si no lo hacemos, pero la dieta es lo suficientemente flexible como para poder incluir pequeñas porciones —como una rebanada de pan— en ocasiones especiales, pero radicalmente no todos los días ni cada dos días; lo ideal es eliminar estos productos totalmente.

En lugar de comer pan y productos de bollería hay que tomar más verduras frescas, pues son fuentes excelentes de vitaminas, minerales y antioxidantes esenciales —todos ellos de gran importancia para la salud de los ojos—. Las verduras que contienen mucho almidón, como las patatas y las judías, deben sustituirse en su mayor parte por otras bajas en carbohidratos, como la coliflor, el brócoli, los espárragos, las espinacas y similares.

La carne, el pescado y los huevos contienen muy pocos carbohidratos, por lo que no hay que preocuparse por la cantidad que comemos de estos productos. No obstante, hay que tener en mente que muchas carnes procesadas —como los embutidos y el jamón de York— contienen normalmente azúcares y, muy a menudo, también GMS, así que lo mejor es comer carne fresca. El contenido en carbohidratos de los lácteos varía mucho según el producto en cuestión: la mantequilla, la nata y los quesos curados son bajos en carbohidratos; la leche presenta valores moderados, y los lácteos edulcorados —como el yogur o el helado— tienen altas concentraciones. Hay que dar preferencia a los productos lácteos bajos en carbohidratos sobre los que tienen un alto contenido.

Aparte de la dieta baja en carbohidratos debemos tomar al menos entre una y tres cucharadas (de 15 a 45 ml) de aceite de coco al día para prevenir la aparición de enfermedades. El aceite se puede usar para cocinar, en la preparación de las comidas o añadiéndolo al plato una vez que este está cocinado. Por ejemplo, podemos agregar una cucharada de aceite de coco a un plato de sopa o a un guiso, o verterlo por encima de las verduras cocidas.

La dieta baja en carbohidratos como tratamiento

En función de los niveles de glucemia en ayunas, diferenciaremos dos tratamientos distintos. El objetivo de estas dietas es reducir los niveles de azúcar y aumentar los de cetonas en sangre. Cada dieta tiene asignado un límite de consumo total diario de carbohidratos en gramos que hay que respetar estrictamente:

Dieta baja en carbohidratos de 25 g

Si la glucemia en ayunas es de 126 mg/dl (7 mmol/l) o mayor, la cantidad de hidratos de carbono que se pueden consumir se limita a un máximo de 25 g al día. Ninguna de las comidas del día ha de sobrepasar la mitad del total diario (es decir, no más de 12,5 g). A mayores niveles, tomaremos entre cuatro y cinco cucharadas (entre 60 y 74 ml) de aceite de coco al día.

Dieta baja en carbohidratos de 50 g

Si la glucemia en ayunas está entre 101 y 125 mg/dl (entre 5,6 y 6,9 mmol/l), la cantidad de hidratos de carbono que se pueden consumir se limita a un máximo de 50 g al día. Ninguna de las comidas del día ha de sobrepasar la mitad del total diario (es decir, no más de 25 g). A mayores niveles, tomaremos entre cuatro y cinco cucharadas (entre 60 y 74 ml) de aceite de coco al día.

Las dos dietas son cetogénicas, lo que significa que activan la conversión en cetonas de la grasa corporal almacenada y elevan la concentración sanguínea de estas. Como es lógico, la dieta de 25 g, al ser más restrictiva, aumenta los niveles de cetonas más que la de 50 g. Esta última es una dieta cetogénica suave y con ella el aumento de los niveles de cetonas puede ser en algunas personas el mínimo medible o incluso ninguno en absoluto. Para aumentar estos niveles se añade el consumo de cuatro o cinco cucharadas de aceite de coco al día; la combinación de una dieta baja en carbohidratos con esta cantidad de aceite de coco puede hacer que los niveles de cetonas en sangre aumenten hasta llegar a niveles terapéuticos.

La cantidad a la que me refiero aquí como «una cucharada» no es la misma que la de las cucharas que usamos normalmente para comer. Una cucharada es una unidad de volumen que equivale a 14,8 ml de líquido —o para redondear y facilitar los cálculos, a 15 ml—. Por lo tanto, cuatro cucharadas equivalen a 60 ml y cinco a 74 ml. Se pueden añadir grasas y aceites adicionales a la dieta, tales como mantequilla o aceite rojo de palma. No te preocupes de que las grasas te hagan ganar peso, pues no lo harán; cuando la ingesta de grasas se combina con una dieta baja en carbohidratos, son las grasas las que satisfacen la sensación de hambre, por lo que se tiende a comer menos y al final puede que incluso acabes perdiendo peso. Si quieres saber más sobre cómo una dieta baja en carbohidratos junto con el aceite de coco puede ayudarte a perder peso, te recomiendo leer mi libro *Dr. Fife's Ketogenic Cookbook: Delicious and Nutritious Low-Carb, High-Fat Meals for Healthy Living*.

No intentes tomar el aceite de coco de una vez ni comerlo a cucharadas; hay que mezclarlo con la comida e ingerirlo a lo largo de todo el día, añadiendo un poco a cada una de las comidas. Puedes preparar tus platos con el aceite o añadírselo una vez preparados.

Se nos ha dicho que hay que evitar las grasas durante tanto tiempo que mucha gente no está en absoluto acostumbrada a tomar una cantidad saludable de grasas en sus comidas. Algunos incluso las han evitado durante tanto tiempo que ya no son capaces de digerir ninguna cantidad añadida de grasas. En estos casos agregar cuatro o cinco cucharadas de aceite a las comidas puede provocar en cierta medida cólicos intestinales o diarrea. Por esta razón, lo recomendable es ir agregando el aceite de coco a la dieta lenta y progresivamente durante varias semanas o incluso meses. Esto le dará tiempo al sistema digestivo para ajustarse y acostumbrarse al aumento de grasas; podemos empezar añadiendo a las grasas que ya estén presentes de forma natural en la comida tan solo una cucharada (15 ml) de aceite de coco al día. Si no hay problema con esta cantidad, podemos aumentar la dosis a dos cucharadas e ir añadiendo más gradualmente hasta llegar a cuatro o cinco cucharadas al día. Si aparecen molestias estomacales, podemos reducir la dosis en una o en media cucharada —o la cantidad necesaria para que desaparezcan las molestias—. Permaneceremos con esa dosis durante una semana y después volveremos a intentar añadir una o media cucharada.

Hay personas que pueden ingerir cuatro o cinco cucharadas de aceite de coco a su alimentación diaria inmediatamente sin ningún problema. Otros puede que al principio no sean capaces de tolerar más de una cucharada por día. Sin embargo, con el tiempo, todos deberíamos ser capaces de poder tomar grandes cantidades de grasas. La mayoría de la gente puede llegar a la dosis diaria de entre cuatro y cinco cucharadas de aceite de coco añadido en cuestión de uno o dos meses.

Recomiendo que se continúe con la dieta indefinidamente, en función de los niveles de glucemia en ayunas. En los casos en los que el nivel de azúcar en sangre sea de 126 mg/dl (7 mmol/l) o superior, hay que seguir con la dieta de 25 g. Si se consigue reducir el nivel de glucemia en ayunas hasta valores comprendidos entre 101 y 125 mg/dl (5,6 a 6,9 mmol/l), se puede pasar a la dieta de 50 g. Y si logramos disminuir aún más el nivel de glucemia en ayunas hasta valores inferiores a 100 mg/dl (5,5 mmol/l), podemos pasar a la dieta preventiva, que también es adecuada como dieta de mantenimiento.

INSTRUCCIONES BÁSICAS PARA LA DIETA BAJA EN CARBOHIDRATOS

Con la dieta baja en carbohidratos se logran muchas cosas; aparte de los beneficios que ya he mencionado en los capítulos anteriores, esta dieta condiciona al cuerpo a quemar grasas en lugar de azúcares, modifica hábitos alimenticios poco recomendables, elimina los deseos incontrolables de comer, acaba con la adicción al azúcar, a las bebidas carbonatadas, a la cafeína, al pan blanco y a otros alimentos de baja calidad, y te permite disfrutar de platos sabrosos y ricos en grasa sin sensación de culpa, así como experimentar los deliciosos sabores de los alimentos naturales sin procesar. También consigue cambiar nuestra mentalidad sobre los alimentos, estabilizar los niveles de azúcar en sangre y darle al cuerpo una oportunidad para curarse a sí mismo. Además, nos ayuda a dejar atrás la dependencia de muchos de los medicamentos que tomamos y, en definitiva, nos permite disfrutar más de la vida.

En función de nuestros niveles de glucemia, tendremos que seguir la dieta preventiva, la de 25 g o la de 50 g. No es necesario que contemos las calorías ni que midamos las cantidades de grasas o de proteínas que consumimos ni limitar de ningún modo lo que comemos, salvo los carbohidratos. Lo recomendable es comer hasta sentirnos satisfechos pero no llenos, pues comer en exceso reduce la efectividad de la dieta. Hasta el 58% de las proteínas que ingerimos pueden convertirse en glucosa, por lo que tampoco es deseable un consumo excesivo de alimentos ricos en proteínas. Lo que sí es muy recomendable es comer muchas verduras. Por otro lado, puesto que las grasas producen muy poca glucosa, podemos comer tantas como deseemos.

Una persona puede seguir indefinidamente cualquiera de estas dietas, incluso la de 25 g, pues en ninguna de ellas se da una falta de nutrientes y todas aseguran un aporte nutricional óptimo para la salud. Teniendo en cuenta que se van a sustituir el pan y los cereales por verduras, es probable que sea con mucha diferencia la alimentación más sana y saludable que hayas tenido en toda tu vida.

En las dos dietas de tratamiento es importante calcular los gramos de carbohidratos que se toman. A medida que vayamos adquiriendo experiencia, podremos preparar las comidas sin tener que calcular específicamente los gramos de carbohidratos de cada producto, pero al principio, durante los primeros meses, hay que prestar una especial atención a estas cantidades para asegurarnos de que nos mantenemos dentro de los límites de carbohidratos específicos de cada dieta.

La mayoría de las carnes frescas, pescados, aves de corral y todas las grasas contienen poco o nada de carbohidratos. Los huevos, el queso y la lechuga contienen cantidades muy pequeñas. Utiliza la tabla de carbohidratos netos del apéndice (página 299) para calcular la cantidad neta de carbohidratos de tus platos. El término *carbohidratos netos* se refiere a los hidratos de carbono que son digeribles, nos aportan calorías y hacen que los niveles de glucemia suban. La fibra alimentaria también está formada por hidratos de carbono pero ni aumenta los niveles de azúcar en sangre ni aporta calorías, por lo que no se incluye. La mayoría de los alimentos de origen vegetal contienen tanto carbohidratos digeribles como fibra. Para calcular el contenido neto en hidratos de carbono hay que restar el contenido en fibra del contenido total. La tabla para el recuento de carbohidratos del apéndice muestra el contenido neto de carbohidratos de diversos alimentos sin procesar. Podemos calcular por nosotros mismos el contenido neto de carbohidratos de los productos envasados, pues la etiqueta de información nutricional muestra las cantidades por ración de calorías, grasas, carbohidratos, proteínas y otros nutrientes. En ella, después del apartado de «carbohidratos totales» encontramos el de «fibra alimentaria». Para calcular el contenido neto en carbohidratos no tenemos más que restar los gramos de fibra del total de carbohidratos.

En la tabla de carbohidratos netos se muestra un listado con las verduras, frutas, lácteos, cereales, frutos secos y semillas más comunes. Para los alimentos que no estén comprendidos en ella —incluyendo muchos productos empaquetados conocidos y platos de restaurante—, visita la página (en inglés) www.calorieking.com; esta web proporciona un listado con todos los datos incluidos en las etiquetas nutricionales de diversos alimentos. Para deducir el contenido neto de carbohidratos seguimos el mismo procedimiento: restamos la fibra del contenido total de carbohidratos que se especifique en el listado. Existen muchas páginas web en las que se puede consultar el contenido en carbohidratos de diversos alimentos. Algunas otras son www.carb-counter.org y www.cocoketodiet.com.

Para asegurarnos de que los hidratos de carbono consumidos están por debajo del límite de la dieta establecida, lo más recomendable es eliminar o al menos reducir drásticamente el consumo de productos ricos en este tipo de nutrientes. Por ejemplo, una rebanada de pan blanco contiene 12 g de hidratos de carbono. Si estamos siguiendo la dieta de 25 g, con tan solo un par de rebanadas ya llegaríamos al límite diario. En este caso, dado que las frutas y las verduras contienen carbohidratos, para mantenernos por debajo del límite de 25 g tendríamos que comer únicamente carnes y grasas durante el resto del día, lo cual no es buena idea. Una patata cocida de tamaño medio contiene 33 g de hidratos de carbono —por encima de la cantidad diaria—. Una manzana tiene 18 g, una naranja 12 y un plátano de tamaño medio 24. Los productos de panadería y los cereales son los que contienen la mayor cantidad de carbohidratos. Una sola tortita (crepe) de diez centímetros de diámetro sin ningún tipo de azúcar o edulcorante añadido tiene 13 g; una de veinticinco centímetros de diámetro, 34 g y un *bagel* normal (de unos once centímetros de diámetro), 57 g de hidratos de carbono. Los dulces y los postres son aún más ricos en carbohidratos y no tienen prácticamente ningún valor nutricional, de modo que deberíamos eliminarlos completamente de nuestra alimentación diaria. En la dieta de 25 g hay que olvidarse de todos los productos de panadería y los cereales.

Por otro lado, las verduras tienen un contenido en carbohidratos muchísimo menor. Una taza de espárragos o de repollo crudo tiene 2 g y una taza de coliflor, 3. Las lechugas de todo tipo son muy bajas en carbohidratos; una taza de lechuga picada contiene únicamente unos 0,6 g. Comiendo ensaladas verdes y otros vegetales bajos en carbohidratos es fácil llegar a tener sensación de estar lleno sin necesidad de preocuparnos demasiado por el límite de carbohidratos de la dieta.

Se debe consumir una cantidad limitada de fruta, incluso si se está siguiendo la dieta de 25 g. Aquellas con menor contenido en hidratos de carbono son las de tipo baya, tales como las moras (3,5 g en media taza), las frambuesas (4,5 g en media taza), las frambuesas (3 g en media taza) y las fresas (en rodajas, 4,8 g en media taza). Podemos comer cualquier tipo de fruta, verdura o incluso cereales siempre y cuando la cantidad no sea tan grande que haga que nos pasemos del límite de carbohidratos de la dieta que estemos siguiendo. Dado que la mayoría de las frutas, de las verduras ricas en almidón y de los productos de panadería son ricos en hidratos de carbono, lo mejor es evitarlos por completo.

Veamos un plan diario de comidas típico para la dieta baja en carbohidratos de 25 g. El contenido neto en carbohidratos para cada producto se muestra entre paréntesis:

Desayuno

Tortilla de 2 huevos (1 g), 30 g de queso cheddar (0,5 g), ½ taza de champiñones en rodajas (1 g), 60 g de taquitos de jamón de York sin azúcar (0 g) y una cucharadita de cebollino picado (0 g), todo ello cocido con 1 cucharada de aceite de coco (0 g). Recuento de carbohidratos netos: 2,5 g.

Almuerzo

Ensalada verde mixta con 2 tazas de lechuga picada (1 g), ½ taza de zanahoria picada (4 g), ¼ de taza de pimiento morrón en dados (1 g), ½ tomate mediano (2 g), ¼ de aguacate (0 g), ½ taza de repollo picado (1 g), 90 g de taquitos de pollo asado (0 g), 1 cucharada de pipas de girasol tostadas (1 g), todo ello aliñado con 2 cucharadas de aderezo italiano con aceite de oliva sin azúcar (1 g). Recuento de carbohidratos netos: 12 g.

Cena

Chuleta de cerdo (0 g) cocinada con 1 cucharada de aceite de coco (0 g), 4 espárragos cocidos (2 g) con 1 cucharadita de mantequilla (0 g), 2 tazas de coliflor cocida (3 g) con 30 g de queso Colby (0,5 g) y varias hierbas y especias (0 g) por encima para mejorar el sabor. Recuento de carbohidratos netos: 5,5 g.

El total de carbohidratos netos de las tres comidas anteriores es de 20 g, esto es, 5 g por debajo del límite diario. Como se puede ver en este ejemplo, esta dieta permite una gran variedad de alimentos nutritivos. En la dieta baja en carbohidratos de 50 g se pueden añadir otros 30 g de carbohidratos netos a lo visto anteriormente. Comparada con las otras dos, la dieta preventiva parece muy permisiva, pues básicamente incluye todo tipo de alimentos. Simplemente reduciendo el tamaño de las raciones o la frecuencia con la que comemos verduras ricas en almidón, frutas, cereales y sus productos derivados, y caprichos ocasionales, podemos mantener fácilmente dentro de los límites el consumo total de carbohidratos.

Para poder establecer una comparación, veamos el contenido en carbohidratos de algunas comidas que se suelen tomar típicamente en los Estados Unidos cuando no se está sujeto a ninguna restricción dietética. Un desayuno típico podría incluir ½ taza de leche semidesnatada (12,5 g) con 1 taza de copos de maíz tostados y azucarados (35 g). El recuento de carbohidratos netos ya es de 47 g. Una sola ración de estos cereales —cuyos valores de carbohidratos son muy típicos— con leche fría ya sobrepasa el límite de 25 g y llega por sí solo casi al límite de los 50 g diarios. Como es obvio, los cereales que se toman con leche fría no son una buena opción para los que quieren seguir una dieta baja en carbohidratos.

Hoy en día mucha gente es consciente de que este tipo de cereales no son los más recomendables para el desayuno. Los tomamos porque son fáciles y rápidos de preparar y, normalmente, sabrosos. Sin lugar a dudas, independientemente de lo saludables que nos digan que son, su valor nutricional no debería ser motivo suficiente para tomarlos. Los cereales integrales preparados para tomarlos con leche caliente (como la avena) se consideran una mejor opción. Aunque un tazón de avena cocida con leche caliente es más nutritivo que la misma cantidad de cereales con leche fría, su contenido en hidratos de carbono es aproximadamente el mismo: una taza de avena cocida (21,3 g) con 1 cucharada de azúcar (12 g) y ½ taza de leche semidesnatada (12,5 g) ya proporcionan un total de 45,8 g de carbohidratos.

Un almuerzo típico podría ser una hamburguesa Big Mac de McDonald's (42 g), una ración mediana de patatas fritas (43,3 g) y una lata de refresco de 355 ml (39,9 g), lo cual suma en total la friolera de 125,2 g de hidratos de carbono –muy por encima del límite diario de las dietas que he propuesto.

Una cena típica podría incluir tres porciones de tamaño medio de pizza *pepperoni* (97,2 g) y un refresco de 355 ml (39,9 g), lo que proporciona 137,1 g de hidratos de carbono.

La inmensa mayoría de las comidas típicas son muy ricas en carbohidratos. Por lo tanto, el norteamericano, europeo o australiano promedio consume aproximadamente 300 g de carbohidratos al día. La mejor manera de evitar este exceso es preparar nuestros propios platos en casa utilizando ingredientes frescos y bajos en carbohidratos.

¿Significa esto que ya no vas a poder comer pizza nunca más? Tendrás que tomar una difícil decisión: ¿quieres pizza o prefieres evitar los problemas de la vista relacionados con el envejecimiento? Tú eliges. Tienes que decidir si comer pizza es más importante para ti que la capacidad de ver con claridad cuando seas mayor. Si piensas que tomar productos como pizza, helados o refrescos no te va a hacer daño, es muy probable que seas adicto a este tipo de alimentos. Niegas sus efectos nocivos, y uno de los síntomas que indican la presencia de adicción con seguridad es precisamente ignorar los razonamientos sólidos y fundamentados en favor de la satisfacción de los deseos. Si ese es tu caso, necesitas esta dieta para romper con esas adicciones.

En realidad este plan de alimentación basado en ingerir una baja cantidad de carbohidratos no prohíbe ningún tipo de comida, sino que tan solo limita la cantidad de cada tipo de alimento que ingerimos. De este modo, aunque puedes comer pizza de vez en cuando, deberías reducir el tamaño de las porciones y hacer los ajustes necesarios en los demás alimentos que tomes para que tu consumo diario de carbohidratos permanezca dentro de los límites establecidos por el programa de tu dieta.

No es buena idea permitirse tomar una comida muy rica en hidratos de carbono con la idea de reducirlos en las comidas restantes del día para compensar. Supongamos que estamos siguiendo la dieta baja en carbohidratos de 50 g y nos damos el gusto de comer un trozo de pastel con 46 g de hidratos de carbono. Eso nos deja un margen de tan solo 4 g para el resto del día. Prácticamente no podríamos comer nada más que carne en las dos comidas siguientes para compensar. Incluso si conseguimos apañárnoslas para hacerlo, de todos modos seguiría siendo una mala idea, pues los 46 g de hidratos de carbono consumidos de una sola sentada van a desatar un tsunami metabólico en nuestro cuerpo. Recordemos que inicialmente la razón principal por la que queríamos limitar el consumo de carbohidratos era precisamente evitar grandes flujos de azúcar en el torrente sanguíneo, ya que esto es lo que causa los problemas. Es mejor dividir el consumo de carbohidratos entre las tres comidas principales, de forma que ninguna de ellas tenga más de la mitad del total diario permitido.

Como es obvio, no deberíamos atiborrarnos de pizza o de helado —como muy posiblemente hayamos hecho cuando éramos adolescentes—. El cuerpo es muy sensible a los carbohidratos; una sola barrita de caramelo puede ser muy nociva, pues la cantidad de azúcar que contiene es suficiente para bloquear la formación de los cuerpos cetónicos y disminuir significativamente los niveles de cetonas en sangre, por no hablar de sus efectos sobre los niveles de glucemia.

Las preferencias que tenemos a la hora de alimentarnos se pueden modificar. Según vayas comiendo más verduras, especialmente combinadas con mantequilla, queso y deliciosas salsas, verás cómo gradualmente se convierten en opciones que te satisfacen más que la comida basura que solías ingerir anteriormente.

Es recomendable tomar al menos una ensalada con productos crudos y frescos al día. Se pueden preparar muchas ensaladas de hojas verdes diferentes simplemente cambiando el tipo de hortalizas, aderezos y aliños que se empleen. Por lo general, los aliños para ensalada elaborados en casa son mejores que los comerciales; si compras aliños preparados, evita los que tienen azúcar añadido y comprueba las etiquetas de información nutricional para ver su contenido en carbohidratos. Una cena sencilla puede consistir, por ejemplo, en un plato principal con la carne o pescado que más te guste —ternera o pollo asado, chuleta de cordero, salmón cocido, langosta, etc.— con una guarnición de verduras crudas o cocidas, como puede ser brócoli al vapor, con un toque final de mantequilla y de queso cheddar fundido.

La gran divulgación y popularización que ha tenido la dieta baja en carbohidratos en los últimos años ha provocado una auténtica explosión de recetas y libros de cocina específicos para este tipo de alimentación. En internet hay disponibles gratuitamente miles de recetas bajas en carbohidratos. Tan solo debes asegurarte de comprobar el contenido total de carbohidratos, ya que no todas las recetas que dicen ser bajas en ellos lo son en realidad; hay muchas versiones bajas en carbohidratos de platos conocidos que aún así tienen una considerable cantidad. Ten presente que el mero hecho de que una receta sea baja en carbohidratos no significa que sea cetogénica. De hecho, la gran mayoría de las recetas bajas en carbohidratos no lo son. Dado que puede resultar complicado encontrar recetas verdaderamente cetogénicas y que además sean sabrosas, he publicado un libro que recopila todas mis recetas cetogénicas favoritas, titulado *Dr. Fife's Keto Cookery* [El libro de cocina cetogénica del Dr. Fife]. Cada receta incluye el número exacto de gramos de grasas, carbohidratos y proteínas de una ración, con lo que podemos saber exactamente lo que estamos comiendo. Cocinar de una forma «cetónica» supone un gran reto para mucha gente, sobre todo al principio, lo que hace que este libro pueda constituir una ayuda muy valiosa.

Animo a todo aquel que se embarque en este viaje hacia el mundo de la alimentación cetogénica a que tome productos enteros (con toda su grasa natural), mantequilla, nata, aceite de coco, las grasas de la carne y la piel del pollo. ¡Las grasas son buenas para nosotros! Nos sacian y evitan que tengamos antojo de alimentos poco recomendables; las ganas de tomar dulces y caramelos disminuyen en gran medida. Puesto que las grasas llenan mucho, nos saciaremos con menos cantidad de comida, por lo que en cómputo global el consumo total de calorías puede verse reducido. Las personas con sobrepeso puede que incluso adelgacen. Por el contrario, cuando el peso corporal está por debajo de lo normal o hay desnutrición, perder peso no es el problema, pero en estos casos las grasas añadidas pueden ayudar a alcanzar un peso más saludable.

Si salimos a comer fuera, puede ser un poco complicado mantener la dieta baja en carbohidratos, pero en los últimos años esto se ha vuelto cada vez más fácil; debido a la popularidad de las dietas bajas en carbohidratos actualmente muchos restaurantes ofrecen diversas opciones de este estilo. La inmensa mayoría de los negocios que venden hamburguesas —incluyendo los más famosos restaurantes de comida rápida— ofrecen algunas opciones sin pan. Estas hamburguesas incluyen todos los ingredientes de una hamburguesa normal, pero vienen envueltas en una capa de lechuga y sin el pan. Incluso aunque este producto no esté en el menú, la mayoría de los restaurantes no tendrán problema en prepararlo si se lo pedimos.

LOS ALIMENTOS BÁSICOS QUE HAY QUE ELEGIR

Carnes, pescados y mariscos

Se pueden comer todo tipo de carnes frescas —ternera, cerdo, cordero, pollo, buey y carnes de caza—. Igualmente, se pueden tomar todos los diferentes cortes del animal —filetes, costillas, chuletas, carne picada, etc.—. Es preferible la carne roja de animales criados de forma orgánica y alimentados con pasto natural, sin hormonas ni antibióticos. No hay que separar las grasas de las carnes, sino ingerirlas también junto con el resto de la carne; las grasas son necesarias para el correcto metabolismo de las proteínas y potencian el sabor.

Tenemos que evitar las carnes que hayan sido tratadas y que contengan nitratos, nitritos, GMS o azúcares añadidos. Esto incluye a la mayoría de los embutidos y de las carnes procesadas, como por ejemplo las salchichas, el bacon y el jamón de York. Sin embargo, podemos tomar carnes procesadas a las que únicamente se les hayan añadido hierbas y especias. Comprueba antes que nada las etiquetas de los productos para saber qué ingredientes incluyen. Si no contienen aditivos químicos o azúcares añadidos, lo más probable es que no haya ningún problema en consumirlos. Si contienen únicamente una pequeña cantidad de azúcares añadidos pero no otros productos químicos, aún podemos tomarlos siempre y cuando tengamos en cuenta el azúcar y lo agreguemos al total de carbohidratos consumidos en el día. Igualmente, si tomamos filetes empanados o pastel de carne, tendremos que tener en cuenta el contenido en carbohidratos de sus ingredientes.

Todas las aves de corral –pollo, pavo, pato, ganso, gallina, codorniz, faisán, emú, avestruz, etc.– pueden incluirse en la dieta. No les quites la piel; cómetela con el resto de la carne –suele ser la parte más sabrosa–. También se pueden tomar todo tipo de huevos.

En esta dieta están igualmente permitidos todos los pescados y mariscos –salmón, atún, lenguado, trucha, barbo, sardina, arenque, cangrejo, langosta, ostras, mejillones, almejas, etc.–. Los pescados salvajes de mar y río son preferibles a los de acuicultura criados en cautividad. También se pueden comer huevas de pescado o caviar.

La mayoría de las carnes y pescados frescos no contienen carbohidratos, por lo que no hay necesidad de hacer ningún cálculo respecto al contenido de carbohidratos. Las únicas excepciones son los huevos y algunos mariscos, que contienen una pequeña cantidad. Por ejemplo, un huevo de gallina de tamaño grande contiene aproximadamente 0,5 g de hidratos de carbono.

Por el contrario, las carnes procesadas suelen tener carbohidratos añadidos, por lo que deberemos recurrir a la etiqueta de información nutricional del envase para calcular su contenido en carbohidratos.

Las personas que siguen una dieta baja en carbohidratos no suelen tomar aperitivos como galletitas saladas, *pretzels* o patatas fritas de bolsa, ya que contienen demasiados carbohidratos y a menudo también aditivos poco recomendables como la fructosa. Una alternativa sin hidratos de carbono son las cortezas de cerdo, que se elaboran a partir de la capa de grasa que hay bajo la piel del animal; como la grasa se elimina en su preparación, tan solo queda una matriz de proteínas. Estas pequeñas y crujientes delicias se pueden tomar como aperitivo, sustituyendo a los picatostes en las ensaladas, para empanar pescados o carnes una vez trituradas o como aderezo en guisos y otros platos.

Productos lácteos

Dependiendo del producto en concreto, la concentración de hidratos de carbono será relativamente mayor o menor. Por ejemplo, una taza de leche entera contiene 11 g de hidratos de carbono, una de leche semidesnatada 11,4 g, y una de leche desnatada, 12,2 g. Como se puede apreciar, cuanto menor es el contenido en grasas, mayor es el de hidratos de carbono.

Una taza de yogur natural sin desnatar contiene 12 g de carbohidratos y una de yogur desnatado, 19 g. El yogur desnatado de vainilla con azúcar tiene 31 g y el desnatado de frutas, unos 43.

La mayoría de los quesos curados son muy bajos en carbohidratos. Los blandos tienen un poco más, pero aún dentro de valores bajos. Algunos tipos de quesos adecuados son el cheddar, el Colby, el Monterey Jack, la mozzarella, el gruyere, el Edam, el queso suizo, el feta, el queso cremoso, el requesón y el queso de cabra. Por ejemplo, 30 g de cheddar tienen únicamente 0,4 g de hidratos de carbono. Una taza de queso cheddar contiene tan solo 1,5 g, una taza de requesón, 8 g, y una cucharada de crema de queso, 0,4 g. Los lactosueros y los productos que imitan al queso tienen un mayor contenido en carbohidratos, por lo que debemos evitarlos.

La nata contiene un poco más de 6 g de carbohidratos por taza. La semidesnatada tiene 10 g por taza, de modo que lo más adecuado es usar la nata entera. Una cucharada de nata agria tiene 0,5 g.

Podemos tomar la mayoría de los quesos y natas sin preocuparnos demasiado por su contenido en carbohidratos, pero hemos de tener cierto cuidado con la leche y el yogur. Los productos lácteos edulcorados como el ponche de huevo, el helado y la leche con chocolate en general deben evitarse.

Grasas y aceites

Las grasas y los aceites no contienen hidratos de carbono, por lo que podemos tomar tanta cantidad de ellos como queramos. De todos modos, tal y como ya hemos visto, algunas grasas son más saludables que otras. En la lista siguiente, bajo el epígrafe «Grasas recomendadas» se recogen las grasas cuyo consumo es seguro; todas ellas se pueden utilizar sin problema para la preparación de alimentos. Por el contrario, es mejor evitar el uso de las recogidas bajo el epígrafe «Grasas no recomendadas» y no usarlas nunca para cocinar. Las recogidas en el apartado «Grasas malas» deben evitarse por completo, así como los alimentos que las contengan o que se hayan preparado con ellas, como las patatas fritas y el pescado rebozado frito.

Grasas recomendadas
- Aceite de coco
- Aceite de palma / Aceite del fruto de la palma
- Manteca de palma
- Aceite rojo de palma
- Aceite de semilla de palma
- Aceite de oliva suave extra
- Aceite de oliva virgen extra
- Aceite de macadamia
- Aceite de aguacate
- Grasas animales (manteca de cerdo, sebo, grasa de la carne)
- Mantequilla
- Mantequilla india (*ghee*)
- Aceite de TCM

Grasas no recomendadas
- Aceite de maíz
- Aceite de cártamo
- Aceite de girasol
- Aceite de soja
- Aceite de semilla de algodón
- Aceite de colza
- Aceite de cacahuete
- Aceite de nueces
- Aceite de semillas de calabaza
- Aceite de semilla de uva

Grasas malas
- Margarina
- Manteca vegetal
- Aceites vegetales hidrogenados

Verduras

Es recomendable tomar muchas verduras; la gran mayoría de ellas son relativamente bajas en hidratos de carbono. No resulta complicado tomar las cinco piezas diarias que se recomiendan oficialmente sin sobrepasar los 25 g al día. Las porciones equivalen por lo general a aproximadamente media taza; si cocemos media taza de cada uno de estos ingredientes: repollo, espárragos, brócoli, champiñones y judías verdes, todos ellos proporcionan en total menos de 9 g de hidratos de carbono. Se debe tomar al menos el doble de esta cantidad al día, junto con otros alimentos bajos en carbohidratos.

Los productos de hoja verde que se emplean para hacer ensaladas son los que tienen una menor cantidad de hidratos de carbono por igual volumen; la lechuga contiene menos de 1 g de carbohidratos por taza. Una ensalada variada que incluya dos tazas de lechuga, una de verduras variadas bajas en carbohidratos y media de verduras con valores medios de carbohidratos junto con una o dos cucharadas de «aliño italiano» podría fácilmente estar por debajo de los 9 g de hidratos de carbono. Podemos añadir queso y carne sin que afecten en gran medida al recuento total de carbohidratos. Es muy recomendable tomar al menos una ensalada con ingredientes crudos al día.

Aunque se recomienda tomar tanto verduras crudas como cocidas, son preferibles las crudas, pues al cocer las verduras el almidón y la celulosa —la fibra— se descomponen en cierta medida, con lo que son más fácilmente convertidas en azúcares. Por esta razón las verduras cocidas tienden a elevar los niveles de azúcar en sangre más que las crudas.

En la lista que se muestra más adelante se clasifican las distintas verduras en función de su contenido relativo en carbohidratos. Aquellas con 6 g o menos de hidratos de carbono por taza se agrupan en el apartado «Verduras con bajo contenido en carbohidratos». Algunas de ellas especialmente las de hoja verde, tienen mucho menos de 6 g —de hecho, el contenido de carbohidratos promedio de las verduras de este apartado ronda los 3 g por taza—. La mayor parte de las verduras que ingerimos deberían ser de este grupo.

Las recogidas en el apartado «Verduras con contenido medio en carbohidratos» tienen entre 7 y 14 g de carbohidratos por taza. Estas verduras deben tomarse con moderación; si se comen demasiadas, es fácil pasarse del límite de la dieta de 25 g e incluso del de la dieta de 50 g. Una taza de cebolla picada contiene 14 g de carbohidratos. No obstante, no es frecuente que tomemos una cantidad tan grande de cebolla; lo normal es que se tomen un par de cucharadas o menos. Una cucharada de cebolla picada tiene menos de 1 g de hidratos de carbono.

Las verduras con almidón, como las patatas, son muy ricas en carbohidratos. Aunque estrictamente ningún tipo de verdura se sale de los límites, lo más sensato es evitar el consumo de aquellas con alto contenido en carbohidratos, especialmente si se está siguiendo la dieta de 25 g, ya que una sola porción puede por sí sola hacer que traspasemos el límite diario. Incluso en la dieta de 50 g, comer una sola porción hace que las opciones alimenticias para el resto del día queden seriamente limitadas. En la dieta preventiva baja en carbohidratos se pueden incluir algunas verduras ricas en almidón, pero se deben limitar a una única comida y a una única ración.

La mayoría de los tipos de calabazas de invierno tienen un alto contenido en carbohidratos. Dos excepciones son la calabaza naranja y la calabaza espagueti, que tienen aproximadamente la mitad de carbohidratos que el resto de las calabazas. La calabaza espagueti se denomina así porque al cocerla se deshilacha en tiras que recuerdan a los espaguetis o a los fideos. De hecho, estos fideos se pueden usar como sustituto de la pasta. Por ejemplo, una plato de espaguetis bajo en carbohidratos puede prepararse añadiendo la carne y la salsa directamente en los «espaguetis» de la calabaza.

El maíz fresco está incluido en la categoría «Verduras con alto contenido en carbohidratos». Técnicamente, el maíz es un cereal y no una verdura, pero por lo general se toma como una verdura. Contiene más de 25 g de carbohidratos por taza.

Verduras con bajo contenido en carbohidratos (menos de 7 g/taza)

• Acedera	• Berza	• Cebollino
• Acelgas	• Brócoli	• Chucrut
• Aguacate	• Brotes	• Col china
• Alcachofa	• Brotes de bambú	• Col rizada
• Algas (nori, kombu y wakame)	• Brotes de soja	• Coles de Bruselas
	• Calabacín amarillo	• Coliflor
• Apio	• Calabacín verde	• Endivias
• Berenjena	• Castañas de agua	• Espárragos
• Berro	• Cebolletas	• Espinacas

- Guisantes de judía plana
- Hierbas y especias
- Hinojo
- Hojas de mostaza
- Hojas de remolacha
- Hojas de taro
- Jícama
- Judías redondas
- Lechuga (todos los tipos)
- Nabo
- Pepino
- Pimentón (dulce y picante)
- Quingombó
- Rábano
- Raíz de apio/ Apionabo
- Repollo
- Repollo napa
- Ruibarbo
- Setas
- Tomate
- Tomate cherry

Verduras con contenido medio en carbohidratos (entre 7 y 14 g/taza)

- Calabaza espagueti
- Cebolla
- Chirivía
- Colinabo
- Guisantes
- Judías de soja (edamame)
- Puerros
- Remolacha
- Rutabaga
- Zanahoria

Verduras con alto contenido en carbohidratos (más de 15 g/taza)

- Alcachofa de Jerusalén
- Alubias (pintas, rojas, etc.)
- Alubias de Lima
- Boniato
- Calabaza de invierno
- Garbanzos
- Lentejas
- Maíz (dulce)
- Ñame
- Patatas
- Raíz de taro

Frutas

Se pueden incorporar algunas frutas en la dieta siempre y cuando se consuman con moderación. Las frutas tipo baya son las que tienen un contenido en hidratos de carbono más bajo; las moras y las frambuesas contienen alrededor de 7 g por taza; las fresas, las zarzamoras y las grosellas tienen un poco más, alrededor de 9 g por taza, y los arándanos llegan a los 18 g por taza.

El limón y la lima también son bajos en hidratos de carbono, ya que cada unidad contiene menos de 4 g. La gran mayoría del resto de las frutas tienen valores comprendidos entre los 15 y los 30 g por taza.

Llevando a cabo una planificación cuidadosa, se pueden incorporar algunas frutas bajas en carbohidratos incluso en la dieta de 25 g. Como es lógico, en la dieta de 50 g y en la dieta preventiva se puede añadir una cantidad de fruta mayor, aunque en todo caso, debido a su alto contenido en azúcar, siempre ha de consumirse con moderación. La fruta fresca es mejor que la envasada o la congelada, pues con ella podemos saber exactamente qué es lo que estamos comiendo; las frutas en conserva o congeladas suelen tener azúcares o siropes añadidos.

Las frutas desecadas son extraordinariamente dulces porque en ellas el azúcar está concentrado. Por ejemplo, una taza de uvas frescas contiene unos 26 g de hidratos de carbono, mientras que una taza de uvas pasas contiene 109 g. Los dátiles, los higos, las pasas de Corinto y el concentrado de fruta laminada son todos ellos tan dulces que prácticamente no son más que golosinas.

Frutas con bajo contenido en carbohidratos

- Arándanos rojos (sin azúcar)
- Frambuesas
- Fresas
- Grosellas
- Lima
- Limón
- Moras
- Zarzamoras

Frutas con alto contenido en carbohidratos

- Albaricoque
- Arándano azul
- Bayas de saúco
- Caqui
- Cerezas
- Ciruela
- Ciruelas pasas
- Dátiles
- Fruta de la pasión
- Guayaba
- Higos
- Kiwi
- Mandarina
- Mango
- Manzana
- Melocotón
- Melón
- Moras alargadas
- Naranja
- Nectarina
- Papaya
- Pasas de Corinto
- Pera
- Piña
- Plátano
- Pomelo
- Quinoto
- Uvas
- Uvas pasas

Frutos secos y semillas

A primera vista se podría pensar que los frutos secos y las semillas tienen un alto contenido en hidratos de carbono pero, sorprendentemente, constituyen únicamente una fuente moderada de estos nutrientes. Por ejemplo, una taza de almendras picadas contiene alrededor de 9 g de carbohidratos y una almendra entera, unos 0,10 g.

La mayoría de los frutos secos de árbol aportan entre 6 y 10 g de hidratos de carbono por taza. Los anacardos y los pistachos acumulan más carbohidratos: 40 y 21 g por taza respectivamente.

Por lo general, las semillas son más ricas en carbohidratos que los frutos secos. Por ejemplo, las semillas de sésamo y de girasol contienen cerca de 16 g por taza.

De entre todos los frutos secos y semillas más comunes las nueces negras, las pacanas, las almendras y los cocos son los que tienen el contenido en hidratos de carbono más bajo. Una taza de coco crudo triturado tiene menos de 3 g y una de coco desecado sin azúcar, 7 g. La leche de coco enlatada contiene alrededor de 7 g por taza; simplemente por comparar, la leche entera de vaca tiene 11 g por taza. En la mayoría de las recetas, la leche de coco puede ser un sustituto adecuado y bajo en carbohidratos para la leche de vaca.

Todos los frutos secos y las semillas se pueden utilizar para condimentar verduras y ensaladas siempre que no se usen más de una o dos cucharadas. Cuando se toman como aperitivo, lo mejor es ceñirse a los frutos secos bajos en carbohidratos.

Los frutos secos reseñados en la categoría «Frutos secos y semillas con bajo contenido en carbohidratos» de la siguiente lista contienen menos de 10 g por taza. Los de la categoría «Frutos secos y semillas con alto contenido en carbohidratos» tienen 11 g o más por taza.

Frutos secos y semillas con bajo contenido en carbohidratos

- Almendras
- Avellanas
- Coco
- Nueces de Brasil
- Nueces de macadamia
- Nueces inglesas
- Nueces negras
- Pacanas

Frutos secos y semillas con alto contenido en carbohidratos

- Anacardos
- Cacahuetes
- Piñones

- Pipas de calabaza
- Pipas de girasol
- Pistachos

- Semillas de sésamo
- Semillas de soja

Panes y cereales

Los panes y los cereales se encuentran entre los productos con mayor cantidad de hidratos de carbono; por lo general, si se está siguiendo la dieta de 25 g o la de 50 g, es necesario eliminar completamente el consumo de panes y cereales, incluyendo el trigo, la cebada, la harina de maíz, la avena, el arroz, el amaranto, el arrurruz, el mijo, la quinoa, la pasta, el cuscús, la maicena y la fibra de los cereales. Una sola ración puede equivaler por completo o casi por completo a la cantidad límite de carbohidratos para todo el día. Una porción grande de *pretzel* blando, por ejemplo, ya contiene 97 g de hidratos de carbono, una taza de cereales Froot Loops para el desayuno aporta 25 g y una de cereales con pasas Raisin Bran incluye 39 g. Una taza de gachas de avena Cream of Wheat junto con media taza de leche y una cucharada de miel llega a los 48 g.

Los cereales integrales y los productos de panadería elaborados a partir de ellos son por lo general más nutritivos y tienen un contenido en fibra mucho mayor que los cereales refinados. Sin embargo, su contenido en carbohidratos es prácticamente el mismo: una rebanada de pan de trigo integral aporta unos 11 g de hidratos de carbono, mientras que una rebanada de pan blanco tiene 12 g; como vemos, no hay mucha diferencia.

Se puede usar una pequeña cantidad de harina o de maicena para espesar las salsas. Una cucharada de harina de trigo integral contiene 4,5 g de hidratos de carbono y una de maicena, 7 g. Esta cantidad debe incluirse en el consumo diario de carbohidratos total, por lo que no se debe emplear demasiada cantidad. La maicena tiene mayor poder espesante que el trigo u otras harinas, por lo que con una cantidad menor se puede conseguir el mismo efecto.

Otra opción para espesar sin carbohidratos es la crema de queso, que confiere un leve sabor a queso a las salsas. Otra opción sin carbohidratos y además sin sabor es la goma xantana, una fibra vegetal soluble que se usa comúnmente como agente espesante en la elaboración de alimentos procesados. Un producto similar es el espesante ThickenThin not/Starch, que se puede usar para espesar las salsas del mismo modo que la maicena y la harina, pero no contiene carbohidratos netos, pues está elaborado únicamente con fibra. Tanto el ThickenThin not/Starch como el polvo de goma xantana se pueden encontrar en tiendas naturistas y a través de internet.

Bebidas

Las bebidas preparadas se encuentran entre los productos que más contribuyen a la diabetes y a la obesidad; la gran mayoría de las bebidas comerciales tienen mucho azúcar y aportan poco o nada a nivel nutricional. Las bebidas carbonatadas y las bebidas en polvo no son más que caramelos en forma líquida. Incluso los zumos de frutas y las bebidas deportivas son principalmente agua con azúcar; un vaso (220 ml) de zumo de naranja contiene 25 g de hidratos de carbono. Los zumos de verduras no son mucho mejores.

Gran parte de estas bebidas contienen cafeína, que al ser una sustancia adictiva estimula el consumo excesivo de bebidas azucaradas. Muchas personas toman habitualmente cinco, seis o más tazas de café o refrescos de cola al día. Algunas ni siquiera beben agua, sino que suplen sus necesidades diarias de líquidos únicamente con bebidas comerciales de uno u otro tipo. Pero sin duda alguna la mejor bebida que existe para el organismo es el agua. Cuando el cuerpo está deshidratado y necesita líquidos, lo que le hace falta es agua, no Coca-cola o un capuchino; el agua sacia la sed mejor que cualquier otra bebida sin la carga añadida de azúcar, cafeína o sustancias químicas.

El agua es, de lejos, la mejor elección y te animo fervientemente a que siempre sea tu primera opción. Puedes darle un toque de sabor al agua, ya sea natural o con gas —que es básicamente agua carbonatada, sin edulcorantes ni potenciadores del sabor— añadiendo un poco de zumo de limón o de lima naturales. Otra opción es el agua de Seltz sin azúcar y con esencias añadidas de distintos sabores. Las infusiones de hierbas sin azúcar y los cafés descafeinados prácticamente no tienen carbohidratos. Y ni te acerques a cualquier tipo de refresco edulcorado artificialmente bajo en calorías, pues los edulcorantes artificiales conllevan riesgos para la salud y no hacen que la necesidad de azúcar desaparezca.

La deshidratación aumenta la concentración de azúcar en sangre y hace más pronunciada la resistencia a la insulina. La mayoría de la gente está ligeramente deshidratada casi todo el tiempo. Solemos ignorar las señales internas de sed en el organismo hasta que la deshidratación ya está plenamente desarrollada y es evidente. A casi todos nos resultaría beneficioso hacer un mayor esfuerzo para tomar bebidas adecuadas con mayor frecuencia. Como regla general se deben tomar al menos ocho vasos (de 220 ml) de agua al día. Durante el verano o cuando las temperaturas son altas puede ser necesario aumentar esta recomendación hasta los diez o doce vasos o más diarios.

Condimentos

Los condimentos pueden ser hierbas, especias, sal, aderezos, sustitutos de la sal, vinagre, mostaza, rábano picante, potenciadores del sabor, salsas picantes, salsas de pescado y similares. La mayoría de ellos se pueden usar sin problema, ya que se utilizan en cantidades tan pequeñas que los hidratos de carbono que incluyen son insignificantes. No obstante, hay algunas excepciones: el kétchup, la salsa de pepinillos dulces, la salsa barbacoa y algunos aliños para ensaladas contienen muchos azúcares. En muchos casos se pueden encontrar versiones bajas en carbohidratos (*light*) de estos productos. Es necesario comprobar los ingredientes y la etiqueta de información nutricional de todos los alimentos preparados.

La mayor parte de los aliños para ensalada están elaborados con aceites vegetales poliinsaturados. Una opción más aconsejable sería el aceite de oliva o los aliños preparados en casa. El vinagre, junto con aceite de oliva o agua, constituye un aliño excelente; este producto es especialmente bueno, pues se sabe que mejora la sensibilidad a la insulina y que reduce los niveles de glucemia hasta en un 30% después de haber tomado una comida rica en carbohidratos.[1] Los efectos del vinagre han sido comparados favorablemente con los de la metformina, un medicamento popular que se emplea para controlar los niveles de glucemia.[2] Por todo ello, incorporar un poco de vinagre a la dieta resulta beneficioso.

Azúcares y dulces

Lo más recomendable es prescindir de todos los edulcorantes y de los alimentos que los contengan, especialmente si se está siguiendo la dieta de 25 g o la de 50 g. Una de las señales distintivas de la adicción a los hidratos de carbono —y un problema, potencial o ya existente, en cuanto a los niveles de azúcar en sangre— es el deseo compulsivo de tomar dulces. Los llamados «edulcorantes naturales» como la miel, la melaza, el azúcar de caña (zumo de caña deshidratado), el sirope de agave y similares no son mejores que el azúcar blanco. También se deben evitar todos los alimentos que contengan edulcorantes artificiales y sustitutos del azúcar.

Todos los edulcorantes —incluso los naturales— fomentan la adicción al azúcar. Cuando la lengua percibe el sabor dulce, no establece diferencias; ya se trate de azúcar granulado, aspartamo o xilitol, la ansiedad por tomar dulces se mantiene intacta. Esta fuerte tentación por los dulces pone a prueba nuestra fuerza de voluntad. Cuando caemos en ella y tomamos un dulce «prohibido», la siguiente vez que surja la tentación será más fácil que caigamos nuevamente y, antes de que nos demos cuenta, ya estaremos irremediablemente atrapados de nuevo en las garras de la adicción a los carbohidratos.

Cuando conseguimos vencer la adicción al azúcar, los dulces pierden su capacidad de control sobre nosotros y se vuelven menos atractivos. En estas circunstancias somos libres para tomarlos o dejarlos; ya no nos controlan sino que somos nosotros los que los controlamos a ellos. Ahora somos nosotros mismos los que nos hacemos cargo de la situación, y si tomamos la decisión de ser indulgentes y comer algún dulce, decidiremos libremente cuándo, dónde y cuánto.

Aperitivos

Puede que ocasionalmente te apetezca tomar un pequeño almuerzo o aperitivo entre comidas, aunque es importante ser consciente de que cuando sentimos hambre a mediodía es muy posible que solamente se trate de sed; muchas veces beber un vaso de agua puede ser suficiente para evitar esta sensación.

Si el agua no basta, hay algunas otras opciones bajas en carbohidratos. Las verduras como el pepino, el rábano o el apio pueden ser un buen aperitivo. Los troncos de apio se pueden rellenar con mantequilla de cacahuete o con queso en crema. Una cucharada de mantequilla de cacahuete tiene 2 g de hidratos de carbono y una cucharada de queso en crema tan solo 0,5 g. Si lo que nos apetece es un aperitivo crujiente, las cortezas de cerdo pueden ser nuestra mejor opción. Otro aperitivo crujiente es el nori, un alga popular en la cocina japonesa y que se utiliza para envolver el *sushi*. Comúnmente se vende seco y tostado en forma de finas láminas, es salado y tiene un suave sabor a marisco. Se puede cortar en pequeños cuadraditos y comerlo como si fuesen patatas fritas, ya que su contenido en carbohidratos es prácticamente nulo.

Los frutos secos bajos en carbohidratos como las almendras, las pacanas y el coco también son buenas opciones cuando queremos picar algo. Un cuarto de taza de estos productos aporta unos 2,5 g de hidratos de carbono.

Las carnes, el queso y los huevos son también productos recomendables a la hora de preparar un aperitivo; una loncha de queso de 30 g contiene aproximadamente 0,5 g de hidratos de carbono; los huevos tienen más o menos la misma cantidad y la carne no contiene carbohidratos —a no ser que sea procesada—. Algunos aperitivos sencillos son los huevos rellenos, las barritas de queso, el pepino relleno de ensalada de atún y los rollitos de queso y jamón de York con un poco de mostaza o de nata agria o envueltos alrededor de algún brote fresco.

Las barritas de proteínas que se pueden comprar normalmente en las grandes superficies son muy populares entre la gente que desea seguir una dieta baja en carbohidratos, pero personalmente no las recomiendo, pues no son más que barritas de dulce «embellecidas», a menudo endulzadas con edulcorantes artificiales o con sustitutos del azúcar. En realidad son tan solo una forma sofisticada de comida basura procesada.

TIRAS DE PRUEBA PARA LA CETOSIS

Cuando se comienza una dieta cetogénica, son necesarios unos pocos días para que los niveles de cetonas en sangre suban. Aunque siempre tenemos una cierta cantidad de cetonas en la sangre, por lo general estos niveles son demasiado bajos como para tener un valor terapéutico apreciable. Durante la inanición, el ayuno o cuando hay una restricción de carbohidratos, la producción de cetonas se incrementa. Una vez que la glucosa almacenada en el hígado se agota es cuando la producción de cetonas se dispara y se pone en marcha a pleno rendimiento.

A los dos o tres días de iniciar alguna de estas dietas, nosotros mismos podemos medir nuestra cantidad relativa de cetonas en sangre comprobando los niveles en la orina mediante el uso de «tiras reactivas para la cetosis» —también llamadas «tiras de prueba de lipólisis»—. Uno de los extremos de la tira se introduce en una muestra reciente de orina. La tira cambia de color dependiendo de la concentración de cetonas en la orina, lo que nos permite determinar si nuestro nivel de cetonas en sangre es «nada», «traza», «bajo», «moderado» o «alto». La utilidad de la prueba radica en que nos indica si los cambios en la dieta están produciendo cetonas y en qué grado. Como ya hemos visto, a medida que se añaden más carbohidratos a la dieta, los niveles de cetonas descienden, por lo que para aumentar la cetosis tenemos que reducir el consumo de hidratos de carbono. Por lo general, la dieta baja en carbohidratos de 25 g produce lecturas apreciables en las tiras reactivas. La de 50 g puede o no dar lugar a dichas lecturas, en función de lo sensible a los carbohidratos que sea la persona en concreto. La dieta preventiva no suele producir cambios apreciables en las tiras de prueba. No obstante, si las tiras indican «nada», no significa que en la sangre no haya cetonas, sino que su nivel es demasiado bajo como para ser detectado usando este método de medición. En cualquier caso, siguiendo una de estas dietas el nivel de cetonas en sangre será siempre ligeramente más alto de lo normal.

Si añadimos el consumo de aceite de coco a estas dietas, los niveles de cetonas serán aún mejores. Independientemente de la dieta el aceite de coco produce, por sí mismo, un cierto nivel de cetosis —según la cantidad consumida—. El aceite de coco también eleva la cetosis en todas las dietas bajas en carbohidratos presentadas en este libro; incluso la dieta preventiva puede producir lecturas apreciables cuando se le añade aceite de coco.

Un alto consumo de agua puede afectar a los resultados; aunque el nivel de cetosis en la sangre sea elevado, beber mucha agua hace que la orina quede más diluida, lo cual, a su vez, contribuye a que las mediciones den valores más bajos, por lo que puede que estemos en un nivel de cetosis «moderado» o «alto» incluso aunque las tiras reactivas indiquen tan solo niveles «traza» o «nada».

A pesar de que no son estrictamente necesarias, estas tiras de prueba pueden resultar útiles para animarnos a cumplir con el programa que nos hayamos impuesto y ayudarnos a mantener la restricción de carbohidratos correspondiente. Las tiras reactivas para la cetosis se venden en farmacias. Una marca popular en los Estados Unidos es Ketostix.

RESUMEN

Ahora ya tienes en tus manos todas las herramientas que necesitas para conservar la vista y para mejorar la salud de tus ojos. Hagamos un pequeño repaso de todos los pasos que hay que seguir.

Antes que nada tienes que determinar el tipo de dieta baja en carbohidratos que quieres adoptar: la preventiva o una de las dos dietas de tratamiento. Esto vendrá determinado por tu nivel de glucemia en ayunas; cuanto mayores sean los valores de este parámetro más agresiva tendrá que ser la dieta que deberás seguir para poder corregir los problemas existentes.

De entre todos los alimentos, tienes que elegir principalmente productos frescos, carnes, huevos y lácteos. Los procesados —especialmente aquellos que contienen aditivos alimentarios como aceites vegetales hidrogenados, aspartamo y GMS— han de evitarse tanto como sea posible.

Toma grasas saludables como el aceite de coco y el aceite rojo de palma —en especial aceite de coco, ya que es cetogénico y estimula la producción de los FNDC, que son muy beneficiosos para el cerebro y para los ojos—. Ten en cuenta que las grasas mejoran la absorción de los nutrientes de los alimentos. Tu dieta ha de incluir una gran cantidad de grasas —hay que huir de las dietas bajas en grasas—. Para la dieta baja en carbohidratos de prevención se recomienda añadir entre una y tres cucharadas (de 15 a 45 ml) de aceite de coco en la alimentación diaria; para las dos dietas de tratamiento, entre cuatro y cinco cucharadas (de 60 a 74 ml). Sin embargo, debes evitar todos los aceites vegetales refinados poliinsaturados y los alimentos que los contengan. Adopta la costumbre de consultar siempre la etiqueta de ingredientes de los productos.

Tu alimentación ha de incluir muchas verduras frescas, tanto cocidas como crudas, las cuales te aportarán una gran cantidad de vitaminas, minerales y antioxidantes muy beneficiosos para poder disfrutar de una buena salud ocular. Tu alimentación ha de garantizar también grandes aportes de vitamina A —un nutriente esencial para el buen funcionamiento de los ojos— provenientes de carnes, pescados, huevos y productos lácteos, así como de los carotenoides provitamina A presentes en las verduras que tienen colores vivos. No obstante, si así lo deseas, puedes añadir algunos suplementos dietéticos; los más importantes para que los ojos se hallen en buen estado son la luteína, la zeaxantina y la astaxantina.

Evita todas las formas de tabaco y deja de tomar todos los medicamentos que no sean estrictamente necesarios, pues el tabaco y los fármacos se encuentran entre las sustancias más perjudiciales para la vista; eliminarlos de tu vida puede suponer una enorme diferencia en lo que respecta al estado de tu salud ocular. Una de las principales ventajas de este plan dietético es que tu necesidad de medicamentos —ya sean con o sin receta— se verá reducida en gran medida. Si sigues el programa tal y como se ha explicado en este libro, puede que veas cómo dejas de necesitar la gran mayoría de los medicamentos más comunes, incluyendo aquellos que contrarrestan los niveles altos de colesterol y de presión sanguínea, la diabetes y muchas otras enfermedades. Habla con tu médico para que te ayude a determinar qué medicamentos con prescripción puedes descartar y procura prescindir completamente de todos los fármacos que se compran directamente en la farmacia sin receta.

Una exposición excesiva a la luz solar puede afectar negativamente a la vista. Esto es particularmente cierto si tu alimentación presenta deficiencias; una dieta rica en grasas saludables y en nutrientes antioxidantes te protegerá de gran parte del daño causado por las radiaciones UV del sol. Una vez que hayas comenzado a tener una alimentación rica en verduras y baja en carbohidratos, tu resistencia a las radiaciones UV aumentará drásticamente, con lo que ya no tendrás que preocuparte demasiado por evitar la luz solar. De hecho, los rayos del sol pueden ser muy saludables y constituyen la mejor fuente de vitamina D —una hormona esencial—, ya que los rayos UV hacen que la piel sintetice dicha vitamina. Por lo tanto, un cierto grado de exposición al sol es necesario para tener una buena salud.

Deberías comprobar tus niveles de glucemia en ayunas o de A1C periódicamente. Con el tiempo, estos niveles deberían mejorar, incluso sin tomar ninguna medicación específica para ello. Este descenso en los niveles de glucemia son un claro indicador de que tu salud general está mejorando y de que el riesgo de sufrir alguna discapacidad visual es menor.

Al igual que sucede con cualquier otro tratamiento o programa de prevención, cuanto más estrictamente te ciñas a él tal y como lo he descrito en este libro, mejores serán los resultados. Dale tiempo al tiempo, pues aquí estamos trabajando a nivel celular; los nutrientes de la dieta irán protegiendo y fortaleciendo tus ojos poco a poco, célula a célula. Puede que el estado de tu vista permanezca estable —en lugar de ir a peor— o puede que vaya mejorando gradualmente. Aunque es posible que aún experimentes presbicia —la pérdida de vista normal debida al envejecimiento—, tu resistencia a las enfermedades oculares (las patologías que suponen un estado anormal del ojo), tales como cataratas, degeneración macular, glaucoma, retinopatía diabética, síndrome de ojo seco y otras similares, se verá potenciada en gran medida. En muchos casos, si se siguen las dietas de tratamiento bajas en carbohidratos —las más estrictas—, puede incluso que se produzca una mejoría en los síntomas asociados a estas dolencias.

APÉNDICE

TABLA DE CARBOHIDRATOS NETOS

*Las cantidades indicadas corresponden únicamente a la parte comestible; es decir, una vez quitadas la piel, el hueso, las semillas, etc.

ALIMENTO	CANTIDAD	CARBOHIDRATOS NETOS (G)
Verduras		
Acelgas cocidas crudas	1 taza/175 g 1 taza/36 g	3,5 1,5
Aguacate	1 pieza/173 g*	3,5
Ajo, crudo	1 diente	1
Alcachofa de Jerusalén, cruda	1 taza/150 g	24
Alcachofa, hervida	1 mediana/120 g*	6,5
Alfalfa, brotes	1 taza/33 g	0,5
Apio crudo, troceado crudo, entero	1 taza/120 g 20 cm de largo/40 g	2 1
Bambú, brotes, enlatados	1 taza/131 g	2,5
Berenjena, cruda	1 taza/82 g	2
Berros, crudos, troceados	½ taza/17 g	0

ALIMENTO	CANTIDAD	CARBOHIDRATOS NETOS (G)
Boniato, al horno	1 mediano/114 g	25
Brócoli, crudo, troceado	1 taza/88 g	2
Calabaza, envasada	1 taza/245 g	15
Calabaza, variedades de invierno		
aplanada (scallop), cruda en rodajas	1 taza/113 g	3
calabacín verde, crudo en rodajas	1 taza/180 g	3
de cuello curvo, cruda, en rodajas	1 taza/180 g	5
Calabaza, variedades de verano		
bellota, al horno, en puré	1 taza/245 g	29
butternut, al horno, en puré	1 taza/245 g	19
espagueti, cocida	1 taza/155 g	6
Hubbard, al horno, en puré	1 taza/240 g	20
Castañas de agua, en rodajas	½ taza/70 g	7
Cebolla		
cruda, en rodajas	1 taza/115 g	8
cruda, entera, mediana	6,5 cm diámetro	10
cruda, picada	1 taza/160 g	11
Cebolletas		
crudas, enteras	10 cm de largo	1
crudas, picadas	½ taza/50 g	3
Cebollino, picado	1 cucharada/6 g	0
Chalote, crudo, picado	1 cucharada/10 g	1
Champiñones		
cocidos	1 taza/156 g	4
crudos, en rodajas	1 taza/70 g	2,5
crudos	3 piezas	1
Chirivías		
crudas, picadas	1 taza/110 g	17,5
Chucrut, enlatado con líquido	1 taza/236 g	6
Col		
cocida, escurrida	1 taza/190 g	4
cruda	1 taza/37 g	0,5
Col rizada, picada, cocida	1 taza/130 g	3
Coles de Bruselas, hervidas	1 taza/156 g	8
Coliflor		
cocida	1 taza/124 g	1,5
cruda, troceada	1 taza/100 g	2,5
Colinabo		
cocido, en rodajas	1 taza/140 g	7
crudo, en rodajas	1 taza/165 g	9

ALIMENTO	CANTIDAD	CARBOHIDRATOS NETOS (G)
Escarola, cruda	1 taza/50 g	0,5
Espárragos, crudos	4 piezas/1 taza/60 g	2
Espinacas cocidas, escurridas crudas, picadas	 1 taza/180 g 1 taza/56 g	 3 1
Guisantes partidos, hervidos vainas comestibles, cocidas verdes, cocidos	 1 taza/196 g 1 taza/160 g 1 taza/160 g	 31 7 7
Jícama, cruda	1 taza/130 g	5
Judías, cocidas, escurridas alubias blancas alubias carita alubias de Lima alubias pintas alubias rojas garbanzos granos de soja great northern lentejas negras verdes, frescas	 1 taza/182 g 1 taza/172 g 1 taza/172 g 1 taza/198 g 1 taza/170 g 1 taza/164 g 1 taza/172 g 1 taza/177 g 1 taza/198 g 1 taza/172 g 1 taza/100 g	 32 15 24 24 27 34 12 26 30 26 7
Kelp, crudo	28 g	2
Lechuga iceberg, picada iceberg lisa romana, picada una hoja, picada	 1 taza/56 g 1 cuarto/135 g 2 hojas/15 g 1 taza/56 g 1 taza/56 g	 0,5 1 0 0,5 0,5
Mostaza, hojas cocidas crudas	 1 taza/140 g 1 taza/60 g	 0,5 1
Nabo, crudo hojas, crudas	1 mediano 1 taza/55 g	6 1,5
Ñame, al horno	1 taza/150 g	36
Patatas al horno, con piel al horno, sin piel en puré, con leche tortas doradas fritas	 1 mediana/202 g 1 mediana/156 g 1 taza/210 g 1 taza/156 g	 46 32 34 41
Pepino, en rodajas, crudo con piel	1 taza/119 g	3
Perejil, crudo, picado	1 cucharada/4 g	0

ALIMENTO	CANTIDAD	CARBOHIDRATOS NETOS (G)
Pimientos		
chili picante rojo, crudo	½ taza/68 g	3
jalapeños, envasados	½ taza/68 g	1
morrón, crudo	1 mediano	4
morrón, crudo	1 taza/50 g	2
Puerros, crudos	1 taza/104 g	13
Quingombó, crudo, en rodajas	1 taza/184 g	12
Rábano Daikon, crudo	10 cm de largo	6
Rábanos, crudos	10 piezas/45 g	1
Remolacha		
cruda, en rodajas	1 taza/170 g	8
hojas, hervidas	1 taza/144 g	5
Repollo chino (bok choy)		
cocido	1 taza/170 g	1
crudo	1 taza/170 g	1
Repollo rojo, picado		
cocido	1 taza/150 g	3
crudo	1 taza/70 g	2
Repollo verde, picado		
cocido	1 taza/150 g	3
crudo	1 taza/70 g	2
Rúcula	1 taza/20 g	0,5
Ruibarbo, crudo, troceado	1 taza/122 g	3,5
Rutabaga, picada, al horno	1 taza/170 g	12
Soja, brotes		
cocidos	1 taza/124 g	2
crudos	1 taza/104 g	3
Taro		
hojas, crudas, troceadas	1 taza/28 g	1
raíz, cocida, en rodajas	1 taza/104 g	24
Tofu	½ taza/126 g	1
Tomate		
cherry	2 medianos/34 g	1
cocido/estofado	1 taza/240 g	10
crudo	1 grande/181 g	5
crudo, en rodajas	0,6 cm de ancho	1
crudo, entero	1 mediano/123 g	4
crudo, troceado	1 taza/180 g	5
italiano	1 mediano/62 g	2
puré	½ taza/131 g	19
salsa	½ taza/122 g	7
zumo	1 taza/244 g	8

ALIMENTO	CANTIDAD	CARBOHIDRATOS NETOS (G)
Zanahoria		
cocida, troceada	1 taza/156 g	10
cruda, entera	1 mediana/72 g	5
cruda, rallada	1 taza/110 g	8
zumo	1 taza/246 g	18
Frutas		
Aceitunas		
negras	10 piezas	2
verdes	10 piezas	1
Albaricoque		
almíbar, enlatado	1 taza/258 g	51
crudo	1 pieza	3
Arándanos azules, frescos	1 taza/145 g	17
Arándanos rojos		
crudos	1 taza/95 g	7
salsa, envasada	1 taza/277 g	102
Banana, cocida, en rodajas	1 taza/154 g*	41
Bayas de saúco, crudas	1 taza/145 g	16,5
Caqui, crudo	1 pieza	8,5
Cerezas, dulces, crudas	10 piezas/68 g	9,5
Ciruela, cruda	1 pieza/66 g*	7,5
Ciruelas pasas		
secas	10 piezas/84 g	45
zumo	1 taza/236 ml	42
Dátiles, crudos		
enteros, sin pepita	10 piezas/83 g	54
troceados	1 taza/178 g	116
Frambuesa, cruda	1 taza/123 g	6
Fresas		
crudas, enteras	1 pieza	1
crudas, en mitades	1 taza/153 g	8
crudas, en rodajas	1 taza/167 g	9
Grosellas, crudas	1 taza/150 g	9
Higos	10 piezas/187 g	101
Kiwi, crudo	1 pieza/76 g*	8
Lima		
cruda	1 pieza	3
zumo	1 cucharada/15 ml	1
Limón		
crudo	1 pieza	4
zumo	1 cucharada/15 ml	1

ALIMENTO	CANTIDAD	CARBOHIDRATOS NETOS (G)
Mandarina		
almíbar, enlatada	1 taza/250 g	39
fresca	1 pieza/84 g*	7,5
zumo, envasada	1 taza/250 g	22
Mango, crudo	1 pieza/207 g*	28
Manzana		
cruda	1 pieza/138 g*	18
puré, sin azúcar	1 taza/244 g	24
zumo	1 taza/248 g	29
Melocotón		
almíbar concentrado, envasado	1 taza/256 g	48
	1 taza/153 g	14
crudo, en rodajas	1 pieza/87 g*	8
crudo, entero	1 taza/248 g	26
zumo, envasado		
Melón verde	1 taza/170 g*	14
Melón	½ pieza/267 g	19
Moras		
zarzamoras, frescas	1 taza/144 g	8
frambuesas, congeladas	1 taza/147 g	11
de morera, crudas	1 taza/138 g	11
Naranjas		
crudas	1 pieza/248 g*	12
zumo de concentrado congelado	1 taza/236 ml	27
	1 taza/236 ml	25
zumo, fresco		
Nectarinas, crudas	1 pieza/136 g*	13
Papaya, cruda, en rodajas	1 taza/140 g*	12
Pera		
almíbar concentrado, envasado	1 taza/255 g	45
	1 pieza/166 g*	20
cruda	1 taza/248 g	28
zumo, envasado		
Piña		
troceada, fresca	1 taza/155 g	17
triturada/en cubitos, en almíbar concentrado	1 taza/255 g	50
triturada/troceada, zumo	1 taza/250 g	37
Plátano	1 pieza/114 g*	25
Pomelo, crudo	1 mitad/91 g	7
Sandía		
en bolas	1 taza/160 g	11
en rodajas	2,5 cm de ancho	33

ALIMENTO	CANTIDAD	CARBOHIDRATOS NETOS (G)
Uvas		
americanas, sin piel	10 piezas/50 g	4
de Thompson, sin semillas	10 piezas/50 g	8
zumo de concentrado conge-	1 taza/236 ml	31
lado	1 taza/236 ml	37
zumo, envasado		
Uvas pasas	1 taza/145 g	106
Zarzamoras, congeladas	1 taza/132 g	9
Frutos secos y semillas		
Almendras		
en rodajas o trituradas	1 taza/95 g	9
enteras	28 g	3
mantequilla	1 cucharada/16 g	2
Anacardos		
enteros o en mitades	1 taza/137 g	37
enteros	28 g	6
mantequilla	1 cucharada/16 g	3
Avellanas		
enteras	1 taza/118 g	11
enteras	28 g	2
Cacahuetes		
mantequilla	1 cucharada/16 g	2
tostados con aceite	1 taza/144 g	14
tostados con aceite	28 g	3
Calabaza, pipas		
enteras	1 taza/227 g	11
enteras	28 g	3
Coco		
fresco, rallado	1 taza/80 g	3
fresco	5x5 cm	2
seco, con azúcar	1 taza/93 g	35
seco, sin azúcar	1 taza/78 g	7
Girasol, pipas, enteras, peladas	1 cucharada/8,5 g	1
Nueces		
inglesas, picadas	1 taza/120 g	8
inglesas	28 g	3
negras, picadas	1 taza/125 g	4
negras	28 g	1
Nueces de Brasil	28 g	1,5
Nueces de macadamia		
enteras o en mitades	1 taza/134 g	7
enteras	28 g	1,5

ALIMENTO	CANTIDAD	CARBOHIDRATOS NETOS (G)
Pecanas		
mitades, crudas	1 taza/108 g	5
mitades, crudas	28 g	3
Piñones, enteros	28 g	3
Pistachos		
enteros, tostados	1 taza/128 g	21
enteros, tostados	28 g	6
Sésamo, semillas		
enteras	1 cucharada/9,5 g	1
mantequilla (tahini)	1 cucharada/15 g	2
Soja, semillas, tostadas	28 g	5
Cereales y harinas		
Amaranto, grano integral	1 taza/192 g	
Arroz		
blanco, cocido	1 taza/205 g	56
blanco, harina	1 taza/159 g	123
integral, cocido	1 taza/195 g	42
integral, harina	1 taza/159 g	114
rápido (precocido)	1 taza/165 g	34
silvestre, cocido	1 taza/164 g	32
Arrurruz, harina	1 cucharada/8,5 g	7
Avena		
harina, cocida	1 taza/234 g	21
harina, cruda	1 taza/100 g	46
salvado, crudo	¼ de taza/25 g	13
Cebada		
en perlas, cocida	1 taza/157 g	40
en perlas, cruda	1 taza/200 g	127
harina	1 taza/124 g	95
Centeno, harina	1 taza/102 g	64
Coco, harina	1 taza/114 g	24
Maíz		
grano integral	1 taza/210 g	38
harina, seca	1 taza/122 g	81
hominy, envasado	1 taza/260 g	20
maicena	1 cucharada/8,5 g	7
mazorca grande	22 cm de largo	23
mazorca mediana	18 cm de largo	15
mazorca pequeña	15 cm de largo	12
palomitas, inflado	1 taza/8,5 g	5
sémola, cocida con agua	1 taza/240 g	30
sémola, cruda	1 taza/156 g	122

ALIMENTO	CANTIDAD	CARBOHIDRATOS NETOS (G)
Mijo		
cocido	1 taza/240 g	54
crudo	1 taza/200 g	129
Quinoa		
cocida	1 taza/184 g	34
cruda	1 taza/170 g	98
Soja, harina	1 taza/88 g	24
Tapioca		
harina	1 cucharada/8 g	7
perlas secas	1 taza/152 g	133
Trigo		
blanco, harina	1 cucharada/8 g	6
blanco, harina	1 taza/128 g	92
integral, harina	1 cucharada/7,5 g	5
integral, harina	1 taza/120 g	72
salvado	½ taza/30 g	11
Trigo bulgur		
grano integral, cocido	1 taza/182 g	23
harina	1 taza/140 g	75
Trigo sarraceno		
grano integral	1 taza/175 g	112
harina	1 taza/98 g	73
Trigo, sémola, enriquecida	1 taza/167 g	115
Pan y bollería		
Bagels		
de trigo blanco, enriquecido	1 porción/105 g	57
de trigo integral	1 porción/128 g	64
Galletas		
con queso	1 porción	1
de trigo	1 porción	1
saladas	1 pieza	2
Kaiser	1 bollo	29
Láminas para empanar Wonton	9 cm	5
Muffin inglés	1 porción	24
Pan		
con pasas	1 rebanada	13
de centeno	1 rebanada	13
de hamburguesa	1 bollo	20
de perrito caliente	1 bollo	20
de trigo blanco	1 rebanada	12
de trigo integral	1 rebanada	11
Pita		
de trigo blanco	1 pieza	32
de trigo integral	1 pieza	31

ALIMENTO	CANTIDAD	CARBOHIDRATOS NETOS (G)
Torta		
de maíz	15 cm	11
de trigo	20 cm	22
de trigo	27 cm	34
Tortita (crepe)	10 cm de diámetro	13
Pasta		
Macarrones, cocidos		
de trigo blanco, enriquecido	1 taza/140 g	38
de trigo integral	1 taza/140 g	35
de maíz	1 taza/140 g	32
Noodles (fideos), cocidos		
transparentes (de brotes de	1 taza/190 g	39
soja)	1 taza/160 g	36
de huevo	1 taza/113 g	19
soba	1 taza/175 g	42
de arroz		
Espaguetis, cocidos		
de trigo blanco, enriquecido	1 taza/140 g	38
de trigo integral	1 taza/140 g	32
de maíz	1 taza/140 g	32
Productos lácteos		
Almendras, leche	1 taza/236 ml	7
Kéfir	1 taza/236 ml	9
Leche		
de arroz, natural	1 taza/236 ml	23
de arroz, vainilla	1 taza/236 ml	26
de cabra	1 taza/236 ml	11
de coco, bebida de, tetrabrik	1 taza/236 ml	7
de coco, envasada	1 taza/236 ml	7
de soja	1 taza/236 ml	7
de vaca, al 1%	1 taza/236 ml	12
de vaca, al 2%	1 taza/236 ml	11,5
de vaca, desnatada, sin grasa	1 taza/236 ml	12
de vaca, entera (3,3% de grasa)	1 taza/236 ml	11
Mantequilla	1 cucharada/14 g	0
Nata		
ácida	1 cucharada/28 g	0,5
líquida	1 taza/236 ml	6,5
semidescremada	1 taza/236 ml	10,5

ALIMENTO	CANTIDAD	CARBOHIDRATOS NETOS (G)
Queso (blando)		
Brie	28 g	1
Camembert	28 g (1 oz)	0
crema de queso	1 cucharada/14 g	0,5
crema de queso, baja en grasas	1 cucharada/14 g	1
	28 g	1
feta, desmenuzado	1 taza/226 g	8
requesón, al 2% de grasa	1 taza/226 g	9,5
requesón, desnatado	1 taza/246 g	12,5
ricota, semidesnatado	28 g	1,5
ricota, semidesnatado	1 taza/246 g	7,5
ricota, leche entera	28 g	1
Queso (curado y semicurado)		
Americano, en lonchas	28 g	0,5
Cheddar, en lonchas	28 g	0,5
Cheddar, rallado	1 taza/113 g	1,5
Colby, en lonchas	28 g	0,5
Colby, rallado	1 taza/113 g	3
Edam, en lonchas	28 g	0,5
Edam, rallado	1 taza/113 g	1,5
Gruyere, en lonchas	28 g	0
Gruyere, rallado	1 taza/113 g	0,5
Monterey, en lonchas	28 g	0
Monterey, rallado	1 taza/113 g	1
Mozzarella, en lonchas	28 g	0,5
Mozzarella, rallado	1 taza/113 g	2,5
Muenster, en lonchas	28 g	0
Muenster, rallado	1 taza/113 g	1
Parmesano, en lonchas	28 g	1
Parmesano, rallado	1 cucharada/5 g	0
Suizo, en lonchas	28 g	1,5
Suizo, rallado	1 taza/113 g	6
Suero de leche	1 taza/236 ml	12
Yogur		
con frutas, semidesnatado	1 taza/227 g	43
de vainilla, semidesnatado	1 taza/227 g	31
natural, desnatado	1 taza/227 g	19
natural, leche entera	1 taza/227 g	12
natural, semidesnatado	1 taza/227 g	16

ALIMENTO	CANTIDAD	CARBOHIDRATOS NETOS (G)
Carnes, huevos, pescados y mariscos		
Aves de corral		
pato	½ pato/221 g	0
pavo, carne blanca	85 g	0
pavo, carne oscura	85 g	0
pavo, carne picada	85 g	0
pollo, carne blanca	1 taza/140 g	0
pollo, carne blanca	85 g	0
pollo, carne oscura	85 g	0
pollo, carne oscura	1 taza/140 g	0
Cerdo		
bacon sin curar (parte fresca)	85 g	0
bacon, curado	3 piezas	0,5
chuletas	85 g	0
estilo canadiense	2 piezas	1
jamón	85 g	1
Cordero, chuleta	85 g	0
Huevo	1 grande	0,5
clara	1 grande	0
yema	1 grande	0,5
Marisco		
almejas, envasadas	85 g	4
cangrejo, cocido	1 taza/135 g	0
gambas, cocidas	85 g	0
langosta, cocida	1 taza/145 g	2
mejillones, cocidos	28 g	2
ostras, crudas	1 taza/248 g	10
vieiras	85 g	1
Pescado		
abadejo	85 g	0
atún, envasado en agua	85 g	0
bacalao	85 g	0
eglefino	85 g	0
lenguado	85 g	0
percas (familia de las)	85 g	0
salmón	85 g	0
sardinas, secas, envasadas	85 g	0
trucha	85 g	0

ALIMENTO	CANTIDAD	CARBOHIDRATOS NETOS (G)
Salchichas		
de cerdo, grande	1 porción/68 g	1
de cerdo, pequeña	1 porción/13 g	0
Frankfurt, pavo	1 porción/45 g	1
Frankfurt, pollo	1 porción/45 g	3
Frankfurt, vaca/cerdo	1 porción/57 g	1
kielbasa	1 porción/26 g	1
naturales (bratwurst)	1 porción/70 g	2
polaca	1 porción/28 g	0
salami, vaca/cerdo	2 porciones/57 g	1
vaca	85 g	0
venado	85 g	0
Varios		
Azúcar		
blanco, granulado	1 cucharada/11 g	12
en polvo	1 cucharada/8 g	8
moreno, sin envasar	1 cucharada/8 g	9
Bicarbonato sódico	1 cucharadita/9 g	0
Encurtidos		
pepinillos dulces, medianos	1 pieza/35 g	11
pepinillos, medianos	1 pieza/65 g	3
pepinillos, rebanada	1 pieza/6 g	1
pepinillos, salsa, dulce	1 cucharada/15 g	5
Gelatina, seca	1 sobre/7 g	0
Grasas y aceites	1 cucharada/14 g	0
Hierbas y especias	1 cucharada/5 g	2
Jarabe de arce	1 cucharada/15 ml	13,5
Kétchup		
bajo en carbohidratos	1 cucharada/15 g	1
normal	1 cucharada/15 g	4
Mayonesa	1 cucharada/14 g	0
Melaza		
blackstrap	1 cucharada/20 g	12
normal	1 cucharada/20 g	15
Miel	1 cucharada/21 g	17
Mostaza		
amarilla	1 cucharada/15 g	0
Dijon	1 cucharada/15 g	0
rábano picante, preparado	1 cucharada/15 g	1,5
Salsa (tomate, cebolla y chile)	1 cucharada/15 g	2
Salsa de pescado	1 cucharada/15 ml	0,5
Salsa tártara	1 cucharada/15 g	2
Sirope para tortitas	1 cucharada/15 g	15

ALIMENTO	CANTIDAD	CARBOHIDRATOS NETOS (G)
Soja, salsa	1 cucharada/15 ml	1
Vinagre		
balsámico	1 cucharada/15 ml	2
de arroz	1 cucharada/15 ml	0
de sidra de manzana	1 cucharada/15 ml	0
de vino tinto	1 cucharada/15 ml	0
Worcestershire, salsa	1 cucharada/15 ml	3

NOTAS

Capítulo 2: El ojo humano
1. www.who.int/mediacentre/factsheets/fs282/en.

Capítulo 3: Trastornos oculares comunes
1. Babizhayev, M. A., et al. «Lipid peroxidation and cataracts: N-acetylcarnosine as a therapeutic tool to manage age-related cataracts in human and in canine eyes». *Drugs R D* 2004; 5: 125-139.
2. Spencer, R. W. y Andelman, S. Y. «Steroid cataracts. Posterior subcapsular cataract formation in rheumatoid arthritis patients on long term steroid therapy». *Arch Ophthalmol* 1965; 74: 38-41.
3. Bonnefont-Rousselot, D. «Antioxidant and anti-AGE therapeutics». *J Soc Biol* 2001; 195: 391-398.
4. Babizhayev, M. A., et al. «N-acetylcarnosine lubricant eyedrops possess allin- one universal antioxidant protective effects of L-carnosine in aqueous and lipid membrane environments, aldehyde scavenging, and traansglycation activities inherent to cataracts: a clinical study of the new vision-saving drug N-acetylcarnosine eyedrop therapy in a database population of over 50,500 patients». *Am J Ther* 2009; 16: 517-533.

Capítulo 4: Factores que deterioran la visión
1. Kowluru, R. A. y Chan, P. S. «Oxidative stress and diabetic retinopathy». *Exp Diabetes Res* 2007; 43-603.
2. Chiu, C. J. y Taylor, A. «Nutritional antioxidants and age-related cataract and maculopathy». *Exp Eye Res* 2007; 84: 229-245.
3. Babizhayev, M. A. y Costa, E. B. «Lipid peroxide and reactive oxygen species generating systems of the crystalline lens». *Biochim Biophys Acta* 1994; 1225: 326-337.

4. Babizhayev, M. A. «Biomarkers and special features of oxidative stress in the anterior segment of the eye linked to lens cataract and the trabecular meshwork injury in primary open-angle glaucoma». *Fundam Clin Pharmacol* 2012; 26: 86-117.
5. Milne, R. y Brownstein, S. «Advanced glycation end products and diabetic retinopathy». *Amino Acids* 2013; 44: 1397-1407.
6. Ishibashi, T., et al. «Advanced glycation end products in age-related macular degeneration». *Arch Ophthalmol* 1998; 116: 1629-1632.
7. Gul, A., et al. «Advanced glycation end products in senile diabetic and non-diabetic patients with cataract». *J Diabetes Complications* 2009; 23: 343-348.
8. Sasaki, N., et al. «Advanced glycation end products in Alzheimer's disease and other neurodegenerative diseases». *American Journal of Pathology* 1998; 153: 1149-1155.
9. Catellani, R., et al. «Glycooxidation and oxidative stress in Parkinson's disease and diffuse Lewy body disease». *Brain Res* 1996; 737: 195-200.
10. Kato, S., et al. «Astrocytic hyaline inclusions contain advanced glycation endproducts in familial amyotrophic lateral sclerosis with superoxide dismutase 1 gene mutation: immunohistochemical and immunoelectron microscopical analysis». *Aca Neuropathol* 1999; 97: 260-266.
11. Krajcovicová-Kudlacková, M., et al. «Advanced glycation end products and nutrition». *Physiol Res* 2002; 51: 313-316.
12. Das, B. N., et al. «The prevalence of age related cataract in the Asian community in Leicester: a community based study». *Eye (Lond)* 1990; 4 (Pt 5): 723-726.
13. Glenn, J. V. y Stitt, A. W. «The role of advanced glycation end products in retinal ageing and disease». *Biochim Biophys Acta* 2009; 1790: 1109-1116.
14. Milne, R. y Brownstein, S. «Advanced glycation end products and diabetic retinopathy». *Amino Acids* 2013; 44: 1397-1407.
15. Taylor, H. R., et al. «The long-term effects of visible light on the eye». *Arch Ophthalmol* 1992; 110: 99-104.
16. Cruickshanks, K. J., et al. «Sunlight and age-related macular degeneration. The Beaver Dam Eye Study». *Arch Ophthalmol* 1993; 111: 514-518.
17. Van den Berg, T. J., et al. «Dependence of intraocular straylight on pigmentation and light transmission through the ocular wall». *Vision Res* 1991; 31: 1361-1367.
18. Armstrong, D. y Hiramitsu, T. «Studies of experimentally induced retinal degeneration: 2 early morphological changes produced by lipid peroxides in the albino rabbit». *Jpn J Ophthalmol* 1990; 34: 158-173.
19. Cerami, C., et al. «Tobacco smoke is a source of toxic reactive glycation products». *Proc Natl Acad Sci USA* 1997; 94: 13915-13920.
20. Boustani, M., et al. «The association between cognition and histamine-2 receptor antagonists in African Americans». *J Am Geriatr Soc* 2007; 55: 1248-1253.
21. Fliesler, S. y Bretillon, L. «The ins and outs of cholesterol in the vertebrate retina». *J Lipid Res* 2010; 51: 3399-3413.

22. Vorwerk, C. K., et al. «An experimental basis for implicating excitotoxicity in glaucomatous optic neuropathy». *Surv Ophthalmol* 1999; 43 Supl. 1: S142-S150.

23. Casson, R. J. «Possible role of excitotoxicity in the pathogenesis of glaucoma». *Clin Experiment Ophthalmol* 2006; 34: 54-63.

24. Choi, D. «Glutamate neurotoxicity and diseases of the nervous system». *Neuron* 1988; 1: 623-634.

25. Lipton, S. y Rosenberg, P. «Excitatory amino acids as a final common pathway for neurologic disorders». *N Engl J Med* 1994; 330: 613-622.

26. Whetsell, W. y Shapira, N. «Biology of disease. Neuroexcitation, excitotoxicity and human neurological disease». *Lab Invest* 1993; 68: 372-387.

27. Olney, J., et al. «Excitotoxic neurodegeneration in Alzheimer's disease». *Arch Neurol* 1997; 54: 1234-1240.

28. Hynd, M. R., et al. «Glutamate-mediated excitotoxicity and neurodegeneration in Alzheimer's disease». *Neurochem Int* 2004; 45: 583-595.

29. Caudle, W. M. y Zhang, J. «Glutamate, excitotoxicity, and programmed cell death in Parkinson disease». *Exp Neurol* 2009; 220: 230-233.

30. Foran, E. y Trotti, D. «Glutamate transporters and the excitotoxic path to motor neuron degeneration in amyotrophic lateral sclerosis». *Antioxid Redox Signal* 2009; 11: 1587-1602.

31. Kort, J. J. «Impairment of excitatory amino acid transport in astroglial cells infected with human immunodeficiency virus type I AIDS». *Res Human Retroviruses* 1998; 14: 1329-1339.

32. Tritti, D. y Danbolt, N. C. «Glutamate transporters are oxidant-vulnerable: a molecular link between oxidative and excitotoxic neurodegeneration». *TIPS* 1998; 19: 328-334.

33. Blanc, E. M., et al. «4-hydroxynonenal, a lipid peroxidation product, impairs glutamate transport in cortical astrocytes». *Glia* 1998; 22: 149-160.

34. Koenig, H., et al. «Capillary NMDA receptors regulate blood-brain barrier function and breakdown». *Bran Res* 1992; 588: 297-303.

35. Van Westerlaak, M. G., et al. «Chronic mitochondrial inhibition induces glutamate-mediated corticomotoneuron death in an organotypic culture model». *Exp Neurol* 2001; 167: 393-400.

Capítulo 5: El nivel de azúcar en sangre y la resistencia a la insulina

1. De la Monte, S. M., et al. «Impaired insulin and insulin-like growth factor expression and signaling mechanisms in Alzheimer's disease - is this type 3 diabetes?». *J Alzheimers Dis* 2005; 7: 63-80.

2. Whitmer, R. A. «Type 2 diabetes and risk of cognitive impairment and dementia». *Curr Neurol Neurosci Rep* 2007; 7: 373-380.

3. Ott, A., et al. «Diabetes and the risk of dementia: Rotterdam study». *Neurology* 1999; 53: 1937-1942.

4. Xu, W., et al. «Mid- and late-life diabetes in relation to the risk of dementia: a population-based twin study». *Diabetes* 2009; 58: 71-77.

5. Ristow, M. «Neurodegenerative disorders associated with diabetes mellitus». *J Mol Med* 2004; 82: 510-529.

6. Craft, S. y Watson, G. S. «Insulin and neurodegenerative disease: shared and specific mechanisms». *Lancet Neurol* 2004; 3: 169-178.

7. Pradat, P. F., et al. «Impaired glucose tolerance in patients with amyotrophic lateral sclerosis». *Amyotroph Lateral Scler* 2010; 11: 166-171.

8. Morris, J. K., et al. «Measures of striatal insulin resistance in a 6-hydroxydopamine model of Parkinson's disease». *Brain Res* 2008; 1240: 185-195.

9. Moroo, I., et al. «Loss of insulin receptor immunoreactivity from the substantia nigra pars compacta neurons in Parkinson's disease». *Acta Neuropathol* 1994; 87: 343-348.

10. Sandyk, R. «The relationship between diabetes mellitus and Parkinson's disease». *Int J Neurosci* 1993; 69: 125-130.

11. Hu, G., et al. «Type 2 diabetes and the risk of Parkinson's disease». *Diabetes Care* 2007; 30: 842-847.

12. Oh, S. W., et al. «Elevated intraocular pressure is associated with insulin resistance and metabolic syndrome». *Diabetes Metab Res Rev* 2005; 21: 434-440.

13. Pasquale, L. R., et al. «Prospective study of type 2 diabetes mellitus and risk of primary open-angle glaucoma in woman». *Ophthalmology* 2006; 113: 1081-1086.

14. Voutilainen-Kaunisto, R. M., et al. «Age-related macular degeneration in newly diagnosed type 2 diabetic patients and control subjects: a 10-year follow-up on evolution, risk factors, and prognostic significance». *Diabetes Care* 2000; 23: 672-678.

15. Whitney, E. N., et al. *Understanding Normal and Clinical Nutrition*, 3ª edición. West Publishing Company, St. Paul, MN, 1991.

16. Rodríguez, R. R. y Krehal, W. A. «The influence of diet and insulin on the incidence of cataracts in diabetic rats». *Yale J Biol Med* 1951; 24: 103-108.

17. «The effect of intensive treatment of diabetes on the development and progression of long-term complications in insulin-dependent diabetes mellitus. The Diabetes Control and Complications Research Group». *N Engl J Med* 1993; 329: 977-986.

18. Chiu, C. J., et al. «Carbohydrate intake and glycemic index in relation to the odds of early cortical and nuclear lens opacities». *Am J Clin Nutr* 2005; 81: 1411-1416.

19. Stratton, I. M., et al. «Association of glycaemia with macrovascular and microvascular complications of type 2 diabetes (UKPDS 35): prospective observational study». *BMJ* 2000; 321: 405-412.

20. «The effect of intensive diabetes treatment on the progression of diabetic retinopathy in insulin-dependent diabetes mellitus. The Diabetes Control and Complications Trial». *Arch Ophthalmol* 1995; 113: 36-51.

21. Kerti, L., et al. «Higher glucose levels associated with lower memory and reduced hippocampal microstructure». *Neurology* 2013; 81: 1745-1752.

22. Warram, J. H., et al. «Slow glucose removal rate and hyperinsulinemia precede the development of type 2 diabetes in the offspring of diabetic parents». *Ann Intern Med* 1990; 113: 909-915.

Capítulo 6: Lo que hay que saber sobre las grasas y los aceites

1. Davis, G. P. y Park, E. *The Heart: The Living Pump*. Torstar Books, Nueva York, 1983.
2. Aruoma, O. I. y Halliwell, B. eds. *Free Radicals and Food Additives*. Taylor and Francis, Londres, 1991.
3. Harman, D., et al. «Free radical theory of aging: effect of dietary fat on central nervous system function». *J Am Geriatr Soc* 1976; 24: 301-307.
4. Anderson, R. E., et al. «Lipid peroxidation and retinal degeneration». *Current Eye Research* 1984; 3: 223-227.
5. Armstrong, D., et al. «Studies on experimentally induced retinal degeneration. Effect of lipid peroxides on electroretinographic activity in the albino rabbit». *Exp Eye Res* 1982; 35: 157-171.
6. Armstrong, D y Hiramitsu, T. «Studies of experimentally induced retinal degeneration: 2 Early morphological changes produced by lipid peroxides in the albino rabbit». *Jpn J Ophthalmol* 1990; 34:158-173.
7. Catala, A. «An overview of lipid peroxidation with emphasis in outer segments of photoreceptors and the chemiluminescence assay». *Int J Biochem Cell Biol* 2006; 38: 1482-1495.
8. Seddon, J. M., et al. «Dietary fat and risk for advanced age-related macular degeneration». *Arch Ophthalmol* 2001; 119: 1191-1199.
9. Ouchi, M., et al. «A novel relation of fatty acid with age-related macular degeneration». *Ophthalmologica* 2002; 216: 363-367.
10. Sheddon, J. M., et al. «Progression of age-related macular degeneration: association with dietary fat, transunsaturated fat, nuts, and fish intake». *Arch Ophthalmol* 2003; 121: 1728-1737.
11. Bhuyan, K. C. y Bhuyan, D. K. «Lipid peroxidation in cataract of the human». *Life Sci* 1986; 38: 1463-1471.
12. Wu, Y., et al. «Oxidative stress: implications for the development of diabetic retinopathy and antioxidant therapeutic perspectives». *Oxid Med Cell Longev* 2014: 75-87.
13. Chang, C. K. y LoCicero, J. III. «Overexpressed nuclear factor kB correlates with enhanced expression of interleukin-1 and inducible nitric oxide synthase in aged murine lungs to endotoxic stress». *Annals of Thoracic Surgery* 2004; 77: 1222-1227.
14. Tewfik, I. H., et al. «The effect of intermittent heating on some chemical parameters of refined oils used in Egypt. A public health nutrition concern». *Int J Food Sci Nutr* 1998; 49: 339-342.
15. Jurgens, G., et al. «Immunostaining of human autopsy aortas with antibodies to modified apolipoprotein B and apoprotein(a)». *Arterioscler Thromb* 1993; 13: 1689-1699.

16. Srivastava, S., et al. «Identification of cardiac oxidoreductase(s) involved in the metabolism of the lipid peroxidation-derived aldehyde-4-hydroxynonenal». *Biochem J* 1998; 329: 469-475.
17. Nakamura, K., et al. «Carvedilol decreases elevated oxidative stress in human failing myocardium». *Circulation* 2002; 105: 2867-2871.
18. Pratico, D. y Delanty, N. «Oxidative injury in diseases of the central nervous system: focus on Alzheimer's disease». *American Journal of Medicine* 2000; 109: 577-585.
19. Markesbery, W. R. y Carney, J. M. «Oxidative alterations in Alzheimer's disease». *Brain Pathology* 1999; 9; 133-146.
20. Kritchevsky, D. y Tepper, S. A. «Cholesterol vehicle in experimental atherosclerosis. Comparison of heated corn oil and heated olive oil». *J Atheroscler Res* 1967; 7: 647-651.
21. Seddon, J. M., et al. «Progression of age-related macular degeneration: association with dietary fat, transunsaturated fat, nuts, and fish intake». *Arch Ophthalmol* 2003; 121 (12): 1728-1737.
22. Ouchi, M., et al. «A novel relation of fatty acid with age-related macular degeneration». *Ophthalmologica* 2002; 216 (5): 363-367.
23. Seddon, J. M., et al. «Dietary fat and risk for advanced age-related macular degeneration». *Arch Ophthalmol* 2001; 119 (8): 1191-1199.
24. Raloff, J. «Unusual fats lose heart-friendly image». *Science News* 1996; 150: 87.
25. Mensink, R. P. y Katan, M. B. «Effect of dietary trans fatty acids on high-density and low-density lipoprotein cholesterol levels in healthy subjects». *N Eng J Med.* 1990; 323 (7): 439-445.
26. Willett, W. C., et al. «Intake of trans fatty acids and risk of coronary heart disease among women». *Lancet.* 1993; 341 (8845): 581-585.
27. Booyens, J. y Louwrens, C. C. «The Eskimo diet. Prophylactic effects ascribed to the balanced presence of natural cis unsaturated fatty acids and to the absence of unnatural trans and cis isomers of unsaturated fatty acids. *Med Hypoth.* 1986; 21: 387-408.
28. Grandgirard, A., et al. «Incorporation of trans long-chain n-3 polyunsaturated fatty acids in rat brain structures and retina». *Lipids* 1994; 29: 251-258.
29. Pamplona, R., et al. «Low fatty acid unsaturation: a mechanism for lowered lipoperoxidative modification of tissue proteins in mammalian species with long life spans». *J Gerontol A Biol Sci Med Sci* 2000; 55: B286-B291.
30. Cha, Y. S. y Sachan, D. S. «Opposite effects of dietary saturated and unsaturated fatty acids on ethanol-pharmacokinetics, triglycerides and carnitines». *J Am Coll Nutr* 1994; 13: 338-343.
31. Siri-Tarino, P. W., et al. «Meta-analysis of prospective cohort studies evaluating the association of saturated fat with cardiovascular disease». *Am J Clin Nutr* 2010; 91: 535-546.
32. Ramsden, C. E., et al. «Use of dietary linoleic acid for secondary prevention of coronary heart disease and death: evaluation of recovered data for

the Sydney Diet Heart Study and updated meta-analysis». *BMJ*. 4 de febrero de 2013; 346: e8707, doi:10.1136/bmj.e8707.

33. Calder, P. C. «Old study sheds new light on the fatty acids and cardiovascular health debate». *BMJ*. 4 de febrero de 2013; 346: f493, doi:10.1136/bmj.f493.

34. Chowdhury, R., et al. «Association of dietary, circulating, and supplement fatty acids with coronary risk: a systematic review and meta-analysis». *Ann Intern Med* 2014; 160: 398-406.

Capítulo 7: Los mejores nutrientes para la salud ocular

1. Van Lieshout, M., et al. «Bioefficacy of beta-carotene dissolved in oil studied in children in Indonesia». *Am J Clin Nutr* 2001; 73: 949-958.

2. Sauberlich, H. E., et al. «Vitamin A metabolism and requirements in the human studied with the use of labeled retinol». *Vitam Horm* 1974; 32: 251-253.

3. http://ods.od.nih.gov/factsheets/VitaminA-HealthProfessional.

4. Usoro, O. B. y Mousa, S. A. «Vitamin E forms in Alzheimer's disease: a review of controversial and clinical experiences». *Crit Rev Food Sci Nutr* 2010; 50: 414-419.

5. «A Randomized, placebo-controlled, clinical trial of high-dose supplementation with vitamins C and E and beta carotene for age-related cataract and vision loss». *Arch Ophthalmol* 2001; 119: 1439-1452.

6. Teikari, J., et al. «Long-term supplementation with alpha-tocopherol and beta-carotene and age-related cataract». *Acta Ophthalmol Scand* 1997; 75: 634-640.

7. Sperduto, R. D., et al. «The Linxian Catract Studies: two nutritional intervention trails». *Arch Ophthalmol* 1993; 111: 1246-1253.

8. Snodderly, D. M. «Evidence for protection against age-related macular degeneration by carotenoids and antioxidant vitamins». *Am J Clin Nutr* 1995; 62 (Supl.): 1448S-1461S.

9. Seddon, J. M., et al. «Dietary carotenoids, vitamins A, C, and E and advanced age-related macular degeneration. Eye disease case-control study group». *JAMA* 1994; 272: 1413-1420.

10. Nagai, N., et al. «Suppression of diabetic-induced retinal inflammation by blocking the angiotensin II type 1 receptor or it downstream nuclear factorkappaB pathway». *Invest Ophthalmol Vis Sci* 2007; 48: 4342-4350.

11. Chasan-Taber, L., et al. «A prospective study of carotenoids and vitamin A intakes and risk of cataract extraction in US women». *Am J Clin Nutr* 1999; 70: 509-516.

12. Sommerburg, O., et al. «Fruits and vegetables that are sources for lutein and zeaxanthin: the macular pigment in human eyes». *Br J Ophthalmol* 1998; 82: 907-910.

13. Chong, E. W., et al. «Dietary omega-3 fatty acid and fish intake in the primary prevention of age-related macular degeneration: a systemic review and meta-analysis». *Arch Ophthalmol* 2008; 126: 826-833.

14. Hammes, H. P., et al. «Acceleration of experimental diabetic retinopathy in the rat by omega-3 fatty acids». *Diabetologia* 1996; 39: 251-255.
15. Bourre, J. M. «Free radicals, polyunsaturated fatty acids, cell death, brain aging». *CR Seances Soc Biol Fil* 1988; 182: 5-36.
16. Esterhuyse, A. J., et al. «Dietary red palm oil supplementation protects against the consequences of global ischemia in the isolated perfused rat heart». *Asia Pac J Clin Nutr* 2005; 14: 340-347.
17. Khanna, S., et al. «Molecular basis of vitamin E action: tocotrienol modulates 12-lipoxygenase, a key moderator of glutamate-induced neurodegeneration». *J Biol Chem* 2003; 278: 43508-43515.
18. Holmberg, S., et al. «Food choices and coronary heart disease: a population based cohort study of rural Swedish men with 12 years of follow-up». *Int J Environ Res Public Health* 2009; 6: 2626-2638.
19. Conlon, L. E., et al. «Coconut oil enhances tomato carotenoid tissue accumulation compared to safflower oil in the Mongolian gerbil (Meriones unguiculatus)». *J Agric Food Chem* 2012; 60: 8386-8394.
20. Nidhi, B., et al. «Dietary fatty acid determines the intestinal absorption of lutein in lutein deficient mice». *Foods Research International* 2014; 64: 256-263.
21. Gleize, B., et al. «Effect of type of TAG fatty acids on lutein and zeaxanthin bioavailability». *Br J Nutr* 2013; 110: 1-10.
22. Hayatullina, Z., et al. «Virgin coconut oil supplementation prevents bone loss in osteoporosis rat model». *Evid Based Complement Alternat Med* 2012 1012: 236-237.
23. Wang, X., et al. «Enteral nutrition improves clinical outcome and shortens hospital stay after cancer surgery». *J Invest Surg* 2010; 23: 309-313.
24. Nomura, Y., et al. «Importance of nutritional status in recovery from acute cholecystitis: benefit from enteral nutrition supplementation including medium chain triglycerides». *Nihon Shokakibyo Gakkai Zasshi* 2007; 104: 1352-1358.
25. Meydani, S.N., et al. «Effect of age and dietary fat (fish, corn and coconut oils) on tocopherol status of C57BL/6Nia mice». *Lipids* 1987; 22: 345-350.
26. Arunima, S. y Rajamohan, T. «Effect of virgin coconut oil enriched diet on the antioxidant status and paraoxonase 1 activity in ameliorating the oxidative stress in rats – a comparative study». *Food Funct* 2013; 4: 1402-1409.
27. Goodrow, E. F., et al. «Consumption of one egg per day increases serum lutein and zeaxanthin concentrations in older adults without altering serum lipid and lipoprotein cholesterol concentrations». *J Nutr* 2006; 136: 2519-2524.
28. Wenzel, A.J., et al. «A 12-week egg intervention increases serum zeaxanthin and macular pigment optical density in women». *J Nutr* 2006; 126: 2568-2573.

Capítulo 8: El milagro de las cetonas

1. Walford, R. L. «Calorie restriction: eat less, eat better, live longer». *Life Extension*, febrero de 1998; 19-22.
2. Bruce-Keller, A. J., et al. «Food restriction reduces brain damage and improves behavioral outcome following excitotoxic and metabolic insults». *Ann Neurol* 1999; 45: 8-15.
3. Dubey, A., et al. «Effect of age and caloric intake on protein oxidation in different brain regions and on behavioral functions of the mouse». *Arch Biochem Biophys* 1996; 333: 189-197.
4. Duan, W. y Mattson, M. P. «Dietary restriction and 2-deoxyglucose administration improve behavioral outcome and reduce degeneration of dopaminergic neurons in models of Parkinson's disease». *J Neurosci Res* 1999; 57: 195-206.
5. Mattson, M. P. «Neuroprotective signaling and the aging brain: take away my food and let me run». *Brain Res* 2000; 886: 47-53.
6. Matthews, A. G. «The lens and cataracts». *Vet Clin North Am Equine Pract* 2004; 20: 393-415.
7. Robman, I. y Taylor, H. «External factors in the development of cataract». *Eye* 2005; 19: 1074-1082.
8. Taylor, A., et al. «Moderate caloric restriction delays cataract formation in the Emory mouse». *Faseb J* 1989; 3: 1741-1746.
9. Obin, M., et al. «Calorie restriction modulates age-dependent changes in the retinas of Brown Norway rats». *Mech Ageing Dev* 2000; 114: 133-147.
10. Li, D., et al. «Caloric restriction retards age-related changes in rat retina». *Biochem Biophys Res Commun* 2003; 309: 457-463.
11. Katz, M. L., et al. «Dietary restriction slows age pigment accumulation in the retinal pigment epithelium». *Invest Ophthalmol Vis Sci* 1993; 34: 3297-3302.
12. Li, U. y Wolf, N. S. «Effects of age and long-term caloric restriction on the aqueous collecting channel in the mouse eye». *J Glaucoma* 1997; 6: 18-22.
13. Kawai, S. I., et al. «Modeling of risk factors for the degeneration of retinal ganglion cells after ischemia/reperfusion in rats: effects of age, caloric restriction, diabetes, pigmentation, and glaucoma». *Faseb J* 2001; 15: 1285-1287.
14. Kim, K. Y., et al. «Neuronal susceptibility to damage: comparison of the retinas of young, old and old/caloric restricted rats before and after transient ischemia». *Neurobiol Aging* 2004; 25: 491-500.
15. Mattson, M. P. «Neuroprotective signaling and the aging brain: take away my food and let me run». *Brain res* 2000; 886: 47-53.
16. Colcombe, S. J., et al. «Aerobic exercise training increases brain volume in aging humans». *J Gerontol A Biol Sci Med Sci* 2006; 61: 1166-1170.
17. Larson, E. B., et al. «Exercise is associated with reduced risk for incident dementia among persons 65 years of age or older». *Ann Intern Med* 2006; 144: 73-81.

18. Lautenschlager, N. T., et al. «Effect of physical activity on cognitive function in older adults at risk for Alzheimer disease: a randomized trial». *JAMA* 2008; 300: 1027-1037.
19. Honea, R. A., et al. «Cardiorespiratory fitness and preserved medial temporal lobe volume in Alzheimer disease». *Alzheimer Dis Assoc Disord* 2009; 23: 188-197.
20. Faherty, C. J., et al. «Environmental enrichment in adulthood eliminates neuronal death in experimental Parkinsonism». *Brain Res Mol Brain Res* 2005; 134: 170-179.
21. Williams, P. T. «Prospective study of incident age-related macular degeneration in relation to vigorous physical activity during a 7-year followup». *Invest Ophthalmol Vis Sci* 2009; 50: 101-106.
22. Lawson, E. C., et al. «Aerobic exercise protects retinal function and structure form light-induced retinal degeneration». *Journal of Neuroscience* 2014; 34: 2406-2412.
23. Rojas Vega, S. et al. «Effect of resistance exercise on serum levels of growth factors in humans». *Horm Metab Res* 2010; 42: 982-986.
24. Goekint, M., et al. «Strength training does not influence serum brainderived neurotrophic factor». *Eur J Appl Phsiol* 2010; 110: 285-293.
25. Knaepen, K., et al. «Neuroplasticity: exercise-induced response of peripheral brain-derived neurotrophic factor: a systemic review of experimental studies in human subjects». *Sports Med* 2010; 40: 765-801.
26. Coelho, F. G., et al. «Physical exercise modulates peripheral levels of brainderived neurotrophic factor (BDNF): a systematic review of experimental studies in the elderly». *Arch Gerontol Geriatr* 2013; 56: 10-15.
27. Williams, P. T. «Prospective study of incident age-related macular degeneration in relation to vigorous physical activity during a 7-year followup». *Invest Ophthalmol Vis Sci* 2009; 50: 101-106.
28. Nordli, D. R. Jr, et al. «Experience with the ketogenic diet in infants». *Pediatrics* 2001;108: 129-133.
29. Pulsifer, M. B., et al. «Effects of ketogenic diet on development and behavior: preliminary report of a prospective study». *Dev Med Child Neurol* 2001; 43: 301-306.
30. Husain, A. M., et al. «Diet therapy for narcolepsy». *Neurology* 2004; 62: 2300-2302.
31. Evangeliou, A., et al. «Application of a ketogenic diet in children with autistic behavior: pilot study». *J Child Neurol* 2003; 18: 113-118.
32. Strahlman, R. S. «Can ketosis help migraine sufferers? A case report». *Headache* 2006; 46: 182.
33. Murphy, P., et al. «The antidepressant properties of the ketogenic diet». *Biological Psychiatry* 2004; 56: 981-983.
34. Gasior, M., et al. «Neuroprotective and disease-modifying effects of the ketogenic diet». *Behav Pharmacol* 2006; 17: 431-439.
35. Van der Auwera, I., et al. «A ketogenic diet reduces amyloid beta 40 and 42 in mouse model of Alzheimer's disease». *Nutrition* 2005; 2: 28.

36. Zhao, Z., et al. «A ketogenic diet as a potential novel therapeutic intervention in amyotrophic lateral sclerosis». *BMC Neuroscience* 2006; 7: 29.
37. Duan, W., et al. «Dietary restriction normalizes glucose metabolism and BDNF levels, slows disease progression, and increases survival in huntingtin mutant mice». *Proc Natl Acad Sci USA* 2003; 100: 2911-2916.
38. Kashiwaya, Y., et al. «D-beta-hydroxybutyrate protects neurons in models of Alzheimer's and Parkinson's disease». *Proc Natl Acad Sci USA* 2000; 97: 5440-5444.
39. Tieu, K., et al. «D-beta-hydroxybutyrate rescues mitochondrial respiration and mitigates features of Parkinson disease». *J Clin Invest* 2003; 112: 892-901.
40. Van Itallie, T. B., et al. «Treatment of Parkinson disease with diet-induced hyperketonemia: a feasibility study». *Neurology* 2005; 64: 728-730.
41. Van der Auwera, I., et al. «A ketogenic diet reduces amyloid beta 40 and 42 in a mouse model of Alzheimer's disease». *Nutr Metab* (Londres) 2005; 2: 28.
42. Studzinski, C. M., et al. «Induction of ketosis may improve mitochondrial function and decrease steady-state amyloid-beta precursor protein (AAPP) levels in the aged dog». *Brain Res* 2008; 1226: 209-217.
43. Costantini, L. C., et al. «Hypometabolism as a therapeutic target in Alzheimer's disease». *BMC Neuroscience* 2008; 9: S16.
44. Suzuki, M., et al. «Beta-hydroxybutyrate, a cerebral function improving agent, protects rat brain against ischemic damage caused by permanent and transient focal cerebral ischemia». *Jpn J Phamacol* 2002; 89: 36-43.
45. Suzuki, M., et al. «Effect of beta-hydroxybutyrate, a cerebral function improving agent, on cerebral hypoxia, anoxia and ischemia in mice and rats». *Jpn J Phamacol* 2001; 87: 143-150.
46. Imamura, K., et al. «D-beta-hydroxybutyrate protects dopaminergic SHSY5Y cells in a rotenone model of Parkinson's disease». *J Neuroscie Res* 2006; 84: 1376-1384.
47. Maalouf, M., et al. «The neuroprotective properties of calorie restriction, the ketogenic diet, and ketone bodies». *Brain Res Rev* 2009; 59: 293-315.
48. Zarnowski, T., et al. «A ketogenic diet may offer neuroprotection in glaucoma and mitochondrial diseases of the optic nerve». *MEHDI Ophthalmology Journal* 2012; 1: 45-49.
49. Robinson, A. M. y Williamson, D. H. «Physiological roles of ketone bodies as substrates and signals in mammalian tissues». *Physiol Rev* 1980; 60: 143-187.
50. Rosedale, R., et al. «Clinical experience of a diet designed to reduce aging». *J Appl Res* 2009; 9: 159-165.
51. Gaziano, J. M., et al. «Fasting triglycerides, high-density lipoprotein, and risk of myocardial infarction». *Circulation* 1997; 96: 2520-2525.
52. Accurso, A., et al. «Dietary carbohydrate restriction in type 2 diabetes mellitus and metabolic syndrome: time for a critical appraisal». *Nutrition & Metabolism* 2008; 5: 9.

53. Neilsen, J. V. y Joensson, E. A. «Low-carbohydrate diet in type 2 diabetes: stable improvement of bodyweight and glycemic control during 44 months follow-up». *Nutrition & Metabolism* 2008; 5: 14.

54. Volek, J. S. y Feinman, R. D. «Carbohydrate restriction improves the features of metabolic syndrome. Metabolic syndrome may be defined by the response to carbohydrate restriction». *Nutrition & Metabolism* 2005; 2: 31.

55. Forsythe, C. E., et al. «Comparison of low fat and low carbohydrate diets on circulating fatty acid composition and markers of inflammation». *Lipids* 2008; 43: 65-77.

56. Volek, J. S., et al. «Modification of lipoproteins by very low-carbohydrate diets». *J Nutr* 2005; 135: 1339-1342.

57. Craft, S. y Watson, G. S. «Insulin and neurodegenerative disease: shared and specific mechanisms». *Lancet Neurology* 2004; 3: 169-178.

58. Martin, P. M., et al. «Expression of the sodium-coupled monocarbonxylate transporters SMCT1 (SLC5A8) and SMCT2 (SLCA12) in retina». *Invest Ophthalmol Vis Sci* 2007; 48: 3356-3363.

59. Suzuki, M., et al. «Effect of beta-hydroxybutyrate, a cerebral function improving agent, on cerebral hypoxia, anoxia, and ischemia in mice and rates». *Jpn J Pharmacol* 2001; 87: 143-150.

60. Smith, S. L., et al. «KTX 0101: A Potential metabolic approach to cytoprotection in major surgery and neurological disorders». *CNS Drug Rev* 2005; 11: 113-140.

61. Veech, R. L. «The therapeutic implications of ketone bodies: the effects of ketone bodies in pathological conditions: ketosis, ketogenic diet, redox states, insulin resistance, and mitochondrial metabolism». *Prostaglandins, Leukotrienes and Essential Fatty Acids* 2004; 70: 309-319.

62. Maalouf, M., et al. «The neuroprotective properties of calorie restriction, the ketogenic diet, and ketone bodies». *Brain Res Rev* 2009; 59: 293-315.

63. Pedersen, B. K., et al. «Role of exercise-induced brain-derived neurotrophic factor production in the regulation of energy homeostasis in mammals». *Exp Physiol* 2009; 94: 1153-1160.

64. Krabble, K. S., et al. «Brain-derived neurotrophic factor (BDNF) and type 2 diabetes». *Diabetologia* 2007; 50: 431-438.

65. Schiffer, T., et al. «Effects of strength and endurance training on brain-derived neurotrophic factor and insulin-like growth factor 1 in humans». *Horm Metab Res* 2009; 41: 250-254.

66. Krabbe, K. S., et al. «Brain-derived neurotrophic factor (BDNF) and type 2 diabetes». *Diabetologia* 2007; 50: 431-438.

67. Maalouf, M., et al. «Ketones inhibit mitochondrial production of reactive oxygen species production following glutamate excitotoxicity by increasing NADH oxidation». *Neuroscience* 2007; 145: 256-264.

68. Koper, J. W., et al. «Acetoacetate and glucose as substrates for lipid synthesis for rat brain oligodendrocytes and astrocytes in serum-free culture». *Biochim Biophys Acta* 1984; 796: 20-26.

69. Yeh, Y. Y., et al. «Ketone bodies serve as important precursors of brain lipid in the developing rat». *Lipids* 1977; 12: 957-964.
70. Wu, P. Y., et al. «Medium-chain triglycerides in infant formulas and their relation to plasma ketone body concentrations». *Pediatr Res* 1986; 20: 338-341.
71. Fischer, D. «Stimulating axonal regeneration of mature retinal ganglion cells and overcoming inhibitory signaling». *Cell Tissue Res* 2012; 349: 79-85.
72. Mansour-Robaey, S., et al. «Effects of ocular injury and administration of brain-derived neurotrophic factor on survival and regrowth of axontomized retinal ganglion cells». *Proc Natl Acad Sci* 1994; 91: 1632-1636.
73. Thaler, S., et al. «Neuroprotection by acetoacetate and beta-hydroxybutyrate against NMDA-induced RGC damage in rat-possible involvement of kynurenic acid». *Graefes Arch Clin Exp Ophthalmo* 2010; 248: 1729-1735.
74. Weibel, D., et al. «Brain-derived neurotrophic factor (BDNF) prevents lesion-induced axonal die-back in young rat optic nerve». *Brain Res* 1995; 679: 249-254.
75. Okoye, G., et al. «Increased expression of brain-derived neurotrophic factor preserves retinal function and slows cell death from rhodopsin mutation or oxidative damage». *Journal of Neuroscience* 2003; 23: 4164-4172.

Capítulo 9: Las cetonas del coco

1. Bergen, S. S. Jr., et al. «Hyperketonemia induced in man by medium-chain triglyceride». *Diabetes* 1966; 15: 723-725.
2. http://coconutresearchcenter.org/60_persons_with_dimentia_study.
3. Wlaz, P., et al. «Anticonvulsant profile of caprylic acid, a main constituent of the medium-chain triglyceride (MCT) ketogenic diet, in mice». *Neuropharmacology* 2012; 62: 1882-1889.
4. Sills, M. A., et al. «The Medium chain triglyceride diet and intractable epilepsy». *Arch Dis Child* 1986; 61: 1168-1172.
5. Huttenlocher, P. R., et al. «Medium-chain triglycerides as a therapy for intractable childhood epilepsy». *Neurology* 1971; 21: 1097-1103.
6. Pan, Y., et al. «Dietary supplementation with medium-chain TAG has longlasting cognition-enhancing effects in aged dogs». *Br J Nutr* 2010; 103: 1746-1754.
7. Reger M. A., et al. «Effects of beta-hydroxybutyrate on cognition in memory impaired adults». *Neurobiol Aging* 2004; 25: 311-314.
8. Nafar, F. y Mearow, K. M. «Coconut oil attenuates the effects of amyloidbeta on cortical neurons in vitro». *J Alzheimers Dis* 2014; 39: 233-237.
9. Zhao, W., et al. «Caprylic triglyceride as a novel therapeutic approach to effectively improve the performance and attenuate the symptoms due to the motor neuron loss in ALS disease». *PLoS One* 2012, doi: 10.1371/journal.
10. Twyman, D. «Nutritional management of the critically ill neurologic patient». *Crit Care Clin* 1997; 13: 39-49.

11. Calon, B., et al. «Long-chain versus medium and long-chain triglyceride-based fat emulsion in parental nutrition of severe head trauma patients». *Infusionstherapie* 1990; 17: 246-248.
12. Katz, B. y Rimmer, S. «Ophthalmic manifestations of Alzheimer's disease». *Surv Ophthalmol* 1989; 104: 113-120.
13. Berisha, F., et al. «Retinal Abnormalities in Early Alzheimer's Disease». *Invest Ophthalmol Vis Sci* 2007; 48: 2285-2289.
14. Iseri, P. K., et al. «Relationship between cognitive impairment and retinal morphological and visual functional abnormalities in Alzheimer disease». *J Neuroophthalmol* 2006; 26: 18-24.

Capítulo 10: La terapia del coco

1. Chiu, C. J., et al. «Dietary carbohydrate and the progression of age-related macular degeneration: a prospective study form the Age-Related Eye Disease Study». *Am J Clin Nutr* 2007; 86: 1210-1218.
2. Chiu, C. J., et al. «Dietary glycemic index and carbohydrate in relation to early age-related macular degeneration». *Am J Clin Nutr* 2006; 83: 880-886.
3. Chiu, C. J., et al. «Carbohydrate intake and glycemic index in relation to the odds of early cortical and nuclear lens opacities». *Am J Clin Nutr* 2005; 81: 1411-1416.
4. Stitt, A. W. «The maillard reaction in eye diseases». *Ann NY Acad Sci* 2005; 1043: 582-597.
5. Chiu, C. J., et al. «Association between dietary glycemic index and agerelated macular degeneration in nondiabetic participants in the Age-Related Eye Disease Study». *Am J Clin Nutr* 2007; 86: 180-188.
6. Kamuren, Z. T., et al. «Effects of low-carbohydrate diet and Pycnogenol treatment on retinal antioxidant enzymes in normal and diabetic rats». *J Ocul Pharmacol Ther* 2006; 22: 10-18.
7. Turner, N., et al. «Enhancement of muscle mitochondrial oxidative capacity and alterations in insulin action are lipid species dependent: potent tissuespecific effects of medium chain fatty acids». *Diabetes* 2009; 58: 2547-2554.
8. Poplawski, M. M., et al. «Reversal of diabetic nephropathy by a ketogenic diet». *PLoS One* 2011; 6: e18604.
9. Ola, M. S., et al. «Reduced levels of brain derived neurotrophic factor (BDNF) in the serum of diabetic retinopathy patients and in the retina of diabetic rats». *Cell Mol Neurobiol* 2013; 33: 359-367.
10. Zarnowski, T. y Kosior-Jarecka, E. «Progression of normal tension glaucoma in Kearns-Sayre syndrome over 10 years». *Clin Experiment Ophthalmol* 2012; 40: 218-220.
11. Chang, E. E. y Goldberg, J. L. «Glaucoma 2.0: neuroprotection, neuroregeneration, neuroenhancement». *Ophthalmology* 2012; 119: 979-986.
12. Bayer, A. U., et al. «High occurrence rate of glaucoma among patients with Alzheimer's disease». *Eur Neurol.* 2002; 47 (3): 165-168.

13. Tamura H., et al. «High frequency of open-angle glaucoma in Japanese patients with Alzheimer's disease». *J Neurol Sci* 2006; 246 (1-2): 79-83.
14. Helmer C., et al. «Is there a link between open-angle glaucoma and dementia?: The Three-City - Alienor Cohort». *Ann Neurol* 2013; 74: 171-179.
15. Ko, M. L., et al. «Patterns of retinal ganglion cell survival after brainderived neurotrophic factor administration in hypertensive eyes of rats». *Neurosci Lett* 2001: 305: 139-142.
16. Gopikrishna, V., et al. «A quantitative analysis of coconut water: a new storage media for avulsed teeth». *Oral Surg Oral Med Oral Pathol Oral Radiol Endod* 2008; 105: e61-65.
17. Silva, J. R., et al. «Effect of coconut water and Braun-Collins solutions at different temperatures and incubation times on the morphology of goat preantral follicles preserved in vitro». *Theriogenology* 2000; 54: 809-822.
18. Gopikrishna, V., et al. «Comparison of coconut water, propolis, HBSS, and milk on PDL cell survival». *J Endod* 2008; 34: 587-589.
19. Rattan, S. I. S. y Clark, B. F. C. «Kinetin delays the onset of ageing characteristics in human fibroblasts». *Biochem Biophys Res* 1994; 201: 665-672.
20. Kowalska, E. «Influence of kinetin (6-furfurylo-amino-purine) on human fibroblasts in the cell culture». *Folia Morphol* 1992; 51: 109-118.
21. Radenahmad, N., et al. «Young coconut juice, a potential therapeutic agent that could significantly reduce some pathologies associated with Alzheimer's disease: novel findings». *Br J Nutr* 2011; 105: 738-746.
22. Choi, S. J., et al. «Zeatin prevents amyloid beta-induced neurotoxicity and scopolamine-induced cognitive deficits». *J Med Food* 2009; 12: 271-277.
23. Vicanova, J., et al. «Epidermal and dermal characteristics in skin equivalent after systemic and topical application of skin care ingredients». *Ann N Y Acad Sci* 2006; 1067: 337-342.
24. Kimura, T. y Doi, K. «Depigmentation and rejuvenation effects of kinetin on the aged skin of hairless descendants of Mexican hairless dogs». *Rejuvenation Res* 2004; 7: 32-39.
25. Hipkiss, A. R. «On the "struggle between chemistry and biology during aging" - implications for DNA repair, apoptosis and proteolysis, and a novel route of intervention». *Biogerontology* 2012: 173-178.
26. Mantena, S. K., et al. «In vitro evaluation of antioxidant properties of Cocos nucifera Linn. Water». *Nahrung* 2003; 47: 126-131.
27. Loki, A. L. y Rajamohan, T. «Hepatoprotective and antioxidant effect of tender coconut water on carbon tetrachloride induced liver injury in rats». *Indian J Biochem Biophys* 2003; 40: 354-357.
28. Da Fonseca, A., et al. «Constituents and antioxidant activity of two varieties of coconut water (Cocos nucifera L.)». *Rev Bras Farmacogn* 2009; 19 (1b).
29. Sharma, S. P., et al. «Plant-growth hormone kinetin delays aging, prolongs the life-span and slows down development of the fruitfly Zaprionus paravittiger». *Biochem Biophys Res Comm* 1995; 216: 1067-1071.
30. Du, Q., et al. «Study on tissue culture and plant regeneration of Nervilia fordii». *Zhongguo Zhong Yao Za Zhi* 2005; 30: 812-814.

31. Souza, B. D., et al. «Viability of human periodontal ligament fibroblasts in milk, Hank's balanced salt solution and coconut water as storage media». *Int Endod J* 2011; 44: 111-115.
32. Silva, M. A., et al. «Recovery and cryopreservation of epididymal sperm from agouti (Dasiprocta aguti) using powdered coconut water (ACP-109c) and Tris extenders». *Theriogenology* 2011; 76: 1084-1089.
33. Lima, G. L., et al. «Short-term storage of canine preantral ovarian follicles using a powdered coconut water-based medium». *Theriogenology* 2010; 74: 146-152.
34. Silva, A. E., et al. «The influence of powdered coconut water (ACP-318) in vitro maturation of canine oocytes». *Reprod Domest Anim* 2010; 45: 1042-1046.
35. Babizhayev, M. A. «Biomarkers and special features of oxidative stress in the anterior segment of the eye linked to lens cataract and the trabecular meshwork injury in primary open-angle glaucoma: challenges of dual combination therapy with N-acetylcarnosine lubricant eye drops and oral formulation of nonhydrolyzed carnosine». *Fundam Clin Pharmacol* 2012; 26: 86-117.
36. Farooq, M., et al. «GluA2 AMPA glutamate receptor subunit exhibits condon 607 Q/R RNA editing in the lens». *Biochemical and Biophysical Research Communications* 2012; 418: 273-277.
37. Miljanovi B., et al. «Relation between dietary n-3 and n-6 fatty acids and clinically diagnosed dry eye syndrome in women». *Am J Clin Nutr* 2005; 82: 887-893.
38. Intahphuak, S., et al. «Anti-inflammatory, analgesic, and antipyretic activities of virgin coconut oil». *Pharm Biol* 2010; 48: 151-157.
39. http://www.google.com/patents/US20040197340, consultado el 1 de enero de 2014.
40. http://www.google.com.ar/patents/US20110152307, consultado el 1 de enero de 2014.
41. Dayrit, C. S. *The Truth About Coconut Oil: The Drugstore in A Bottle*. Anvil Publishing, Inc., Pasig City, Filipinas, 2005.
42. http://news.utoronto.ca/understanding-gwyneth-paltrows-oil-pullingregime.
43. Chandrasekar, B., et al. «Effects of calorie restriction on transforming growth factor beta 1 and proinflammatory cytokines in murine Sjogren's syndrome». *Clin Immunol Immunopathol* 1995; 76 (3 Pt 1): 291-296.

Capítulo 11: La dieta baja en carbohidratos

1. Brighenti, F., et al. «Effect of neutralized and native vinegar on blood glucose and acetate responses to a mixed meal in healthy subjects». *Eur J Clin Nutr* 1995; 49: 242-247.
2. Johnston, C. S., et al. «Vinegar improves insulin sensitivity to a highcarbohydrate meal in subjects with insulin resistance or type 2 diabetes». *Diabetes Care* 2004; 27: 281-282.

ÍNDICE TEMÁTICO

ÍNDICE